心理学概論

Well-Beingな生き方を学ぶ心理学

大坊郁夫 編 Ikuo Daibo

Introduction to Psychology

ナカニシヤ出版

SUSTAINABLE DEVELOPMENT G⬤ALS

はじめに

　心理学は，私たちが日々生活し，社会生活を行ううえで，有形無形に欠かせない考え方，行動の仕方を提供するものと考えています。心についての関心のない人はいないでしょう。しかし，関心がありながら，体系として心理学を初めて学ぶ機会は，大学の一般（基礎）教育科目として心理学に出会うときになるでしょう。本書の目的は，心理学は人文社会科学，自然科学の領域を総合したところに成立する〈人間〉科学を俯瞰する科学であることを知っていただくことにあります。第一に，自然科学の客観的，実証的な視点と手続きを持つことが，ともすると，心理学の対象は主観的なものであり，個人を超えて理解し難いとする見方を乗り越えることを可能にすることを理解することになります。第二に，心の現象は，要素的に理解できるものではなく，時間（生涯発達）と空間（他人との関係，属する集団・社会や文化）の拡がりを捉えることによって明らかになるものです。

　このような観点からしても，大学での多様な学びのなかでも心理学は基本となる科学と言えましょう。

　すべての科学には，私たちが well-being（よく生きる）であることを保障し，そして，歴史に学び，後の世に人間が得た知恵をつなぐ役割と責任があります。心理学もこの役割と責任を持つことに例外ではありません。また，心理学を断片的に「知る」ことと心理学を「学ぶ」ことは異なります。大学での「基本となる科学」は体系的に学ばれなければならないと考えています。

　本書には，以下の特徴を持たせることを意図しています。

　14 の章を構成しています。1 章では，心理学を学ぶための目的，視点，科学としての役割を導入として理解していただきたい。2 章から 13 章にかけては，心理学の主要な領域の特徴を述べています。最後の 14 章では，心理学の生い立ち，基本的で重要な考え方と基礎的な学びのアプローチを把握し，さらに，より専門的な学びへの橋渡しを意図しています。

　各章では，それぞれの領域の基本的な主題を日常的な関心事を捉えながら述べています。その際に，以下の 2 つの視点を含めました。

　(1) SDGs の 17 の目標　これは，文字どおりに地球，そしてそこでの人間の生活が持続可能であることを意識し，持続可能性を目指すための欠かせない基本的な事柄です（外務省の解説ページを参照〈https://www.mofa.go.jp/mofaj/gaiko/oda/sdgs/about/index.html〉）。心理学の諸領域が 17 の目標に逐一対応するものではありませんが，諸領域が複合的に影響しながら目標を達成できるものであり，well-being のために心理学の貢献は大きいと考えています（本書扉裏面を参照）。

　(2) 公認心理師の基本的観点　心理学唯一の国家資格である公認心理師資格受験のために必要な科目，トピックの要点を適宜関連させています（公認心理師試験出題基準については，次を参照してください。〈http://shinri-kenshu.jp/wp-content/uploads/2017/10/blue_print_201912.pdf〉）。公認心理師資格として必要とされている事項について読者に関心を持っていただき，ひいては心理学への科学的な関心をさらに高めていただきたいと考えてのことです。

　各章の最初には，SDGs の 17 の目標，公認心理師資格の要件となる科目に概ね該当すると考えられる番号を示しました。

　加えて，本文で触れたことでは説明仕切れない重要なトピックについては，各章に「コラム」にて述べています。

　また，章の内容に密接に関連する事柄を扱っている書籍を「読書案内」として挙げています。
参考にしてください。

　最後になりますが，お忙しい時節柄，編者の企画意図をご理解いただきました執筆者の皆様
には心からお礼申し上げます。

　また，これまでと同様に，懇切に企画・編集の労をとっていただきましたナカニシヤ出版の
宍倉由髙様に篤く感謝いたします。

2021 年 12 月 30 日

編者　大坊 郁夫

目　　次

心理学主要事項年表

年 代	人 名	事 項		該当章
BC350 頃	アリストテレス（BC384-BC322）	「霊魂論（デ・アニマ）」		14
	ヒポクラテス（BC460-BC370）	4 体液質　人体は火・水・空気・土の四元素よりなり，人の生活はこれらに相応する血液・粘液・黄胆汁・黒胆汁によって特徴づけられる	医学の父	5
1659	R. デカルト（1596-1650）	「情念論」	心身二元論	14
	C. ダーウィン（1809-1882）	「種の起源」	進化論	14
1792	P. ピネル（1745-1826）	フランスのビセートル精神病院の院長となり，精神病患者の鎖を解く	精神医学の父	(10)
1860	G.T. フェヒナー（1801-1887）	「精神物理学要論」	フェヒナーの法則	14
1861	P. ブローカ（1824-1880）	大脳の運動性言語野（ブローカ中枢）を発見し，大脳の機能局在を初めて証明した。頭蓋計測法などを考案。	ブローカ失語（運動性失語：自発言語の障害が顕著）他にウェルニッケ失語（感覚性失語：流ちょうに話すが，言い間違いが多）がある。	2
1872	C. ダーウィン	「人間と動物の情動表出」	1904 年　ノーベル生理学・医学賞受賞	4
1875	W. ジェームズ（1842-1910）	アメリカで初の心理学の講義をハーヴァード大学で開始し，研究室を創設	米国の心理学の父	14
1879	W. ヴント（1832-1920）	ドイツ，ライプチッヒ大学に心理学実験室を創設	心理学の祖	14
1884	W. ジェームズ	「情動とは何か」	情動の末梢起源説を主張　ほぼ同時期に C. ランゲも同じ主張を行う	4
1888	元良勇次郎（1858-1912）	帝国大学（現 東京大学）にて精神物理学を開講「心理学」（1890）	日本最初の心理学者	
1889		第 1 回国際心理学会大会（パリ）	参加者 204 名	
1890	W. ジェームズ	「心理学原論」	機能主義，プラグマティズム	14
1892		アメリカ心理学会（APA）が結成される	会員 31 名	
1900	W. ヴント	「民族心理学」	現代の社会心理学（文化心理学）の先駆	14
	S. フロイト（1856-1939）	「夢判断」	精神分析学	14
1902	I. P. パヴロフ（1849-1936）	条件反射，レスポンデント条件づけの研究を開始	1904 年　ノーベル生理学・医学賞受賞	6
1903	松本亦太郎（1865-1943）	東京帝国大学に心理学実験室を設立「実験心理学十講」（1914）		
1905	A. ビネー（1857-1911）	T. シモンと共に知能検査を作成		5
1912	W. ウェルトハイマー（1880-1943）	仮現運動の研究　プレグナンツの法則提唱	ゲシュタルト心理学	3, 14
1913	J. B. ワトソン（1878-1958）	行動主義を宣言		6, 14
1917	S. フロイト	「精神分析入門」，無意識，抑圧を提唱「続精神分析入門」（1932）		10, 14
1919	A. アドラー（1870-1937）	「個人心理学」劣等感	精神分析学	14
1921	C. G. ユング（1875-1961）	「心理学的類型」内向性 - 外向性	精神分析学	5, 14
	E. クレッチマー（1888-1964）	「体格と性格」	医学者　類型論	5
	H. ロールシャッハ（1884-1922）	「精神診断学」ロールシャッハ・テスト		5
1923	J. ピアジェ（1896-1980）	「児童における言語と思考」		6, 7
1927		第 1 回日本心理学会大会（東京）	初代会長　松本亦太郎　発表数 66 件（参加者 190 名）	
	W. B. キャノン（1871-1945）	情動の中枢起源説を提唱　後に一部 P. バードが一部修正を加えたので，キャノン＝バード説と称される	生理学者	4, 9
1934	L. S. ヴィゴツキー（1896-1934）	「思考と言語」	「発達の最近接領域」（子どもはひとりではできないが，外部の助けがあればできる物事の領域）の提唱者	6
1935	K. レヴィン（1890-1947）	「動的人格理論」	社会心理学の祖	14
1938	B. F. スキナー（1904-1990）	「生活体の行動」	オペラント条件づけの研究　スキナー箱の発明	6
1939	D. ウェクスラー（1896-1981）	ウェクスラー・ベルビュー成人用知能検査を作成		5
1937	G. W. オルポート（1897-1967）	「パーソナリティ」	特性論	5
1941	E. フロム（1900-1980）	「自由からの逃走」	新フロイト派　マルクス主義と S. フロイトの精神分析を融合	14
1943	S. R. ハサウェイ（1903-1984）と J. C. マッキンレイ（1891-1950）	MMPI を作成		5
1945	K. レヴィン	マサチューセッツ工科大学（MIT）に集団力学研究所設立		14
1947	H. J. アイゼンク（1916-1997）	「人格の次元」	類型・特性の階層論	5
	V. E. フランクル（1905-1997）	「夜と霧」	強制収容所の経験　実存分析	14
1949	K. Z. ローレンツ（1903-1989）	「ソロモンの指輪」インプリンティング	1973 年　ノーベル生理学・医学賞受賞	7
1950	R. B. キャッテル（1905-1998）	「パーソナリティ」	特性論	5

年代	人 名	事 項		該当章
1951	S. S. スティーヴンス（1906-1973）	数量の4尺度水準を主張		14
	C. R. ロジャーズ（1902-1987）	「来談者中心療法」		10
1953	アメリカ心理学会（APA）	サイコロジストの倫理基準を制定		14
1954	A. H. マズロー（1908-1970）	「人間性の心理学：モチベーションとパーソナリティ」	自己実現理論（欲求の5段階説）1971年には，改訂して8段階説を提唱	4
	N. チョムスキー（1928- ）	「言語理論の論理構造」，「文法の構造」（1957）	言語学，認知科学者 生成文法を提唱 現代言語学の父	6
1956	H. セリエ（1907-1982）	汎適応症候群を提唱	生理学者 ストレス学説を提唱	9, 10
1957	L. フェスティンガー（1919-1989）	「認知的不協和の理論」	認知的不協和理論，社会的比較理論を提唱 K. レヴィンの教えを受ける	8
1958	F. ハイダー（1896-1988）	「対人関係の心理学」	バランス理論，帰属理論を提唱 ゲシュタルト心理学	8
	E. H. エリクソン（1902-1994）	「同一性と人生サイクル」	同一性（アイデンティティ））に着目 心理社会的発達理論を提唱	7
	H. F. ハーロウ（1905-1981）	「愛の性質」（論文）	マターナル・デプリベーション（母性剥奪）	7
1964	世界医師会	『ヘルシンキ宣言』採択	研究における人権の擁護	14
1966	三隅二不二（1924-2002）	「新しいリーダーシップ 集団指導の行動科学」	リーダーシップ PM 理論提唱 1994年 K. レヴィン賞受賞	13
1967	M. アーガイル（1925-2002）	「対人行動の心理」	1952年 オックスフォード大学で初めて社会心理学を担当 数多くの日常的なテーマを研究（幸福，労働，社会的スキル，コミュニケーション等）	8
	F. E. フィードラー（1922-2017）	「新しい管理者像の探求」	リーダーシップ 条況即応理論を提唱	13
1969	A. バンデューラ（1925-2021）	「行動変容の原理」	観察学習を主張	6, 10
	J. ボウルビィ（1907-1990）	「アタッチメントと愛」	アタッチメント（愛着）理論を確立	7, 8
1970	B. ラタネ（1937- ）と J. ダーリー（1938-2018）	傍観者効果（周りに他人が多くいるほど援助行動が抑制される）を」指摘		(8)
1978	D. プレマック（1925-2015）と G. ウッドラフ	「チンパンジーは心の理論を持つか？」（論文）	霊長類が，同種の仲間や他の種の動物が感じ考えていることを推測しているかのような行動をとることに注目し，「心の理論」という機能を指摘	7, 11
1984	R. S. ラザラス（1922-2002）と S. K. フォークマン（1938-）	「ストレスの心理学 認知的評価と対処の研究」		4, 9, 10
1990	L. R. ゴールドバーグ（1932- ）	パーソナリティの5次元説（ビッグファイブ）を提唱		5
1995		スクールカウンセラー制度導入		
1998	M. E. P. セリグマン（1942- ）	ポジティブ心理学を提唱（アメリカ心理学会会長講演）		14
	R. I. M. ダンバー（1947- ）	社会脳仮説提唱（霊長類の大きな脳は他者がいる社会的環境に適応するために進化したため）人間の脳の大きさに当てはめて計算した結果，人間が円滑に安定して維持できる関係は150人程度であると提唱（ダンバー数）		(2)
2000		児童虐待の防止等に関する法律（児童虐待防止法）が施行		11
2002	M. E. P. セリグマン	「世界でひとつだけの幸せ」		14
	D. カーネマン（1934- ）	行動経済学の創始者 判断と意思決定をもたらす人間心理に関する研究がノーベル賞の対象となった	ノーベル経済学賞受賞 心理学者として初	13
2006		「高齢者に対する虐待の防止，高齢者の養護者に対する支援等に関する法律」（高齢者虐待防止法））施行		11
2009		裁判員制度導入		12
2012		障害者総合支援法が制定される		11
2014	日本学術会議	「大学教育の分野別質保証のための教育課程編成上の参照基準心理学分野」	大学での標準となる心理学教育科目概要を提示	
2015		国際連合 持続可能な開発サミット	SDGs の提唱	1
2018		第1回国家資格公認心理師試験実施		1

「 」は書籍 （ ）の章は直接の言及はない

第1章
心理学を学ぶ
[SDGs]: 3, 4, 10, 17／[公認心理師]: 2, 4

大坊郁夫

心理学は，文系，理系の領域を含む総合的な「人間」科学である。心は誰にとっても自分と切り離せないものであり，かつ，モノ（事物）のようには容易には客観的に把握しにくいことによる科学としての特異性がある。それ故に，関連する諸科学の成果を活用しながら独自の方法を工夫している。心は，要素的に理解できるものではなく，人生という時間・過程と空間（他人との関係，属する集団，さらに社会）の拡がりを捉えることによって明らかになる。心理学が扱う対象は固定的ではなく，変化，変質する可能性を常にもっていることが重要な視点となる。

そして，心理学は，心の成り立ちと働き，それが影響される要因を明らかにし，要因間の関係や現象の規則性を示し，私たちの行動の予測や制御ができるようになることを目指している。心理学は，人々が意義のある，満足できる，幸福に生活できることに貢献できるものである。そのために，心理学を学ぶ者は，自他の心に注意を向け，一方的にならない捉え方ができ，柔軟に適応できる力をつけることを期待したい。

1 心理学の基本的な特徴

心についての関心は人類の発生時からあったであろう。素朴なこととして，自分と同じような身体の特徴を持つ者が，木の実を採って食べている様子を見たとしよう。それは自分が試したことのない食べものである。そうすると，

"食べていいのか？　おいしいのか？　あれを食べた際に，口をすぼめた顔の表情からすると，それほどおいしくはないのだろうか。どのようにして採取するのか？　魚を獲るのにあの長い棒のようなものは便利そうだ。まねて作ってみよう。そうすれば，もっと簡単に食べものが得られるであろう。楽になれる！"

このように，ごく素朴な関心から，私たちの祖先は，互いに見よう見まねで試行錯誤しながら考え，行動したことであろう。その際に，思い込みや誤解も多くあったはずである。基本は今も変わらない。しかし，それを可能な限り排除して円滑な相互理解をするにこしたことはない。

日頃，私たちは自分の見聞や経験に基づいてそのつど自分の行動の適否を判断している。それはいつも合理的とは言いがたい。時に，衝撃の大きい出来事があったならば，その後生じる状況がそれに少しでも類するものであったならば，その一事をもって，行動は決まることもある。また，適否の判断の違いが小さければ，迅速には判断しにくいので，適した行動を獲得するのに多くの時間を要するかもしれない。

自分の行動を客観的に評価することは難しい。個人的経験を評価し，思索することからそれを社会的に共有できる思索へと一般化するためには，個別の経験から一般性のある行動を予測する手続きを会得する必要がある（図1-1）。

私たちは，日頃は多くのことを偶然に経験している。自分の判断や行動を工夫していくとし

ても，それは試行錯誤的な，一時的な工夫に留まりかねない。したがって，計画的，具体的な操作によって意図的に経験を重ねることによって，効果的に行動できるようになるであろう。

　たとえば，友人との関係で自分が得た経験を振り返り，自分なりにうまくいった時の状況のことを想像する。その時の手順を下敷きにして課題に取り組む。次に会う友人との話題を準備する。さらに円滑な対人関係を進めるには，課題にうまく取り組めた（そうでない）経験を振り返り，その時々の要因を並べ上げて検討することによってさらに行動を改善する。その友人と楽しく過ごした時には，どのようなコミュニケーションをしたのか，どう行動したのかを振り返り，結果に影響した要因を整理し，推測する。そして，うまくいった時の行動の手順を蓄積して次に備えることは重要である。これは，実証的な手続きに基づいた実験をおこなうに等しい。

　さらに，円滑な行動を獲得するには，推測の精度を上げる必要がある。行動結果と関連するであろう要因を把握する（相関関係を検証する）ことになる。相関関係からさらに原因と結果の関係（因果関係）が高い確度で認められるならば，因果の過程やその規則性を説明することができる。

　次の段階では，得られた結果である事実を説明するだけではなく，類似の影響因（要因）からはどのような結果が生じるかの予測をおこなう。この手続きが繰り返されることによって予測の精度が上がる。この手続きは，繰り返し，確認されるべきである。

　これが可能になれば，対象となる行動の制御（統制）を期待することができる。この段階に至って，心のメカニズムを明らかにできたと言えよう。心理学はこのような段階を踏むことを目指した科学である。

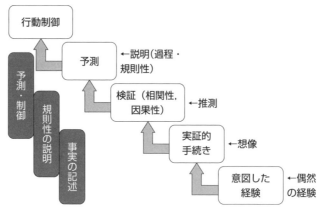

図 1-1　偶然の経験から行動の予測と制御。

　心のメカニズムを明らかにする方法が工夫されていなかった時代では，明確な根拠のない想像，俗説などによって心は誤解されがちで，それによって人の価値判断がなされ，偏見がその社会の常識となることすらあったと言えよう。出来事の経緯が確かだとは明らかにできず，人心が動揺するような場合には，社会をあげての思い込み，誤解が生じやすい。

　心は容易に手に取って見きわめることができず，心にまつわる因果関係を明らかにしにくいからと言って，心や人間を根拠のない誤解や悪意に満ちた扱いをする（される）ことは厳に正されなければならない。そのためには，モノとは異なる「心」の特徴を捉え，心のメカニズムを正しく理解する必要がある。

■ [1] 心 と は

ところで，本章では万人周知のように，「心」という語を用いてきたが，皆さんはどのように捉えているであろうか？　胸の内，気持ち，思い，考え，判断，感情，その人らしさなど，おそらく人によって心の意味は同じではないが，この広がりすべてが心理学の対象である。したがって，心を探るアプローチは様々であり，人文，社会，理医工学の諸科学との連携は欠かせない。そして，心理学の研究は，関連する諸科学の研究成果とも相まって今日急速に進展してきている。

　さて，心を捉えるとはどのようなことであろうか？　さらに，心をどのようにして解ることができるのであろうか。心はその人の内にあり，全容を簡単に明らかにしにくいものの，心は外に表出されるものでもある。ただし，心やその表れは，固定しにくく，状況や対人関係，さらに時間に応じて変化するものでもある。それ故に，相対的に，かつ，過程（ある時間の幅をもって扱う）として理解しなければならない。心を「変化する」現象として考えることになる。いわば，人物を映した写真（静止画）ではなく，動画として映すことに喩えることができる。

　たとえば，その人が話しで用いる言葉，顔の表情，身ぶり・手ぶり（ジェスチャー），視線の動きなどは，外から比較的容易に把握することができる。一方，相手と意見の食い違いがあって興奮している時には，体温が上昇し，脈拍が速くなる。自分では容易には理解できない夢のストーリーもまた，その人の何らかの心を反映したものと言える。人が気づいている，あるいは，因果関係を追えるような心の表れ（意識）とともに，容易には了解しがたい，明示しがたい，気づいていない心の世界（無意識）も存在すると考えられる。

　これらすべては，直接，間接を問わず，何らかの原因（内外からの働きかけ）に対する反応であり，それを行動（behavior）と言う。心理学は，目に見える，意識されたものだけを扱うのではない。心理学では，心を理解する手がかりとして多岐にわたる行動を扱うので，アプローチする研究方法も多様である。その際に，一定の手続きを経ることによって，特定の人だけではなく，誰もが同じ結果を得ることができる方法を用いることが重要である。

　すなわち，検証できない方法は心理学的には妥当ではない。なお，一定の手続きで個人の主観的な経験を収集して心理的な特徴を描き出すことはできる。たとえば，専門家から訓練を受け，経験を積んだインタビュアーが質問の仕方をよく統制し，相手が答えた内容を整合性の高いカテゴリー・システムを用いて分析／整理し，その回答者の属性等との関連で回答内容の特徴を示すことができる。この場合には，個人の主観的な言語表現を客観的に検証する科学的枠組みとなる理論を前提とする。

　心理学は，「心」の成り立ち，機能，心に影響を与える要因を吟味し，規則を明らかにしようとする人間理解の科学の一つである。そして，自分を含めた人々が意義のある，満足できる，幸福に生活できるようにするために，人を理解し，活かすための視点，方法を学ぶ心の科学でもある。そのために，心理学は実証的な科学の立場に立ち，透明性を持った考え方，客観的な方法を学び，検証可能な手続きを重視する。

■ [2] 心理学独自の生い立ち

　心理学の歴史をたどるならば，心理学を特徴づけることとして，哲学的思索から早急な独立を試み，自然科学への過度とも言える信奉（精神物理学）故に，扱う対象を極度に単純化し（意識主義への傾倒や初期の行動主義），因果関係の単純な模式化（刺激と反応の操作的な要因化，単一の因果関係の検討），客観的，明示的と解釈し得る数量化への信頼（人間の行動の数量的当てはめ，統計分析の多用）などが挙げられる（第14章「心理学の歴史，領域，研究法」を参照）。

　この極端とも言える科学的作法は，その科学のアイデンティティを確認するためには，科学

の草創期においては必要なことであったかもしれない。このような方法を基盤とすることによって，異なる研究相互の関係を考え合わせながら，「共通」項を創り出すことはその後の心理学の進展を踏まえるならば必要であったのであろう。それは，一定の操作によって得られる結論を集めることによって，「検証可能な」事実を明らかにしえると考えたからであろう。

　しかし，このようにいくつもの結論を集めるだけが科学の成熟を示すものではない。心理学は，多くの「メタ」回路とでも言える「間」や関係を扱っていることは大きな特徴である。人をつなぎ，社会を構成していることに気づき，さらに居心地のよい社会を築くための「思想」を身につけることに意味がある。しかも，心理学が扱う対象は固定ではなく，変化，変質する可能性を常にもっていることが重要な視点となる。

2　心理学的になろう

　心理学を学ぶ第一歩は，自分や他人に関心を持つことである。日頃から，自分の行動や他人の反応，日頃の出来事や社会の変化に興味を持ちたいものである。

　「私は自分で調べたことを踏まえて自分の考えを言ったのだけなのに，ユミさんはなぜ急に不機嫌な表情になり，自分の意見を言わなくなったのだろう？」，「Netflix の映画の話題で皆が盛り上がっていたのに，私はなんであのような水を差すようなことを言ってしまったのだろう？」などと疑問を持つことが第一段階である。

　また，自分や他人の言動に注意を向け，違いや共通点，因果関係を考えるようにしたいものである。自分は○○に関心があるのに，タクさんは，どうも違うようだ，何故，見方が異なるのだろうなどと気にすることは科学的な学びの始まりである。すなわち，世の中に多様な人がいる，でも，どうやって仲間として一緒の行動がとれるのであろう，あるいは，意見が食い違うのであろうなどと考えることは，対人関係や集団の活動を円滑にするために欠かせないことであろう。

　併せて必要なことは，発想豊かなこと，つまり，いくつかの要因を関連づけて考え，日頃はおいそれとは気づきがたい，見逃しやすいところに関連性はないのかと考えることである。その作業を続けることによって，次第に，因果関係を考え，個々人の心をどう結びつけられるのか，ひいては，もっとマクロな社会を理解することにつながる。このように，日々何気なく生じている，経験していることにこだわり，関連性や因果関係を考えてみることが「心理学的になる」ことなのである。

　さらには，私たちが日頃，感じ，考えている多くのことは，まずは自分ありきになりがちである（自分を中心におき他人を周辺として見なしている）。このことは大方にとっては当然かもしれないが，そのことを疑ってみてはどうだろう。つまり，ふだん自分の経験を踏まえて判断するものであるが，もし，周りにいる誰々さんだったならばどう判断をするのであろうか。他人の視点を取得することは容易ではない。それは，あまりに膨大な人生経験が異なるからである。しかし，人生経験の異なる者が集まって，集団や社会を形成している。そして，意見の異なりがあっても好むと好まざるにかかわらず「一緒に」行動している。

　何故，人のつながり，社会は必要なのであろうか。実際には，自分自身の葛藤もさることながら，他人との違いをどう許容するのかの悩みは絶えない。時には，不適応を起こすことは少なくないにもかかわらず。

　「心理学的になる」とうことは，自分の心を他人の心と照らし合わせながら理解する，そして，他人との違いを許容してそれぞれの意義ある，満足できる生き方を全うする（well-being を高める）方法を身につけることに他ならない。すなわち，自他の心に注意を向け，一方的にならない捉え方ができ，柔軟に対応できる力をつけることでもある。

3 心理学の学びの広がり

　大学で初めて出会う科目である心理学は昔から大方の関心を集めている。多くの場合，心理学専攻ではなくとも，一般教育分野の科目，基礎教育科目として登場する。大学の事情（必修・選択や時間割の制約など）にもよるが，履修者は多いのが常である。自分自身の心の世界に関心のない者はいない。同様に，常に多様な人々との関係を持っている私たちは他人への関心を失うことはない。関心があっても，中学高校では心理学を学ぶ教科はない（日本学術会議では，高校の教科としての設置を検討している）。マスコミなどでは，心理（学とは言いがたい）ネタは頻繁に登場するが決して体系的ではない。したがって，大学で初めて出会う教科としての心理学は関心を集めるところとなる。

　さて，心理学への関心は個人によって様々であろう。

　たとえば，次のようなシーンを考えてみたい。2人の男女高校生が昼休みに校庭のベンチに座り，会話をしている。

　さて，このシーンに心理学が扱う多くのトピックを見つけることができる。

　たとえば，男子高校生（ナオヤくん）は，クラスの女子高校生（ヒナさん）に好意を持っており【感情，好意】，一生懸命に自分の博識をアピールしたい【学習】ので，仕入れてきたばかりの地球温暖化の原因や解決法についてやや興奮した面持ちで【生理的興奮】うつむきがちに語っている。一方のヒナさんは，ナオヤくん，よく勉強して来たんだ，勉強家だね【パーソナリティ】！　せっかく彼が熱心に話してくれているのだから，お腹空いたな，早くお昼を食べに行きたい【欲求】なんて悪くて言えず，相づちを打ちながら聞いている【コミュニケーション】。そういえば，向こうに同級生のタクくんやミサキちゃんが時々こちらを見ている【対人（友人）関係】。まだそんな仲じゃないのに誤解されたら嫌だな，クラスで評判になったら困るな【感情，集団】と思っている。ところが，ナオヤくんは，ヒナさんがにこやかな表情で相づちを打って聞いてくれているので，「お，これはぼくのことを気に入っているに違いない【対人認知】，勉強してきた甲斐があった【自己認知，自尊心】！　これはうまくいきそうだ【好意】。そういえば，ヒナさんの今日の服装は，前にとても気に入っていると言っていた○○のブランドなんだ。さすが流行に敏感だし，センスがいいな」【ファッション，流行】と感激している【感情】。

- 生理的興奮（相手に好意があり，勢い込んで説明しているので，発汗，動悸が増す）10
- 学習（新たな知識・行動の獲得）8
- パーソナリティ（勉強家；ナオヤくんの個人特徴）9
- 自己（自己認知，自尊心）（自分は努力をしてきたと自分を判断する。これでよかったんだ，自信を持てる）9
- 感情（好意）（他ではなく，ヒナさんに魅力を感じている，自分を分かって欲しい）9，11
- 欲求（食欲など生理的な一次的欲求，本能）9，10
- 対人関係（友人，恋人）（心理的な距離，親密さの違いを含む他人とのつながり）11
- 対人認知（他者の特徴を判断する）11
- コミュニケーション（言葉やそれ以外の距離，視線やジェスチャーなどを用いた感情，意思の伝達，相互作用：ナオヤくんはヒナさんに視線を向け，近い距離にいる）11
- ファッション（外見；ヒナさんの美的センス・好みによる装い）11

- 感動している（喜び，興奮）9
- 流行に敏感（若者文化や広告への関心）20
- 集団（クラスなど，一定の目的を持った人の集まり）11

　などである（末尾の番号は，**図 1-2** の公認心理師科目）。いかに多様な心理学的な切り口があるのかが見てとれる。

　上記のシーンは，高校生 2 人の場面であるので限られたトピックを示しているが，心理学の対象は多岐にわたる。主として個人の内的過程としての脳を含む生理的な活動，そして，欲求・動機づけ，外界の刺激の受容とその判断，思考，感情や個人の特徴を示すパーソナリティ，知能など。他者や社会との関係にかかわる，対人認知（印象など），コミュニケーション，家族や友人関係，さらに，クラスや部活，職場の集団活動，地域社会や文化，広告，消費行動，反社会的・非社会的行動（犯罪・非行），矯正指導や裁判などがある。さらに，心は時間とともに変化（発達・老化）する。乳児・児童・青年・成年・高齢期に特有の心理活動がある。発達時期に応じた理解・教育法も一律ではない。心理的・身体的障害は時に特徴的な心理性をもたらす。多様なストレスや身体的・心的疾患による心理的不適応についての理解・検査・治療方法がある。

　これらの心理学の対象領域とともに，基盤として心理学の研究法，心理データの収集・分析を信頼できる方法で扱わなければならない。

　私たちの生活は，様々な技術革新の影響を受けて複雑化してきている。海外との交流は進み，異文化理解のニーズは急速に増している。日常的なコミュニケーション手段は多種化し，かつ，情報量も速度も飛躍的に増しつつある。生活設備・機器の電子化や自動化はめざましい。それ

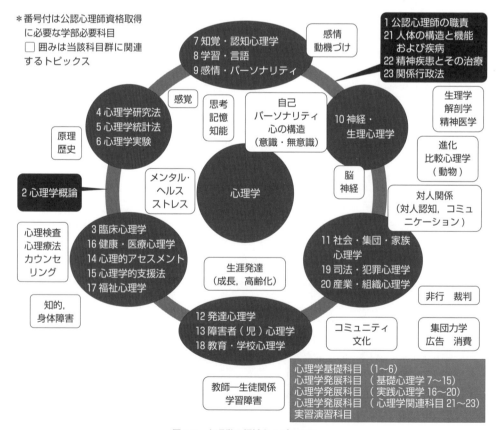

図 1-2　心理学の領域とトピックス。

に伴って，対面での関係に比べて，電子ツールを介在した人対人のコミュニケーション機会が増え，対人関係のスタイルも変化してきている。

　図1-2は，2017年に国家資格としてスタートした公認心理師資格試験に必要な大学学部の心理学科目と関連するトピックス例を示したものである（公認心理師については，本章**コラム1**を参照）。

コラム1　公認心理師とは

　心理学は，様々な職域で「活用」されている。おそらく多くの人は，心理的治療に関連する場面（精神科，心身症など）でのカウンセラー，スクールカウンセラー，産業カウンセラーなどは比較的容易に思い当たるであろう。そればかりでなく，人間関係が網の目のように拡がっている社会では図らずも否定的なストレスを受け心理的に不適応となり，個人や職場の人間関係を調整しなければならないことが少なくないことも知っているだろう。

　これまでも心理職への関心や仕事としてのニーズも多くあるものの，資格としての位置づけがなく，社会的には冷遇されてきたきらいがある。心理学を活用する専門家の国家資格の設置要望の長年の努力が実り，2015年9月に公認心理師法が成立し，2017年9月に同法が施行され，心理職として国内初となる国家資格として公認心理師が誕生した。

　公認心理師の役割は，保健医療，福祉，教育その他の分野において，心理学に関する専門的知識および技術をもって国民の心の健康の保持増進に寄与することである。具体的には，1）心理に関する支援を要する者の心理状態の観察，その結果の分析，2）心の問題を抱えている人およびその人と関係する人に対して，解決に向けた相談，助言，援助をおこなう，3）心の健康についての知識や情報の発信，提供をおこなう，ものである。

　公認心理師になるには国家試験に合格しなければならない。そのためには，大学学部において所定の科目を履修し，学部卒業後大学院修士課程において一定の科目を履修するか，あるいは，学部卒業後，実務経験を積むことによって受検資格が得られる（文部科学省令・厚生労働省令で定めるプログラム［要心理支援者に対する相談援助等にのっとった業務］が実施されている施設における2年以上―標準3年―の実務経験）。

　なお，学部で履修を要する科目は，図1-2に示した心理学基礎科目，発展科目，実習演習科目である。

　公認心理師が現在活動している職域は，保健医療，福祉，教育，司法・犯罪，産業・労働，心理相談機関，大学・研究所など多岐の分野にわたる。有資格者の主たる活動分野は，保健医療約30%，教育約29%，福祉約21%，産業・労働約6%，司法・犯罪約4%，その他（大学・研究所，私設心理相談）約9%である（日本公認心理師協会，2021）。

　主たる職務内容としては，要支援者の心理面の評価・分析88%，要支援者の心理援助94%，家族等への個別助言や支援86%，勤務組織内の他の支援者への助言・指導66%，要支援者の関係者への心理援助84%，ケースカンファレンス（事例検討会）65%，心の健康教育・情報提供57%などである（複数回答）。

　公認心理師は，特定の分野に限定されない「汎用性」「領域横断性」を特長とする心理職国家資格を旨とするものである。そのため，文部科学省と厚生労働省がともに管轄している。

　公認心理師の活躍する主な場としては，
1）教育　学校，学生相談室，教育相談所，特別支援学校など
2）保健医療　病院・クリニック（精神科，心療内科など），保健センターなど
3）福祉　児童相談所，発達支援センター，障害者福祉施設，高齢者福祉施設など
4）産業・労働　企業内カウンセリング室，従業員支援プログラム（EAP）機関などでのメンタルヘルス担当
5）司法・犯罪　少年院，少年鑑別所，家庭裁判所，児童相談所，警察署など

　現在の有資格者の登録者は，437,204人（2018-2020年時点）。参考までに，1988年に始まった民間団体の資格である臨床心理士の登録者は，38,397人（2020年時点）。なお，公認心理師は国家資格であり，資格希望者は今後さらに増加すると考えられる。

　公認心理師になるための修得科目，試験概要，関連法規については，下記を参照のこと。
https://www.mhlw.go.jp/stf/seisakunitsuite/bunya/0000116049.html

4 心理学が目指すこと

　既に述べたように，心理学は，人の心，行動に関わる多様な内容を扱うものであり，そこには縦横無尽な切り口がある。しかし，扱う対象を記述するだけではなく，予測や制御を目指している（**図 1-1**）。なぜそうするのか。人を明確な根拠をもとにして正しく理解し，人々が適切で適応的な関係を築くことができ，満足した・意味ある時間を過ごすためにおこなうのである。憶測，思い込み，誤解，錯誤を避け，事実を検証することは科学の基本的なスタイルである。言い換えると個人の，社会の well-being を根拠立てて高めることがすべての心理学研究の共通の目標なのである。

　心理学の研究には，いつも諸刃の剣的な側面がある。たとえば，自分の意見を主張して，相手を説得することを考えてみよう。

　説得は，相手の考え・行動を意図した一定の方向に仕向けることである。この場合，説得す

コラム 2　SDGs とは

　持続可能な開発目標（SDGs: Sustainable Development Goals）とは，2015 年 9 月の国連サミットで加盟国の全会一致で採択された「持続可能な開発のための 2030 アジェンダ」に記載された，2030 年までに持続可能でよりよい世界を目指し，経済，社会，環境の調和を目指す以下の 17 種類の国際目標（目標に紐付く 169 のターゲットがある）である（本扉裏面を参照）。

　　①貧困をなくそう　②飢餓をゼロに　③すべての人に健康と福祉を　④質の高い教育をみんなに　⑤ジェンダー平等を実現しよう　⑥安全な水とトイレを世界中に　⑦エネルギーをみんなに そしてクリーンに　⑧働きがいも経済成長も　⑨産業と技術革新の基盤をつくろう　⑩人や国の不平等をなくそう　⑪住み続けられるまちづくりを　⑫つくる責任 つかう責任　⑬気候変動に具体的な対策を　⑭海の豊かさを守ろう　⑮陸の豊かさも守ろう　⑯平和と公正をすべての人に　⑰パートナーシップで目標を達成しよう

　これらは，貧困や飢餓や暴力を撲滅し，地球環境を壊さずに経済を持続可能な形で発展させ，すべての人の人権が守られ，平和で豊かな世界を実現することを掲げた行動指針である。世界をあげてその実現を目指しているものであり，特定の地域や人々に限定したものではない。

　17 の目標は互いに独立のものではなく，関連し，当該の目標実現の条件となるものもある。これらの目標の基本は，人間 People，地球 Planet，豊かさ Prosperity，平和 Peace，パートナーシップ Partnership を尊重することにほかならない。

　ちなみに，2021 年 6 月の「SDGs 達成度ランキング」（Sustainable Development Report）によると，日本の SDGs 達成度は 18 位（2020 年は 17 位，対象 165 か国）である。フィンランドが 1 位（3 位），2 位はスウェーデン（1 位），3 位はデンマーク（2 位）と，前年に続きベスト 3 は北欧勢であった（括弧内は 2020 年）。

　日本の課題は，目標⑤（ジェンダー平等の実現），目標⑬（気候変動への具体的な対策），目標 14（海の豊かさの維持），目標⑮（陸の豊かさの維持），目標⑰（パートナーシップによる目標達成）にある。目標⑮の進捗は昨年よりも後退しており，暮らしやすい国とは言いがたい。

　これらの目標内容は，これまでの世界の歴史をたどっても分かるように，なかなか解決・実現できなかった課題であり，目標を達成するのは容易なことではない。だからこそ，世界の首脳が一致して目指そうとしたとも言える。

　人は，自分が分からないことには不安を抱き，自分の知識をもって理解しようとする。自分と異なる特徴を持つ人や民族への差別は，得体の知れない，分からないことへの不安・警戒心によるものであり，自分にそれを受け入れる柔軟性が乏しいことを示している。時には，エピソードとして記憶にある不快な出来事に支配され，時間経過による変化を許容できない，ステレオタイプが解消されていないこともある（信仰の違いからの抗争による自民族の虐殺など）。このような負の記憶からは，新たな解決・協調は生まれがたい。しかし，間接的な経験による学びではあるが，シミュレーション・ゲーム実習やアニメ教材を用いた紛争解決実習などは有益であろう。

る者は，説得したい内容の言葉をよく選び，強調すべきことは繰り返す。ゆとりをもった話し口調で，相手の目をゆっくり，長く見て，うなずきも多い。たとえを示すジェスチャーも多く使うことになる。こうすれば，説得は成功しやすいことが知られている。

ところで，説得する者の思い込みで相手を説得していいのであろうか。説得した結果は当人のみではなく，説得される相手も満足できるものであろうか。自分の利益を目指すという打算的な目的で先のような方法を用いて，相手を騙すことも可能となる。しかし，研究の意図は相手の意図を斟酌せず，「騙す」ことにはない。研究者はこのように悪用することを許容するべきではない。

心理学のすべての研究は，他の科学と同様に，自他を含めた社会が価値ある，持続的なものであることを願ってなされる。したがって，研究の成果を悪用することを防ぐための活動も欠かせない。説得の例で言うならば，心理学に携わる者は多くの人々に説得のメカニズムを理解するように促す活動をするとともに，悪徳商法，詐欺を防ぐ啓発活動も必要なのである（なお，同一人が両方の役割を担わなければならないわけではない）。

さらに，個人・集団・社会が包み込まれている地球環境において私たちは生活している。紛争や戦争下にあっては，友人や家族との親密な関係を維持するには多大な努力を要する。身近な環境の悪化にはならないように思える地球温暖化も確実に生活に影響を及ぼしつつある。天候不順（線状降雨帯の発生，台風の多発など）や海流の変化が起こり，農作物の不作，漁獲高の減少をもたらしている。これらは地域間での利己的な競争を煽りかねない。質の高い教育の機会が保証されない，また，教育の格差があると的確な科学的理解が妨げられ，協同的な活動の方法を理解しにくい，協働する機会が得にくいなど生じる。

心理学の研究成果は時代とともに増加し，様々な問題解決に役立っていることは確かである。心理学の実証的な成果を活かして，この先の持続可能な社会を維持，発展させることに貢献すべきである。**コラム2**にある持続可能な開発目標（SDGs）の達成には，心理学は密接に関係しており，成果を幅広く活用できる。なお，この17の目標は，互いに独立するものではなく，密接に関連している。これらの目標達成を図る過程において，目標相互の関連性に人々は気づき，そして，互いを尊重し，民主的であること，平和な共栄共存に通じることを理解するであろう。心理学は，その重要なキーになるはずである。

読書案内

太田 信夫（監修）（2017-2021）．シリーズ心理学と仕事（全20巻）北大路書房
　　広範な裾野を持つ心理学を学び始める人々を対象とし，最新の心理学諸分野の全容を体系的に知ることができる。心理学を学ぶとどのような仕事に就けるのかを示すために，実際に心理学を活かした仕事に就いている人々の現場の様子を具体的に紹介している。仕事に生きる心理学とはどのようなものかを理解できる。各巻につき5〜30職種の現場の声が紹介されているのは他書に例がない。

第2章
脳と心
[公認心理師：10（21）]

中田龍三郎

　心（こころ）が存在していることは誰もが実感していることだが，心を直接観察することはできない。直接観察できない心を科学的視点から理解するためには，実験や観察，調査などから心の状態を説明する客観的データを計測することだけでなく，その基盤となるメカニズムについて理解することも重要である。あなたが感じ，考えるときに，そのメカニズムとしてどこで何が生じているのだろうか。すべての心の働きが物質的存在である身体の状態と対応しているかどうかは，心身問題として活発な議論のあるところだが，ヒトは古代から身体のどこかに心を生み出している物質的変化があると考えてきた。

　心の源泉は身体のどこにあるのだろうか。哲学研究や日常体験に基づく知識からは，かつては心臓との関係が重要視されたこともあった。たとえば「心」という漢字は心臓の象形文字に由来しているし，古代ギリシャの哲学者アリストテレスは暖かく（まるで心と対応するかのように）鼓動する心臓を精神活動の源と考えていた。一方で解剖学による身体の観察からは，脳と心の関係が示唆されてきた。紀元2世紀ごろの医学者ガレノスは後述する感覚神経が心臓ではなく脳につながっていることを生物の解剖によって確かめ，脳こそが精神活動の根源とした。ガレノスの考えは脳を空洞と仮定し，そこに霊魂や精気が満たされることで精神活動がおこなわれるとするものであり，脳の構造やメカニズムという点において実際の脳と大きく異なっていた。19世紀の技術発展により，細胞密度や組織構造も含めて心に関係する脳の生理活動をより具体的に観察することが可能になると，脳科学研究は大きく発展した。

　本章は心を生み出す物質的変化と考えられている脳と神経系の概要を学ぶ。前半では，まず最低限知っておくべき，脳や神経系の構造について学ぶ。続いて心や行動と関係する脳部位について，機能局在という特徴を中心に概要を学ぶ。後半では，よりミクロな視点から，脳でどのような生理的変化が生じることが心理的作用につながっているのか，基本的なニューロンの仕組みを中心に学ぶ。最後に心や行動と関係する脳機能を測定する代表的な方法について学ぶ。

1 脳と神経系の構造

■ [1] 神 経 系

　パソコンやスマホなどのコンピュータはキーボードやタッチパネルなどで情報の入力を受け，それに対応してCPUによる情報処理がおこなわれ，ディスプレイやスピーカで処理の結果が出力される。ヒトの心理や行動も同様に理解すると分かりやすい。たとえば授業中に先生の声を聴覚という感覚情報として入力し（つまり聞こえる），それを脳で処理し（意味を理解する：聴く），場合によっては首を動かしてうなずいてみたり，ノートにメモをとるような出力をするかもしれない。これらの情報伝達を担っている身体組織が神経である。情報の入出力には感覚神経や運動神経といった末梢神経系の活動が関係している。脳の活動はそれと区別され，中枢神経系の活動に分類される。末梢神経系で環境から受け取った（受容したと表現する）情報を中枢神経系で分析し，再び末梢神経系に情報を伝えて環境に変化を加える。これは生体が

　環境と関与するうえでの基本的な情報の流れである。

　末梢神経系は身体中に張り巡らされており，上記のように生体外の環境とのやりとりを担う体性神経系と，それとは別に生体の内部環境の調整を担う自律神経系がある。自律神経系は身体の活動を促進する際に働く交感神経と抑制する際に働く副交感神経に分類される。怒りや恐怖など，攻撃や逃走といった何らかの行動が求められる強い情動が生じると，交感神経が活発に働き，心拍数を上昇させ，筋肉への血流を増加させ身体が動きやすいようにする。逆にリラックスした状況では副交感神経が強く働き，エネルギー消費を抑制する。

　中枢神経系は身体の中心にあり，脊髄と脳に区別される。脳は大脳，間脳，脳幹，小脳の領域に分類される。さらに大脳は表面に存在する大脳皮質，その内側に存在する大脳辺縁系，大脳基底核で構成される（**図 2-1**）。大脳辺縁系には海馬や扁桃体，帯状回，脳弓といった部位があり，情動の表出や本能的行動の調節，記憶の面でヒトの心的側面と密接に関わっている。大脳基底核は皮質と間脳の間にある。運動機能の調整との関連が知られており，この部位を損傷すると自分の意志とは無関係な不随意運動が生じる。間脳は視床と視床下部で構成されており，視床は多くの感覚情報を大脳新皮質に送る際の中間地点となっている。視床下部は食行動や性行動，攻撃・逃走行動などの生存に関係する行動を制御している。脳幹は呼吸や体温維持などの生命活動，小脳は運動制御に関わっており，生物としてのヒトの根幹機能を支えている。

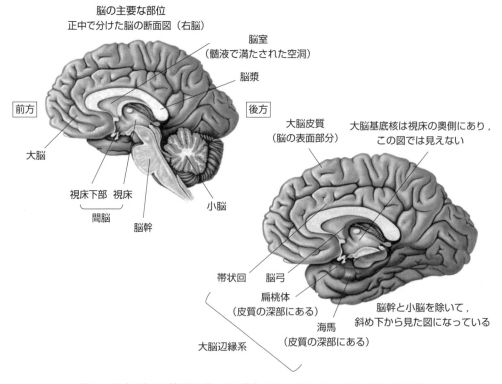

図 2-1　正中で分けた断面図で見る脳の構造（加藤・後藤・藤井・山崎，2007 より改変）。

■ [2] 大脳皮質

　大脳の断面図を見ると，白色の部分の表面を灰色の部分が覆っていることが分かる（**図 2-2**）。白色の部分は白質，灰色の部分は灰白質と呼ばれる。この灰白質が大脳皮質であり，実際には6層構造をしている。皮質というだけに脳の表面に存在し，たくさんのシワ（脳溝）がある。

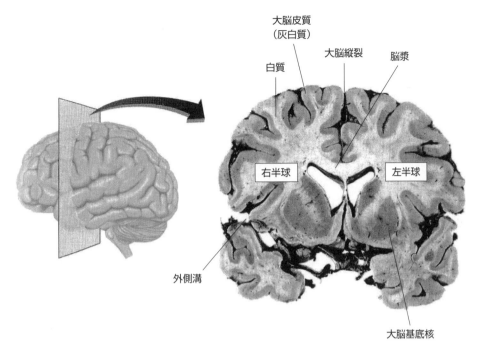

図 2-2　実際の脳スライス断面で見た灰白質と白質（秦羅・中村，2008 より改変）。実際の脳はイラストなどで表現される典型的な脳モデルと比べて各部位の大きさや左右差などにばらつき（個人差）がある。

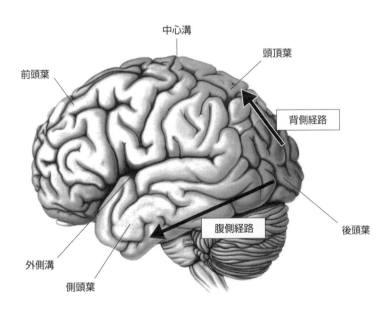

図 2-3　大脳の 4 つの葉（加藤・後藤・藤井・山崎，2007 より改変）。

ヒトをはじめ知能が発達した動物の大脳皮質は知覚や認知などの複雑な知的情報処理を可能とするが，大脳皮質の表面積が広いほど，より多くの情報処理が可能となる。実際にヒトの脳を覆っている大脳皮質だけを取り出して平らにしてみると，新聞紙 1 面くらい（約 2000-2500 cm^2）の大きさになる。そのような広い表面積の皮質を頭蓋骨という小さな容器に収めるためには，大きく折りたたんでシワだらけにするしかないのである。そのため，シワの奥にな

って隠れている皮質表面も多い。

　大脳皮質は大脳縦裂という名の深い溝で左半球と右半球に分けられている。言語や顔認知などの一部の認知機能に関して，特定の半球に優位性があることが脳機能非対称性（ラテラリティ）研究で報告されている。両半球は脳梁という神経線維の束でつながっている。左右の半球が多少異なった機能を持っていたとしても，脳梁でつながっているため，両半球は1つのシステムとして動作することができる。どちらの半球にも中心溝と外側溝という名の深い溝があり，この溝を境界線として，4つの葉に分けられる（図2-3）。中心溝の前方に大きく展開しているのは前頭葉，中心溝の後方は頭頂葉，前頭葉と後頭葉の側面と腹側（底面）に広く存在しているのは側頭葉，外側面からはほとんど見えない頭頂後頭溝を境にして脳の最後部にあるのは後頭葉である。

2　脳と心の対応

■ [1] 骨相学

　ヒトの心的活動は複雑であるが，大脳皮質のどこがどのように知覚や認知といった心的活動に関係しているのだろうか。脳に関する研究がまだ進んでいなかった18世紀末から19世紀初頭のころ，F. J. ガルやJ. シュプルツハイムらによる骨相学という考えが大流行したことがあった。これは頭蓋骨の形や大きさからパーソナリティや素質が分かるとするものである。骨相学の考えの基礎には，ヒトの特定の能力は脳の特定の場所と対応しており，他の能力に対応する場所と空間的に分離されているとする考えがあった。ある能力が発達すると対応する脳部位が大きくなり，それによって頭蓋骨も隆起するはずであり，逆にある能力が劣っているなら，その脳部位は小さくなり，頭蓋骨も凹むはずというわけである。現在では骨相学は疑似科学とされ否定されている。たとえば骨相学では頭頂部が尖っていると頑固な人物とされているが，実際に調べてみても頭蓋骨の膨らみと特定のパーソナリティには関係がない。ではその基礎となる，ヒトの特定の能力は脳の特定の場所と対応しているとする考え（これを機能局在説という）にも科学的な根拠はないのだろうか。

■ [2] 機能局在

　19世紀中盤に脳の機能局在を示唆する臨床的な知見が多く報告された。たとえば1848年に事故に遭遇した男性（フィネアス・ゲージ）の例がある。爆発事故で飛ばされた鉄の棒が左の頬のあたりから上方に向けて貫通しており，彼の左目や左前側の脳部位は回復が難しいほどの損傷を受けた。彼は一命をとりとめ，左目は失明したものの，再び仕事ができるまでに回復し，知的障害や言語障害も生じなかった。一方でパーソナリティが大きく変化したと言われている。事故以前は温厚な人物であったが，事故後は攻撃的で粗暴な性格に変化したとされる。この臨床的知見からは，彼が損傷した脳部位（前頭葉）にはパーソナリティや感情制御に関する機能が局在しており，その損傷により個人のパーソナリティの変貌や感情の不安定さが生じたと解釈することができる。

　失語症患者についての報告も当時大きく注目された。P. P. ブローカが1861年に報告した患者は脳卒中後に「タン」としか発話できなくなったが，言語の理解は可能であった。この患者の脳を死後に調べると，左半球の下前頭回という部位に著しい損傷が確認された。現在ではこの部位はブローカ野，この部位に起因する失語はブローカ失語や運動失語と呼ばれる。C. ウェルニッケが1874年に報告した患者は流暢に発話することはできるが，相手の発話内容を理解することや真似することができず，まったく見当違いのことを発話するばかりであった。この患者の脳は左半球の上側頭回という部位に損傷があったとされる。現在ではこの部位はウェル

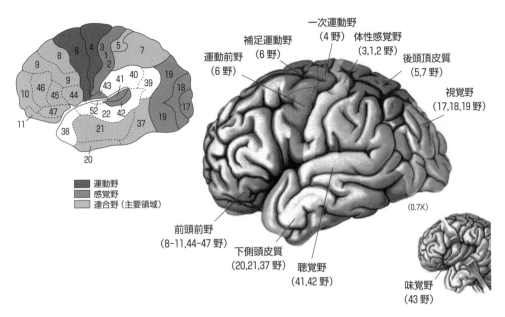

図2-4 ブロードマンの脳地図（脳左側面）と心身機能との対応（二木, 2010；加藤・後藤・藤井・山崎, 2007 より改変）。

ニッケ野，この部位に起因する失語はウェルニッケ失語や感覚性失語と呼ばれる。これらの例は発話の機能と言語理解の機能が同じ左半球の別々の脳部位に機能局在していると解釈することができる。

　これらの臨床例の報告や実験的な検討から，現在では大脳の機能局在説は大すじでは認められている。ヒトの脳を光学顕微鏡で調べ，その解剖学的構造の違いによって区別したものを，研究者の名前からブロードマンの脳地図と言うが，おおまかにはこの脳地図とこれまで局在が調べられた脳の機能的区分が一致することが多い。感覚に対応する脳部位（感覚野），運動機能に対応する部位（運動野），感覚野や運動野に属さない，つまり単純な感覚や運動機能ではなくそれらを統合した機能やより高次な機能に関係する部位（連合野）におおまかに区別され，脳部位に関連する機能がブロードマンの脳地図の番号と対応して示される（図2-4）。たとえばブローカ野はブロードマンの44野や45野の一部，ウェルニッケ野は22野の一部と対応しているとされており，まとめて言語中枢と総称されることもある。連合野は頭頂葉に位置する後頭頂皮質，側頭葉に位置する下側頭皮質，前方の前頭葉に広く位置する前頭前野など大脳皮質の多くの部分を占めている。

■ [3] 脳の可塑性

　脳の働きを理解する際に，特定の心的機能と特定の脳部位が一対一対応していると考えるのは分かりやすい。しかし脳機能は固定的，静的で変化しないわけではない（これを可塑性という）。たとえば視覚障害者では，本来視覚を処理する脳部位が可塑的に変化して触覚情報や聴覚情報の処理にも関与することが知られている。タクシードライバーでは空間記憶に関する部位，数学者では思考に関連する部位といったように，その道のプロは一般人よりも必要とされる心理機能に対応する脳部位が周辺領域にまで広がりより大きくなることがある。つまり機能局在が多くのヒトで明確に示されやすい脳部位もあれば，個人差が大きくて機能局在があいまいな脳部位もありえるわけで，機能局在を単純化して万人の脳にあてはめるのは注意を要する。基本的な構造は多くの脳で共通していても，個人の経験によって変化する要素も大きいことを考慮して心的機能と脳部位の対応を考える必要がある。

　さらに特定の心的機能について特定の脳部位だけが独占的に活動しているわけではないし，その部位がその活動だけを担当しているわけでもないことも注意する必要がある。脳は情報処理のシステムであり，どこか特定の部位が独立して働いているわけではなく，複数部位が同時並行的に活動し，かつ時間経過にしたがってダイナミックに相互関連しつつ変化するのである。

■ [4] 背側経路と腹側経路

　脳の情報処理の流れについて，視覚を例にして概観しよう。ある視覚対象を眼にすると，その視覚情報（光と表現される一定波長域の電磁波の情報）は眼球の内壁にある網膜で受容される。網膜で受容された情報は脳へ送られる。すなわち視床にある外側膝状体を経由して後頭葉の最も後方にある一次視覚野へと情報伝達される。一次視覚野では視覚対象の方向や運動，空間周波数[1]，色といった低次の情報が個別に非常に小さい領域に細分化されて情報処理される。そこで処理された情報は隣接する視覚前野に伝達され，一次視覚野よりは少し大きい領域として統合された情報処理をうける。その後に大きく2つの経路に分かれてそれぞれの連合野でさらに高次な情報が処理される。1つは後頭葉から頭頂葉に至る背側経路であり，もう1つは後頭葉から側頭葉への至る腹側経路である（図2-3）。

　背側経路ではおもに動きや空間の情報処理がおこなわれる。普段意識していないが，視覚対象の空間上の位置，自分の身体の位置との関係，空間上の時間的変化（動き）の情報をうまく処理できないと，転ばずに歩くことも，飛んできた物体を避けることも，手にした物体を正しい位置に置くことも困難になる。

　腹側経路はおもに視覚対象が何であるのか，よく知っているものであるのか未知であるのかといった，視覚対象の意味についての情報処理がおこなわれる。この領域の一部，特にブロードマンの37野に含まれる紡錘状回が損なわれると，特定の顔が認識できない相貌失認（第4章コラム5参照）という症状が生じることがある。この症状があると，顔か顔以外の物体かといった形態の違いは明確に区別できるのに，毎日目にしている家族の顔であっても，それが誰の顔か分からなくなる。2つの経路で処理された視覚情報はさらに前頭葉にまで伝達され，複数の情報が統合された視覚イメージとして意識されるに至る。ものを見るというごく一般的な行為であっても複数の脳部位が情報処理に関係しており，かつ低次な情報から高次な情報へと複数の脳部位が密接に関連して情報を伝達し処理しているのが分かる。

3 神経細胞による情報の伝達

■ [1] ニューロン

　脳の働きを理解するためには，脳の機能局在や情報処理の流れについてマクロな視点から理解することともに，脳のごく小さな範囲での生理活動についてミクロな視点から理解することが必要である。それでは大脳皮質でどのような物質がどのような活動をしているのだろうか。大脳皮質にはニューロン（神経細胞）が密集しており，複雑につながりあっている。ニューロン以外の細胞はグリア細胞という名前で総称されており，ニューロンの何十倍もの数が存在する。ニューロンの役目は，他の複数のニューロンから信号を受け取り，別のニューロンに信号を伝える（情報伝達する）ことである。グリア細胞はニューロンの位置を維持固定したり，血液中の栄養素をニューロンに送るなど，ニューロンの活動をサポートする役目を担っている。

　現代の脳研究では，ニューロンの発する信号が他のニューロンに伝達されることが心的活動と対応していると考えられている。たくさんニューロンがあると（大脳皮質のニューロン数は

1）　視覚的にどの細部までを見通すかの程度を示す指標。

数百億と推定される），仮に一方向に信号を伝えるにしても，信号の受け渡しは膨大な回数繰り返されることになるし，どのニューロンを経由して信号が送られたかというニューロン同士のつながり（ネットワーク）も膨大な数に及ぶ。ヒトの心的活動はとても複雑であるが，その複雑さはニューロン間の信号伝達ネットワークの場所やパターンの複雑さによって生じるとされる。先に説明した視覚の情報処理をミクロな視点で見てみると，様々な場所のニューロンが複雑なネットワークを構成してそれぞれ信号の伝達を繰り返しているのである。

■ [2] シナプス

大脳皮質の典型的なニューロンは，他のニューロンからの信号を受ける部分である樹状突起，DNA を収容する核やエネルギーを生産するミトコンドリアが存在する細胞体，先端にある神経終末で別のニューロン（の樹状突起）に信号を伝達する役割の軸索で構成されている（図2-5）。軸索はすぐ近隣のニューロンに向かって伸びていることもあれば，白質を経由して遠方の脳部位に向かって伸びていることもある。ニューロンによっては軸索が 1 m の長さになることもある。

信号を受ける，あるいは伝える際の両ニューロンの接合部のことをシナプスと呼ぶ。シナプスを介していくつもの他のニューロンから信号を受け，それが一定の値（閾値）を超えると電位（活動電位）が発生し（発火と表現することが多い），シナプスを介して別のニューロンに信号を伝える。ニューロンは信号を伝達するかしないか，つまり 1 か 0 かというデジタルな電気信号を扱うため，信号の強度は活動電位の大きさではなく，頻度で表現される。たとえば見えの明るさの情報を伝えるニューロンがとても明るい刺激の情報を伝える際には，それなりの明るさの刺激のときに比べて，発火頻度が密になる。

脳では無数の細胞が発火を繰り返して情報伝達しているが，電気信号がそのまま別のニューロンに伝えられているわけではない。シナプスにおいて，情報を伝える側のニューロン（シナプス前細胞）と情報を受容する側のニューロン（シナプス後細胞）の間には約 20 ナノメートル（nm，1 ナノメートルは 10 億分の 1 メートル）程度のほんのわずかなすき間がある。そのため，電気信号をそのまま伝えることができないようになっている。細胞が発火すると，シナプスでは化学的な変化が生じてシナプス前細胞から神経伝達物質が放出される。それがシナプス後細胞で受け取られることでシナプス間の情報伝達がおこなわれる。電気信号の伝達に神経伝達物質を用いた化学信号のやりとりを介することで，シナプス後細胞の発火による信号がシナプス前細胞に伝わることを防ぎ，うまく一方向に情報を伝えることができる。それ以外にも，以前より弱い刺激でも情報伝達を可能にするなど，信号の伝えやすさを可塑的に変化させることも可能になる。この仕組みは学習や記憶のメカニズムと強く関連している。

■ [3] 神経伝達物質

神経伝達物質の種類は非常に多い。グルタメート（グルタミン酸）に代表されるような，活動電位の発生に関係する興奮性の信号を伝える物質もあれば，GABA[2]に代表されるような，以後の活動電位の発生を抑制するような抑制性の信号を伝える物質もある。ニューロンは多数のシナプスでそれぞれ別のニューロンから情報入力を受けているので，閾値を超えて多くの興奮性信号入力があると活動電位が発生するし，抑制性信号入力が多いとその分さらに多くの興奮性信号入力がないと活動電位は発生しない。ドーパミン，セロトニン，ノルアドレナリン，アセチルコリンといった特定の脳機能に関係している一連のニューロン群（神経回路）に顕著に存在し，その機能を活性化したり抑制したりする役目の神経伝達物質もある。たとえばドー

---

2) ガンマ-アミノ酪酸の略称。

パミンという神経伝達物質は随意性運動の調整や学習の強化，多幸感に関連する脳部位のニューロンのシナプスで顕著に分泌される。そのため病気などによりドーパミンの分泌に変化が生じると，行動にも変化が生じる。たとえばパーキンソン病の患者ではドーパミンの放出量が減少し，震えなどの不随意運動が生じやすくなる。ドーパミンを伝達するニューロン群の過活動が統合失調症で妄想などの異常行動が発生する原因の1つとする指摘もある（ドーパミン仮説）。ADHD（注意欠如・多動症）との関連も指摘されており，薬物療法としてドーパミン量を増やす薬がADHD児に投与されることもある。

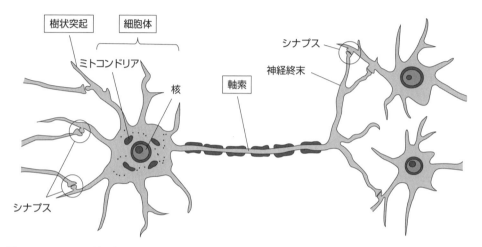

図2-5　ニューロン（森・真鍋・渡辺・岡野・宮川，2005より改変）。中央のニューロンの樹状突起側には別のニューロンの神経終末が，神経終末側にも別のニューロンが示されている。

コラム3　活動電位

　ニューロンの内外には，ナトリウムイオン（Na$^+$）とカリウムイオン（K$^+$）が存在しており，細胞内外を移動している。ニューロンの電位変化の最も顕著な特徴として，K$^+$が細胞外に多く流出する傾向は細胞の電位をマイナスに変化させること，Na$^+$が細胞内に多く取り込まれることで電位はプラスに変化することは重要である。

　ニューロンが興奮していないとき，細胞の内側にはK$^+$が多数存在する。イオン濃度を一定にしようとする作用が働き，K$^+$は濃度差によって細胞外に流出する。その際には細胞の内側はマイナス，外側はプラスに荷電した状態になっており，電位はマイナス方向に変化する。電位がマイナスになることで細胞内に流入するK$^+$も存在し，マイナス方向への変化を抑制するため，ある時点でマイナスの変化が弱まり，濃度勾配による流出と電位勾配による流入のバランスがとれた平衡状態で電位は一定の値に安定する（これを分極と言う）。通常のニューロンでは細胞外の電位を基準とした細胞内の電位（膜電位）は約－60から－70mV前後で安定しており，この状態を静止膜電位と呼ぶ。細胞の内側が常にマイナスの電位になっていることは，細胞外のプラスイオンを急速に細胞内に取り込む際に便利である。

　シナプス間で神経伝達物質により情報伝達がされる際に，興奮性の神経伝達物質は細胞内にNa$^+$を取り込むように作用する。その結果，電位はわずかにプラス方向へ変化（脱分極と表現する）をみせる（これを興奮性シナプス後電位と言う）。多数のシナプスで多くの興奮性信号入力があり，それが閾値を超えると，活動電位が発生する。Na$^+$を取り込み続け，電位は急速に上昇し，0mVを超えるオーバーシュート状態となる。その後，Na$^+$の流入出作用は急速に不活性化し，電位がプラスのため，細胞内のK$^+$は細胞外に流出するようになる。それにより，電位は急速に静止膜電位付近まで下降する（再分極）。実際にはK$^+$を流出させる仕組みは電位変化よりも時間的遅延があるため，再分極した後もK$^+$の流出は続き，一時的に静止膜電位を下回る電位変化である過分極（アンダーシュート）が生じる。

4 脳活動の測定方法

■［1］侵襲的方法

　心や行動に関連した脳活動はどのように調べられるのだろうか。脳に直接電気刺激を与えて心や行動の変化を調べたり，心や行動と関連する自発的な電気活動を脳から直接測定する方法を侵襲的方法と言う。かつて W. G. ペンフィールドは治療目的で外科的に露出した脳の特定部位に直接電気刺激を与え，どのような主観的な変化が生じたか言語的に報告させる研究を実施したが，現在では安全性に万全を期すため，脳外科手術においても全身麻酔を施すことが多いため，このような研究はヒトではめったに実施されない。またヒトを対象にした実験を実施する際には，ヘルシンキ宣言（第 14 章コラム 20 参照）という倫理原則に則って実験を実施することが必須となる。では現在では侵襲的方法による脳科学研究が実施されていないかといえば，そうではない。たとえば脳内に微小な電極を挿入してニューロンの電気的変化を侵襲的に測定する研究は主として動物を対象に実施されている。これらの研究は 3R の原則（Replacement：動物実験に代替できる研究方法があればそれを利用する，Reduction：使用する動物の数を最大限削減する，Refinement：できる限り動物に苦痛を与えない方法をとる）などの厳密な倫理指針のもと実施されている。

　ニューロンの電気活動の測定・記録に関して，電子顕微鏡下でニューロンを観察しながら直接ニューロンに電極を挿入・固定し，活動電位発生前後の電位変化を詳細に測定する方法を細胞内記録，ニューロンの近隣（10μm 以内；μm，1 マイクロメートルは 100 万分の 1 メートル）に電極を挿入し，主としてニューロンの活動電位発生の有無などの顕著な電位変化を測定する方法を細胞外記録という。細胞内記録は主に生体から切り離した細胞片（*in vitro* と表現する）や麻酔した動物を対象として実施され細胞の生理機能を研究する際に多用されるのに対して，細胞外記録は実験室等で行動している生きた動物（*in vivo* と表現する）を対象にして実施されるため，知覚・認知・学習などの心的活動と関連する脳機能を検討することができる。ヒトの心と脳の関係を推測するうえで，ヒトと比較的類似した脳構造をもつ動物での知見はとても役に立つ。ペンフィールドの時代と異なり侵襲的方法によるヒトの脳機能測定は困難なだけに，その研究意義はとても大きい。

■［2］非侵襲的方法：脳波

　頭皮上に測定機器を設置し，脳に直接触れることなくニューロン活動の集合情報やニューロン活動と関連する情報を測定する方法を非侵襲的方法と言う。脳も頭蓋骨も頭皮も伝導体なので，脳の電気活動は頭皮上からも記録できる。ただし頭皮上ではニューロンからの距離があまりに遠いので，活動電位自体をそのまま記録することはできない。

　頭皮上から記録できる脳の電気活動は，膨大なニューロンの電位変化の足し合わせによって生じる電場の時間的変化であり，これを脳波（EEG）と言う。通常は脳の電気活動の影響が少ない耳介と電気活動を測定したい部位の頭皮に電極を置き，両者の電位差を測定する。特定の心理的変化と脳波との関係を検討する際には，事象関連電位（ERP）という脳波の傾向を調べることが多い。脳波を計測しながら特定の課題を実施する。これを何度も繰り返して計測した波形を平均化すると，課題と無関係の波形は平均化され目立たなくなるので，その課題特有の心理的変化に対応した波形が顕著に示される。たとえば刺激呈示の約 300 ミリ秒後に示される陽性（positive）の波形は P3 もしくは P300 とよび，刺激の判断や注意に対応しているとされる。

■ [3] 非侵襲的方法：脳血流量測定

　ニューロンが活動するためには，酸素とブドウ糖が必要となる。それらは血液によって運ばれている。もし特定の脳部位のニューロン群の活動が顕著だとすると，その部位の脳血流量は活動に比例して増加するだろう。これは神経血管連関あるいは神経血管結合という考え方であり，脳血流量の測定から特定の脳部位活動を推測することができる。ニューロンの活動を直接観測しているわけではない点に注意は必要であるが，侵襲的手法に比べると実施が容易なため，心理・行動実験と同時に脳血流量測定をおこない，そのデータをもとに特定の心的活動や行動に対応する脳部位を可視化した脳機能イメージング研究がさかんに実施されている。

　脳機能イメージング研究の手法としては，主に機能的磁気共鳴画像法（fMRI），機能的近赤外線分光法（fNIRS），陽電子放出断層撮影（PET）などがあり，測定原理が異なるとともに特徴も異なる。fMRI は空間分解能に優れ，他の手法より活動部位の違いを詳細に検討できるが大型の装置が必要となり，できるだけ頭部を固定した状態で測定する必要がある。fNIRS は装置の携帯性に優れ，乳幼児の脳などでも測定が可能であるが，大脳皮質などの脳表面の活動しか測定できない。PET は糖代謝量も測定することができ，脳血流量測定だけでは分からないニューロン活動を予測できるが，実験前に測定薬の静脈注射が必要となる。

5　さいごに

　脳活動の測定技術は日々進歩しており，心と脳の関係は次第に明らかになりつつある。しかし脳のしくみはとても複雑であり，未解明なことはとても多い。心理学者や脳科学者だけでなく，ヒトと関連するあらゆる学問領域を包括して学際的に脳研究は進んでおり，今後も心の生物学的基盤の理解に貢献する新たな発見が続くであろう。最新の研究によって理解をアップデートすることが強く求められる分野と言える。

読書案内

櫻井　芳雄（2002）．考える細胞ニューロン——脳と心をつくる柔らかい回路網——講談社選書メチエ　講談社
　　こころを生み出すニューロン活動について大変読みやすい文章で解説した名著。すこし古い本で脳機能イメージングについては言及されていないが，価値は色あせていない。

嶋田　総太郎（2017）．認知脳科学　コロナ社
　　知覚・認知心理学や認知科学に興味のある読者向けに脳神経科学の知見をまとめた本。

理化学研究所　脳科学総合研究センター（編）（2016）．つながる脳科学：「心のしくみ」に迫る脳研究の最前線　ブルーバックス　講談社
　　国内の脳科学研究をリードする理化学研究所　脳科学総合研究センター（理研 BSI）が最新研究を一般読者向けに解説した本。新書サイズで読みやすい。

Newton 別冊（2019）．脳とは何か　ここまで解明された！脳研究の最前線　ニュートンプレス
　　最先端の研究者が記事作成に協力しており，本稿ではほとんど言及できなかった最新の知見について解説されている。

第3章
知覚と認知
[SDGs: 3, 4, 10, 11／公認心理師: 7]

浅村亮彦

　私たちは，外界からの情報を見たり聞いたりしながら，周囲の状況を理解している。それは，当たり前のように無意識のうちに進行し，見たり聞いたりした情報そのものが捉えられているように感じられる。しかし，実際は，それらの情報分析から，どのようなものがどこにあるのか推測されている。

　たとえば，視覚の流れから考えてみよう。視覚の入口となるのは光の刺激である。まず外界にある様々な物体が反射した光の刺激が眼に入り，それが網膜上に上下左右反転した形で二次元的に投影される。ここでの網膜上の投影像はあくまでも二次元的なもので，対象の色や輪郭線などの情報であり，しかも上下左右が反転している。その後，それらの情報は脳で処理されることになるが，最終的に私たちが感じるのは，奥行きのある上下左右も反転していない三次元的な世界である。網膜に投影された最初の光刺激と私たちが感じる世界との間には大きな違いがあり，そこに何らかの変換や推測が働いていることが想像できるであろう。

　また，光の刺激から外界の世界を感じるまでほとんど時間差はないため，これらの処理は非常に速く，刺激の入力とほぼ同時に進むと考えられる。ただし，処理を速くするためには，外界から入ってくる多様な情報すべてを事細かに分析する時間的余裕はない。そこで，私たちは，対象の特徴をつかむための最低限の情報を，経験から導いた法則などを利用して推測していると考えられる。もちろん，通常，その推測は正確であり，外界の認識に支障をきたすものではない。たとえば，対象の重なりを見誤ることはないであろうし，文字の一部が見えない，あるいは対象が何かに隠れていたとしても，私たちは対象の全体を感じることができるであろう。しかし，時には見間違いや誤解が生じることもある。このように，私たちが感じている外界は，あくまでも脳が推測してつくり出した解釈であり，何も手が加えられず，ありのままに受け止められた結果ではないと考えられる。すなわち，外界の認識は，刺激を受容するというよりも積極的に外界を理解していく過程と言えるであろう。

　知覚とは，このように感覚情報を処理し，分析する過程であるが，そこでは様々な情報のまとまりが分析され，推測によって情報が補完される。他方，認知とは知覚によって把握された状況が，どのような意味を持つか，それに対してどのような行動をとるかを理解・判断する過程である。

　これらの過程のほとんどが無意識のうちにおこなわれているため，その全体像を直感的に理解することは難しいが，これに関する様々な現象や傾向からその流れを推測することができる。本章では，このような知覚に関する現象などからその全体的な流れや特徴について考えていく。なお，感覚には視覚，聴覚，嗅覚，触覚，味覚など多様な種類が含まれるが，ここでは感覚の中でも特に豊富な情報をもたらす視覚を中心に，その特徴などを概観することとする。大まかには，外界からの情報がどのように脳に入るか，そして脳に入った感覚情報に対してどのような情報処理がおこなわれているのか，どのようにして知覚が成立するか，すなわち，感覚と知覚，パターン認知の特徴や法則性について，関連する現象などを踏まえながら概説することとする。

1 外界はどのように理解されるか：感覚，知覚，認知の流れ

　私たちは外界から様々な情報を取り入れ，自分の周囲について理解している。たとえば，電車に乗る場合，私たちは，周囲の情報を見たり聞いたりしながらも，切符の自動販売機を特定して切符を買い，改札の場所を判断して，改札機に切符を読み込ませ，乗り場を認識してから目的の電車に乗るといったように，感覚情報によってどこに何があるかを認識し，それらをどのような行動をとるかの判断材料としている。仮に，何らかの事情で感覚情報が利用できなかったとすれば，対象を正確に認識できず，このような日常的な活動を営むことが非常に難しくなることは理解できるであろう。

　対象を正確に認識するためには，まず外界からの情報を刺激として受け止め，それらを適切に脳へ送る必要がある。このような対象の認識に関わる最初の段階，情報の入り口となるものが感覚である。感覚とは，外界からの情報を，眼，耳，皮膚などの感覚器によって受け止め，電気的信号に変換したうえで脳内に送る機能である。そして，感覚からの情報をもとに，外界の事物がどのような形状や特徴かを理解することが知覚であり，さらに何がどこにあるのかを理解し，自分の周囲に何があり，全体としてどういう状況なのかを認識していく過程が認知である。

　たとえば，歩行者用信号を見る場合，縦に並んだ赤と緑の四角形があって赤が明るいという状況を見るのは感覚，自分からは少し離れたところに縦に並んだ赤と緑を表示する立方体があると捉えるのは知覚，自分が見ているものが歩行者用の信号機であり，青信号でなければ道路を横断できないと認識するのは認知である。認知の段階では，信号機や交通ルールの知識がなければ，状況を理解することはできないであろう。また，知覚段階でも，特定の形状，まとまり，あるいは立体感を確立するため，経験上よく見られるパターンが当てはめられるなど，知識の影響がある。つまり，知覚や認知は，外界をありのままに見た結果ではなく，様々な感覚情報に加えて，時には経験に基づく知識も使い，状況を推測しながら理解した結果と考えられるわけである。

　これらの流れのうち，感覚と知覚は，事物の判断や行動をとる認知の前段階で，対象を知るための情報入力のしくみと言ってよい。一方，認知は感覚と知覚の情報から，対象の意味を分析し，行動の判断をおこなう，理解の最終段階と言えるであろう。本章では，まず，外界の情報の入り口となる感覚と知覚の流れや特徴を解説し，その後，認知段階での分析の特徴について考えていくこととする。

2 感覚：外界の刺激を脳へ送るしくみ

　感覚は，感覚器官（眼や耳）が受け止めた外界の情報に対する主観的体験（感情的反応）や，それに自律的に反応するしくみであり，感覚器官からの情報を脳に伝えるしくみである。たとえば，明るい光があれば，まぶしいと感じたり，瞳孔が絞られたりするであろう。このように，各感覚器官からの情報に対する反応や調整なども含んだ，情報入力に関わるしくみが感覚である。感覚は，感覚器官からの情報に基づいており，その種類は，視覚，聴覚，触覚，味覚，そして嗅覚のいわゆる五感を中心に様々なものがあるが，いずれも感覚器官が受容できる刺激の種類と感覚範囲の制約のもとに，得られた情報が脳へ送られ，分析され，成立していく流れとなっている。

　なお，感覚の種類ごとに，感覚器官，刺激，生じる主観的感覚は異なっている（**表3-1** 参照）。それぞれの感覚器官と受ける刺激の種類の対応関係は，視覚の場合，感覚器官は眼で刺激は光，

聴覚の場合は耳と音，嗅覚の場合は鼻と匂いに関わる化学物質，味覚の場合は口と味に関わる化学物質，そして触覚は皮膚と熱や圧迫刺激となっている。

表 3-1　感覚の種類ごとの感覚器官，受容する刺激，および感じられる内容

感覚の種類	感覚器官	刺激	感覚内容
視覚	眼，網膜	光（可視光）	明暗，色
聴覚	耳，蝸牛	音波（可聴閾）	調音，雑音
嗅覚	鼻，嗅粘膜	揮発性物質	薬味，匂い
味覚	舌，味蕾	溶解性物質	甘味，塩味，苦味，酸味，うまみ
触覚（皮膚感覚）	皮膚	圧迫刺激，温度刺激など	触，圧，温，冷，痛，かゆみ
平衡感覚	耳石，三半規管	重力，身体・頭部の傾きなど	姿勢
内臓感覚	内臓	臓器内の機械的・化学的刺激	空腹，満腹，痛み，尿意，便意
自己受容感覚	筋紡錘，腱紡錘など	身体の動き，加速度など	姿勢，身体位置，運動など

■ 視覚に関わる感覚器官と神経組織

　感覚器官とは，感覚ごとに存在する，外界からの刺激の物理的変化を受けとめる体のしくみである。たとえば，視覚の場合，外界から入る物理的変化は光であり，それを受ける感覚器官は眼ということになる。また，感覚器官の中には外界の刺激を電気的信号に変換して神経組織に伝える部位があり，それらは受容器と呼ばれる。視覚の場合，受容器は網膜であり，そこで光の情報が電気的信号に変換されて脳に伝えられるしくみになっている。このように，感覚器官とは，知覚の入口に相当する体の部位・組織ということである。ここでは，その代表的な例として，視覚の感覚器官について，そのしくみと特徴を確認しておこう。

　視覚の感覚器官は，主に眼球とそれに付随する神経組織となる（図 3-1 左参照）。眼球の主な構造は，角膜，水晶体，そして網膜から成っている。外界からの光の刺激は，角膜を通して，水晶体に伝わり，網膜に到達する。角膜は，補助レンズの役割を持っており，光を眼の内側へ屈折させている。水晶体はカメラで言えばレンズに相当し，光の焦点を網膜上に合わせる役割を担っている。すなわち，近くのものを見るときは厚く，遠くのものを見るときは薄くといったように調整をおこなう機能がある。また，ここで光の情報は上下左右が反転して網膜上に投影されるが，後の視覚情報分析でそれらが補正されていることも注意すべきところである。網膜は，光を受け止める受容器であり，光を投影するスクリーンのような役割を持っている。網膜上には，光を電気信号に変換する細胞組織があり，それらは桿体と錐体に分類される。桿体は，主に網膜の周辺部に存在し，光の明るさを検出しており，比較的暗いところでも機能することが分かっている。一方，錐体は，主に網膜の中心部に存在し，色を検出しているが，比較的明るいところでしか機能しない。この点に関しては，暗いところでは色は分かりにくいが，目が慣れてくると物体の輪郭程度は分かるという日常的な事例からも実感できる（暗順応，明るいところに慣れるのは明順応）。なお，錐体には光の三原色（赤，青，緑）それぞれに対して反応するものがあり，それらが受け取る刺激の強さの組み合わせが色の情報源となっている。つまり，赤と青を混ぜると紫になるように，三原色を組み合わせた色の表現と同じ原理が組み込まれているということである。

　その後，両眼の網膜で受容した光の情報は電気的信号に変換され，視神経を通して脳へ伝えられる。ちなみに，網膜から眼球の外へ伸びる視神経は，まとめて一箇所から眼球の外へ出ることとなるが，これが〈見えない点〉である盲点である。盲点では，視神経の束が存在するため，光の刺激への電気的信号の変換が生じず，その部分に投影された箇所の視覚が欠落してしまう。なお，盲点は，右目であれば中心よりやや右側，左目であればやや左側にあり，片目をつぶると〈見えない〉部分が実感できる。

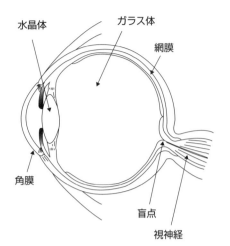
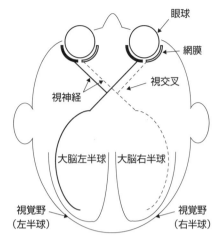

図 3-1　眼球の構造（左）と網膜から一次視覚野までの脳内における視神経の流れ（右）。
網膜上に投影された光の情報は，左右眼球の右側の情報が右半球の視覚野，左側の情報が左半球の視覚野に送られる。網膜には上下左右が反転した情報が投影されるので，視野の左半分の情報が右半球へ，右半分の情報が左半球へ送られることになる。

　眼球から伸びた視神経は，脳へ接続されているが，両眼の右側からの情報は脳の右半球へ，そして左側からの情報は左半球へ送られる（**図 3-1** 右参照）。つまり，両眼からの視神経が交差する部位（視交叉）で両眼の右側のものと左側のものとに分けられ，それぞれ右半球の視覚野と左半球のそれに送られる。視覚野は，脳の後ろの部分（後頭葉）に存在し，右半球と左半球それぞれに存在する。網膜からの情報は，まずこの視覚野へたどりつき，形を特定するための輪郭線に関する処理がおこなわれる。ただし，あくまでもこの部分は視覚の分析処理の入口であり，その後，脳の横側（下側頭葉）での形や色に関する分析（腹側経路）と脳の上側（頭頂葉）での対象の運動や位置に関する分析（背側経路）とに分かれて処理が進んでいくのである。

　なお，視覚野は大脳右半球と左半球それぞれに存在する。網膜に映る光は上下左右反転しているので，自分から見て右側に見えるものは左半球，左側に見えるものは右半球で分析される。もちろん，最終的に脳内で右視野と左視野の情報が統合されるので（左右半球は脳梁で接続されている），右視野と左視野が分かれて見えるわけではないが，左右半球どちらかの視覚野が機能しなければ，そこで処理していた情報が分析できなくなり，片側が欠損した視覚像が感じられることになる（ただし，本人に見え方が奇妙だという意識はない）。この点に関して，分離脳患者の実験例を紹介しておこう。分離脳患者とは，てんかんの治療のため脳梁を切断した人であるが，このような患者は，左右半球からの情報統合ができず，各半球でそれぞれ別の認識をすることが分かっている。この場合，本人に見え方が変だという自覚はないものの，奇妙な判断がなされるという。たとえば，J. レヴィーらの実験では，右半分が子どもの顔で左半分が大人の女性の顔となるような合成写真を分離脳患者に見せ，誰を見たか言葉で答えるよう指示すると子どもを選ぶ人が多いが，見た顔を指で示すよう指示すると女性を選ぶ人が多かった。これは左右各半球に送られた情報がその半球内でしか利用できないためと考えられる。つまり，子どもの顔は左半球，女性の顔は右半球へ送られるが，脳梁での連絡がないため，それぞれの情報は各半球内に留まる。そのため，言葉で答える場合，言語脳である左半球の情報から子どもと回答し，写真で答える場合は，イメージ脳である右半球の情報から女性を指すというわけである。もちろん，これは認知段階での話ではあるが，視覚処理が左右半球に分かれて進むことを示す興味深い例である。

3 知覚：対象の形状，まとまり，奥行きの分析に関わるしくみ

　知覚は，感覚器官で受けた刺激の分析を受けて，まとまりが三次元的に捉えられることで成立していくと考えられる。知覚の成立には，様々な感覚情報の分析が関わると考えられるが，ここでは，視覚の成立を中心に，その流れと特徴を確認していくこととする。視覚の場合は，網膜に投影された光の刺激が電気的信号に変換され，視神経を通して脳に伝わり，視覚野で分析が進むこととなるが，ここでは，それらの分析に関して，まとまり，恒常性，奥行き（三次元的把握），そして動きの面から考えていくこととする。

■ [1] 知覚成立に関わる生得的要因と後天的要因

　知覚は生後すぐに機能するが，大人と同等の能力ではない。たとえば，視力は新生児で0.02程度から3歳で1.0程度になり，聴力は新生児で60〜70デシベル程度から1歳頃で30デシベル程度になると言われている。つまり，知覚は生まれながらに機能しているが，生後の経験の影響で発達するということである。生まれながらに機能することに関しては，乳児でも焦点を合わせて物体を見ることができる，図と地（対象と背景）の区別ができる，あるいは奥行きを知覚できる（E. J. ギブソンらによる視覚的断崖実験，図3-2参照）といった点が参考になるであろう。これらの点からは，物体の形や奥行きなどの視覚の基本的機能が，生まれながらに機能することが分かる。一方，様々な外界の刺激に接することでこれらの機能が発達する根拠もある。鳥居らによると，先天性の白内障であった人が，後に外科手術等で，網膜に光が届く状態（生理学的には〈見える〉状態）になったとしても，手術直後は，形や大きさ，あるいは奥行きが分からないが，手術後の視覚経験によってそれらが改善していくという。この点からは，視覚処理の流れが発達するには視覚経験が必要であり，視覚経験の積み重ねによってその処理過程が徐々に獲得されてくると考えられる。

　これらのことから，知覚には，生得的な面と後天的な面のどちらの影響もあると考えた方がよいであろう。すなわち，人は知覚に関する神経組織を生まれながらに持ち，生後直後もある程度基本的な機能が働く状態であるが，感覚情報を詳細に分析する脳内での流れは，生後の経験を通して形成されてくると考えられる。

図3-2　ギブソンらによる視覚的断崖実験（Gibson & Walk, 1960）。
前方には急な勾配がついた床が見えるが，実際はガラスがあるので前方
へ進むことはできる。しかし，赤ちゃんはこれ以上前へは進まない。

■ [2] 知覚の体制化：まとまりを捉えるしくみ

　何かを知覚するということは，意味的なまとまりを見つけ出そうとする働きでもある。たとえば，英語の文章を読む際，私たちは単語を区別しながら読んでいるはずである。その区別は，空白の存在によって判断されている。つまり，空白がない文字の集まりがまとめられることで，単語が区別されているのである。知覚の体制化とは，この例のように知覚の初期の過程において，何らかのまとまりをつくることである。そのまとまりをつくる基準には一定の法則性がある。その一例として，群化の規則を紹介しておこう。

　M. ウェルトハイマーによる群化の規則はプレグナンツの法則とも呼ばれ，全体ができるだけ簡潔な形にまとめられるような傾向に関する法則として知られている。この法則は，ゲシュタルト心理学において，ものを見たり聞いたりするとき，個々の要素ごとの知覚というよりも，全体としてどのように認識されるかを考える際に取り上げられていたものである。この法則には，近接の規則，類同の規則，連続の規則，閉合の規則，そして共通運命の規則が含まれる。

　近接の規則は，時間的・空間的に近いもの同士をまとまりとして見ようとする規則である（**図3-3** 1）参照）。たとえば，「Thisisapen.」という表記はとても読みにくいが，単語の間に空白を入れて，「This is a pen.」とすれば読みやすくなる。これは，空白のない部分が単語のまとまりとして見られるようになるためである。これと同様の現象は，音が連続してメロディとして感じやすくなる場合でも見られる。

　類同の規則は，色・形・大きさなど，共通する特徴を持つもの同士をまとまりとして見ようとする規則である（**図3-3** 2）参照）。たとえば，オセロのコマで，白と黒のコマを瞬時に区別できるのは，この規則が働いているためと考えられる。紙幣と硬貨が区別しやすいのも，紙幣と硬貨の形状が違うためである。

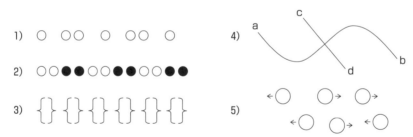

図3-3　群化の規則の具体例。
1）近接の規則（近いものがまとまる），2）類同の規則（同じ特徴のものがまとまる），3）閉合の規則（閉じた形になるものがまとまる），4）連続の規則（a-c や b-d ではなく，a-b と c-d のような自然な連続がまとまる），5）共通運命の規則（同じ動きや流れになるものがまとまる）。

図3-4　カニッツアの三角形。
実際に描かれていない正三角形が浮かび上がって見える。

　閉合の規則は，複数の形を組み合わせると何かの形になるようなものをまとまりとして見ようとする規則である（図3-3 3）参照）。たとえば，文中のカッコとか，シンクロの演技で円を描くと，個々の選手の存在があまり意識されずに，全体としての動きの軌跡が捉えられやすくなったりするであろう。その他，カニッツアの三角形のように，実際には三角形の輪郭は描かれていないのに，三角形の輪郭線があるかのように感じる現象（主観的輪郭線）もその働きを体感できる事例の1つである（図3-4参照）。なお，この事例は，物体の重なりを認識する働きに関係していると考えられる。つまり，閉じていない図形は，他の図形が手前にあるために見えない部分が生じていると解釈され，手前にあるはずの図形の輪郭線が感じられるというわけである。閉じた図形は最も手前にある図形を示していることになるので，重なりを解釈するヒントになる。群化の規則は，手前にある図形を判断することにも役立っているのである。

　連続の規則は，なめらかに連続しているものをまとまりとして見ようとする規則である。たとえば，電気コードが何かで隠れていても，私たちは1本のコードとして見ようとするであろう。図3-3の4）のようなパターンでは，曲線と直線が交差していると感じられるが，曲線と直線の組み合わせでまとまりは感じられないであろう。

　共通運命の規則は，動きの方向や変化のしかたが同じようなものをまとまりとして見ようとする規則である（図3-3 5）参照）。たとえば，ラッシュ時の駅の階段を見ると，降りる人と昇る人の区別がつきやすい。これは階段を昇る人の流れと降りる人の流れがそれぞれまとまりとして感じられるからである。他にも，オーケストラのヴァイオリンパートは，実際には複数の人が演奏しているが，同じメロディを演奏しているので，単一のパート音として聞こえたりするであろう。

　その他，図と地の区別も，まとまりを見つける法則と関わっている。図とは，見えている範囲で注目している対象であり，それ以外の背景が地である。私たちは無意識のうちに図と地を分けて見ていると考えられる。たとえば，旅行先で撮影した写真を見る場合，その中に写っている自分に注目すればそれが図，他の人物や風景は地となり，自分の姿しか見えなくなるであろう。

　一度成立した図と地の関係は，固定されたものではなく，何に注意を向けるかによって変化する。写真の中の自分に注目していたのが，友人の姿に注意を向ければ，友人が図に，自分は地に入れ替わるといったことである。このような図と地の区別は，まとまりを見つける前段階として無意識に働いていると考えられる。なお，図と地があいまいで入れ替わりやすい図形は，図地反転図形と呼ばれる（遠近の反転，2つ以上の見え方を含むのは多義図形）。図3-5左には，老婆に見えたり若い女性に見えたりする図地反転図形が示されている。図形の見え方には，前

図3-5　図地反転図形の例。
左は若い女性と老婆のどちらにも見え，右は向かい合う人と盃のどちらにも見える。

後の文脈の影響もあり，お年寄りの絵を前もって見ると老婆に見え，若者の絵を前もって見ると若い女性に見えやすいという。

　以上のように，視覚は，何かの対象に注目し，それを中心としたまとまりを見ようとする。ただし，そこでは，前後の情報の影響，あるいは経験に基づく期待の影響を受けると考えられる。私たちは，ありのままに対象を見るわけではなく，過去経験や知識，その時の状況など様々な要因から影響を受けながら見ているのである。

■ [3] 知覚の恒常性：安定した外界を捉えるための調整

　外界の事物の存在を示す刺激情報は，まったく同じ事物であっても，時間や自分の位置など，様々な状況によって変化する。たとえば，横断歩道を示す表示は白色であるが，何かの影がかかるとその部分は灰色に近い色の情報が入るであろう。また，直線の形状も，横断歩道を正面から見れば，はしごのような形状，すなわち上にいくほど短く，下にいくほど長い直線を示す情報が，横断歩道に対して自分が左手に立っていれば，全体的に右に傾きを持つ歪んだ形状を示す情報が入り，位置によって違う形状を示す情報が入ってくるはずである。しかし，私たちは，部分的に灰色の情報が入ったとしても，同じ白色として見るであろうし，自分の位置によって見かけの形状が変わったとしても，横断歩道の形状自体が変わったとは感じない。このように，たとえ網膜上での刺激が変化したとしても，対象が同一であれば，同じ大きさ，形，色であるかのように見えが調節されることを知覚の恒常性という。知覚の恒常性は，自分の周囲の世界を，〈安定した変化しないもの〉として知覚するための調整のしくみであり，知覚に関わる分析を効率的に進めるためのしくみと考えられる。この機能は無意識におこなわれているため，なかなか気づきにくいが，何かを見るとき，そういった調整が働いているのである。では，どのような知覚の恒常性があるのか確認しよう。

　網膜上に投影された大きさを，対象までの距離情報を考慮して，自動的に変換・調整することを大きさの恒常性と呼ぶ。つまり，遠くの（にあると感じた）ものは網膜像も小さくなるが，それよりも若干大きく見ようとするし，近くの（にあると感じた）ものは網膜像も大きくなるが，それよりも若干小さく見ようと調整するわけである。たとえば，眼と対象の距離が半分になると，網膜上の大きさは2倍になるが，そこまで大きくなったようには見えないはずである。このように見かけの大きさが大きく変化しないように調整されるのが大きさの恒常性である。これはカメラで撮影した風景が，実際に見ている（感じている）ものよりも大きさが異なっていることからも確認することができる。

　これに関する身近な事例としては，月の錯視がある。月の錯視は，天頂付近にある月の大きさが地平線付近にある場合よりも小さく見える現象である。もちろん，月の大きさは変化しないが，なぜ大きさが変化して見えるのであろうか。大きさ・距離不変仮説によれば，網膜上の大きさが同じであっても，何らかの原因で，対象までの見かけの距離が異なることがあり，その場合，見かけの距離と知覚される対象の大きさは比例する。つまり，見かけの距離が長くなれば知覚される大きさも増大し，知覚される大きさは見かけの距離によって決まるというわけである。この仮説に従えば，月の大きさは見かけの距離が変わるために，変化したように見えるということになる。地平線付近では，月までの見かけの距離は，建物や地平線などの背景が見えるため長く感じられて月を過大視するような調整が働く一方，天頂付近では背景となる情報がなく，見かけの距離に変化がないため，地平線にある時ほど調整は働かないということである。ただし，地平線が見えない状況でも月の錯視が発生するという，この説明と矛盾する事例も指摘され，これだけで月の錯視を説明することは難しいことから，姿勢，頭の位置，地平線付近の見え方など，原因として複数の要因が関係すると考えられている。

　もう1つの恒常性は，形の恒常性である。たとえば，自動車が自分の目の前を走っていく場

合，目に見える（網膜上に投影される）自動車の形状は徐々に変化するが，自動車の形状自体が変化したようには感じないはずである。このように，自分の位置や時間経過によって形状が変化しても，同一の事物であれば形状は変化しないと調整することが形の恒常性である。ここには，同じ物体を様々な角度から眺めた過去経験による知識が働き，変化のない物体の三次元的構造を捉えようとするしくみがあると考えられる。

　その他，物体の位置，明るさ，そして色についても恒常性があると言われている。たとえば，静止した物体は頭や体を動かしても，静止し続ける（動いている物体は動き続ける）ように感じるであろうし，周囲の状況によって明るさや色が変わるとは感じないであろう。これらの現象からは，網膜からの情報だけでなく，体の動き，対象と背景のバランスなどを利用して，同一の物体について変化のない安定した知覚が成立するような調整のしくみが存在すると考えられる。

■ [4] 奥行きの知覚：三次元的な世界を捉えるしくみ

　私たちが感じる外界は，三次元的な世界であり，様々な対象が位置関係を伴って把握されている。しかしながら，網膜上に投影される光の刺激は二次元的情報であり，三次元的な情報ではない。そこには対象の輪郭線や色などの情報しかなく，奥行きを生じさせる情報，たとえば，両眼視差（右目と左目の見えのズレ）や身体の動き，物体の重なり，色，背景のパターンなどの情報から，対象の位置関係や奥行きを解釈し，三次元知覚を成立させると考えられる。つまり，限られた情報から，三次元的位置関係が推測され，それが視覚として成立すると考えられるわけである。通常，その解釈は素早くかつ正確におこなわれるため，その存在や特徴を推測することは難しいが，それがうまく機能しない場合を参考にすることで，逆にその特徴が浮かび上がってくる。錯視は，そのことをうまく示す現象である。錯視とは文字どおり見間違いであるが，知覚の恒常性やまとまりをつくろうと調整するしくみ（体制化）がうまく働かず，通常は生じないことや矛盾するものが感じられる現象ともいえる。では，様々な錯視を例に，どのような情報が奥行きを感じさせる情報となるのか考えてみよう。

　錯視の中でも，図形を組み合わせた場合に見られる錯視は幾何学的錯視と呼ばれ，多くのものが報告されている。たとえば，角度や方向に関するものとしては，ポッゲンドルフ錯視，ツェルナー錯視等があり，大きさ，長さ，距離，あるいは面積に関するものとしては，ミュラー・リヤー錯視，ポンゾ錯視などがある（図3-6参照）。

　これらの錯視の原因として考えられるのは，奥行き感を生じさせる情報の存在である。たとえば，ポンゾ錯視では，直線がハの字型であることによって奥行き感が生まれ，中央にある直線の長さが，見かけ上の距離が遠くなれば長く，近くなれば短く感じられる。つまり，適度な傾きを持った2本の直線から遠近法による奥行き情報が得られ，それを三次元的に解釈した結

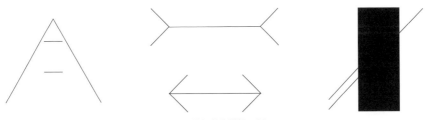

図 3-6　幾何学的錯視の例。
左からポンゾ錯視，ミュラー・リヤー錯視，そしてポッゲンドルフ錯視である。ポンゾ錯視では，上の直線の長さは下のそれよりも長く見えるが，同じ直線である。ミュラー・リヤー錯視では，直線の両端についている矢羽根の向きや角度によって直線の長さが違って見える。ポッゲンドルフ錯視では，長方形の裏を貫くように見える直線は位置がずれている。

果，上の直線は遠くにあるため過大視され，下は近くにあるため過小視されることにより，錯視が生じたということである。このように，二次元的な図形パターンであったとしても，奥行きを把握する何らかの手がかり情報が存在すれば，知覚はそれを使って事物を三次元的に捉えようとする性質があると考えられる。

　その他に奥行き感を得られる情報としては，眼球の生理的手がかり，絵画的手がかり，生態学的手がかり，両眼視差，そして運動視差などがある。眼球の生理的手がかりとは，両眼の連動した動きである輻輳（ふくそう），調節であり，絵画的手がかりとは，陰影，隠蔽，線遠近法，大気遠近法，網膜像の大きさなどの画像的な情報であり，生態学的手がかりとは，きめの勾配（遠くにあるほど面のパターンは小さく見えにくくなる），運動視差（遠くにあるほど，移動による変化がない）などの見え方の不均衡さや差異の情報であり，両眼視差とは両眼の見え方のズレである。運動視差とは，自分が動くと，遠くにあるものはほとんど動かないが，近くのものは自分の動きに連動して動くという見え方のズレである。私たちは，これらの情報から奥行き情報を得て，対象への見かけの距離を計算することによって三次元的な視覚を成立させているのである。なお，網膜に投影されたパターンは，視覚野に到達した後，その対象が何かを分析する腹側経路（側頭葉）と対象の位置関係を分析する背側経路（頭頂葉）に分かれて処理が進行するとされており，奥行き情報は背側経路で利用されると考えられる。

■ [5] 運動の知覚：動きを捉えるしくみ

　通常，私たちは対象を静止画像として見ているわけではなく，何らかの動きがあるものとして見ている。では，何が手がかりとなって動きが知覚されるのであろうか。

　知覚できる最小の運動は，1秒間で視角0.02～0.04度であり（視角1度＝眼からの距離100 cmで1.75 cmの大きさ），1～27秒以上の速さを必要とし，視角8～20秒以上（0.134～0.334度）の距離も必要と言われている。一方，知覚できる最大の運動は，1秒間で視角90度程度と言われている。なお，これらには見え方の影響もあり，これらの限界は，陰影がはっきりしたような場合の値である。陰影がはっきりしない場合は，もっと視角が大きくなければ動きを知覚できないとされている。

　他方，知覚される運動速度は，様々な要因の影響を受けると考えられる。たとえば，同じ速度で動いているものでも，対象が大きいとゆっくり感じ（小さいと速い），明暗がはっきりしないほどゆっくり感じ（明暗がはっきりすると速い），垂直方向に運動するものは水平方向に運動するものよりも速く，対象を目で追ったときよりも目を動かさないときのほうが速く，遠ざかるときよりも近づくときのほうが速く感じられるなどの傾向があるという。

　また，実際に動いていないものでも，状況によっては動いているように見える場合がある。このような現象は仮現運動と呼ばれ，様々なものが含まれる。たとえば滝の錯視と呼ばれる現象は，上から下への流れをしばらく見続けた後に，静止した図を見ると，下から上への流れが見えるというものである（運動残効）。他にも，簡単なアニメーションのように同じ絵を少しずつずらしながら見ると絵が動いて見える（β運動），あるいは，隣の電車が動くと自分の電車が動くように見える（誘導運動）といった現象も日常的によくみられる仮現運動である。これらの現象には，動きを検出する神経組織の働きが関係しており，対象と周囲の動きが分析され，それによって情報が補完されたり，存在しない動きが感じられてしまうと考えられる。つまり，対象の動きの知覚には，対象の周囲の動きに関する情報も大きく関係しているということである。

4　認知：対象を理解・判断するための分析

　既に述べたように，知覚は外界からの刺激を受けて，文字，図形，物体などのまとまりや，

三次元的な位置関係，動きなどを捉えることである。ただし，外界の分析はそれで終わるものではなく，意味的なまとまりや三次的構造などを把握したうえで，物体や図形がどのような意味を持つのかを理解できなければ，外界を正しく認識したことにはならない。つまり，外界を認識するためには，知覚だけではなく，見ているものが何かを特定するような，より高次の分析が必要ということである。このような対象に関する高次の処理は認知と呼ばれる。ここでは，外界が認識される最終段階として，認知が成立する流れについて考えていくことにする。

　図形や文字などの特定の形状の認知はパターン認知と呼ばれ，その流れについては様々な研究がおこなわれてきた。その代表的な考え方として，鋳型照合モデルと特徴分析モデルを紹介しよう。鋳型照合モデルは，文字なら文字の，あるいは物体なら物体の形状パターン（鋳型）を記憶に保存しておき（鋳型），実際に見ているパターンとその鋳型を照らし合わせ，同じならそのパターンと判断し，違う場合は別の鋳型と照合してパターンを特定していくという考え方である。たとえば，「A」という文字パターンが示された場合，その情報が感覚器を通して脳へ送られ，「A」に対応する脳内の神経細胞の組み合わせが興奮することによって，最終的にその刺激が「A」と認知されるというわけである。この考え方は非常にシンプルなものであるが，そもそも多種多様なパターンの鋳型がないと認知が成立しないという欠点があり，実際の認知の流れを十分に説明できるわけではない。たとえば，同じ「A」でも，様々な字体やくせのある字体があるうえ，大きさや傾きも様々であり，さらには手書き文字まで想定すると無限に近いパターンが存在することになるが，そのような情報のすべてを蓄えられる脳のしくみを想定することは難しいであろう。

　一方，特徴分析モデルは，様々なパターンの記憶を照合するのではなく，それぞれのパターンに含まれる特徴を検出し，それらを総合することでパターンを特定するという考え方である。たとえば，「A」の文字を見る場合，特徴分析モデルの考え方では，「A」というパターンに含まれる様々な特徴を検出するところから分析が始まると考える。つまり，最初に「右上がり斜線」，「右下がり斜線」，そして「横線」という特徴があると検出され，それらの特徴をすべて満たす文字は何かが記憶から検索され，最終的に見ているパターンが「A」と特定されるというわけである。特徴分析モデルは，斜線，直線，曲線など基本的な特徴の検出の積み重ねでパターンが特定されるという考え方である。これは，特徴さえ分かればどのようなパターンでも認知が可能となるため，鋳型照合モデルのように特定の文字や形などに対応する鋳型がなければ認知が不可能となるわけではなく，私たちが実際におこなっている柔軟な分析をうまく説明できる。また，実際，特徴分析モデルで分析対象となるような特定の特徴に反応する脳内の神経細胞，たとえば，特定の傾きの線に反応するもの，向きや色に反応するもの，特定方向の運動に反応するものなどが発見されており，特徴分析モデルが実際に脳内に存在する可能性は高いと考えられる。しかし，これだけでパターン認知のすべてを説明することは難しい。

　たとえば，図3-7の左の写真を見てみよう。これは一見，何を示したものか分からないが，「犬」が写っているとヒントが与えられると，犬の姿が見えてくるであろう。なお，右の写真には「牛」が写っているので，それが見えるか確認してほしい。特徴分析モデルでは，点や直線などの特徴を分析することができればパターンが認知されるはずであり，ヒントがなければ理解できないという現象を，特徴分析モデルではうまく説明できない。この点に関して，ボトムアップ型処理とトップダウン型処理の考え方が参考になるであろう。

　実は，パターン認知に関する処理はボトムアップ型処理とトップダウン型処理とに分類される。特徴分析モデルや鋳型照合モデルのように，パターンを特徴づける要素の分析を積み重ねる，あるいはパターン特徴に合致する情報を検索することによって全体像を把握する処理の流れはボトムアップ型処理と呼ばれる。一方，トップダウン型処理とは，知識や経験から，何があるかを期待しながら，その証拠を探すような処理であり，パターンの周囲の情報から知識・

 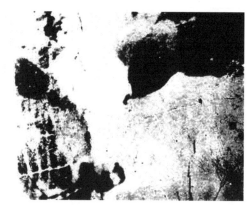

図3-7　あいまいな写真の例（左：*Dalmetian*, James, R. C.（photographer），右：Dallenbach, 1951 による）。
ヒントがなければ何が写っているかを理解することは難しい。

A B C　12 13 14

図3-8　あいまいなパターン認知の例。
左右の図の中央のパターンは同じ図形であるが，左ではアルファベットのB，右では数字の13と認識される。

　経験を積極的に活用して認知する処理の流れである。トップダウン型処理は，ボトムアップ型処理ではうまく処理できない場合，たとえば，先ほどの犬の写真，あるいはあいまいな文字などを認知する状況をうまく説明することができる（**図3-8**参照）。つまり，前後の文脈情報，あるいはヒントによって，過去経験が参照される結果，期待されるパターンが特定され，それと合致する特徴が照合されることで全体像が把握されてくるというわけである。

　実際のパターン認知においては，これらのボトムアップ型処理とトップダウン型処理のどちらもが働いており，互いの処理を補完すると考えられている。たとえば，パターンの一部が欠落，あるいはあいまいな部分があるような場合はボトムアップ型処理がうまくいかないため，利用可能な情報からトップダウン型処理が働くであろう。逆に，トップダウン型処理がうまく働かない場合，たとえば，暗い部屋の中で何かを探す状況では，目を慣らしたうえで周囲に何があるかを探し，ボトムアップ型処理によって見える特徴を分析することで対象を見つけられるであろう。一般的には，ボトムアップ型処理は自動的に進行すると考えられており，通常，その流れを意識することはないが，トップダウン型処理は，経験や知識を活用して〈見えるはず〉のパターンを当てはめながら情報を意識的に分析することになるため自覚が伴うこともある。

　このように，外界にある対象を理解する際は，意識的・無意識的に様々な処理が同時進行し，それらの結果，状況に応じてスムーズに認知が成立すると考えられる。特に，ボトムアップ型処理とトップダウン型処理の働きによって，解釈が混乱せずに対象が認知されるのは，よくできた巧妙なしくみといえるであろう。このようなしくみがあるからこそ，私たちは柔軟に外界を認知できるのである。

読書案内

日本バーチャルリアリティ学会 VR 心理学研究委員会（編）（2006）．だまされる脳——バーチャルリアリティと知覚心理学入門—— 講談社
　　錯視やバーチャルリアリティの現実感に関わる要因などから，知覚の過程について分かりやすく解説している。知覚に関する基本的事項を確認するのに適している。

太田 信夫（監修）・行場 次朗（編）（2018）．シリーズ心理学と仕事1　感覚・知覚心理学　北大路書房
　　現代社会の中で，感覚・知覚がどのように働き，どのように関わっているか，分かりやすく，かつ幅広く解説している。感覚・知覚過程についてより広く学習するのに適している。

コラム4　身近にみられる錯覚とその応用

　錯覚は，長さや形などの特徴が，周囲の状況や情報によって誤って感じられる現象で，様々なものが存在する。錯覚が生じるメカニズムについては，様々な説明がなされているが，一般的には，知覚が，二次元的情報から三次元的な世界を捉えようと様々な推測を加えて理解するために生じると考えられている。たとえば，ミュラー・リヤー錯視では，内向き矢羽根の角度が小さくなるほど直線の過大視が生じ，外向き矢羽根の角度が大きくなるほど直線の過小視が生じる。これを，現実世界でよくみられる状況から考えてみよう。この図形を縦にすると，矢羽根が内向きの場合は，建物の角の部分がこちらへ向かってせり出すようなパターン，矢羽根が外向きの場合は，部屋の内部からその角を見た場合のパターンと一致することが分かる（図3-9参照）。つまり，ミュラー・リヤー錯視は，先に述べた大きさ・距離不変仮説のように，矢羽根が内向きの場合，直線がより自分に近く感じられる結果，実際の長さよりも長くなるように補正される一方，外向きの場合は，直線が自分から遠ざかるように感じられる結果，長さはより短く補正されるというわけである。視覚は，その時の状況で利用できる奥行き情報から三次元的な世界を把握していくが，この場合は，矢羽根の角度が奥行き情報として利用された結果，錯覚が成立するのである。

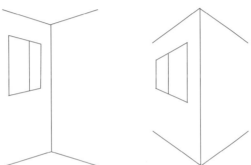

図3-9　ミュラー・リヤー錯視が日常的風景で見られる例。
建物や部屋の角を内側から見る場合（左）と外側から見る
場合（右）が錯視図形と一致する。

　他方，錯覚は，だまし絵の世界でも応用され，私たちを楽しませてくれている。そのような多くの錯覚の中でもエイムズの部屋は，多くの観光・娯楽施設などで実際に体験できる身近な錯覚である（図3-10左図参照）。この錯覚は，部屋の両隅にいる人物が，本当は同じ身長であるにもかかわらず，片方では非常に大きく見え，もう片方では非常に小さく見えるというものである。このような錯覚は，なぜ生じるのであろうか。

　エイムズの部屋は，実際には部屋の四隅やその角度は大きく歪んでおり（図3-10右図参照），部屋の高さは，小さく見える人（A）の付近では高く，大きく見える人（B）の付近では低くなるように勾配がついている。つまり，一方から他方へ向かって，高さはより低く，より奥の方へ延びるような形状になっている。このような部屋を，単眼で頭部を固定した状態，つまり両眼視差や運動視差の情報がなく，奥行き情報が制限された状態で見ると，部屋は通常の直方体に感じる一方，人の背丈は部屋の高さが基準となるため，過大視または過小視が生じるということである。

 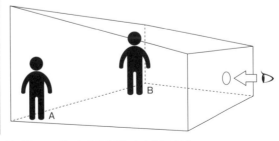

図3-10　エイムズの部屋（左 ㈱エス・デーによる作品）と立体図（右）。
二人の身長がほぼ同じであってもBが過大視される。この部屋の形状は，右図に示すように，観察地点とA・Bの距離が異なっており，部屋の高さもAでは高く，Bでは低くなっている。観察は単眼，固定位置なので，両眼視差や運動視差の奥行き情報は制限されている。

　エイムズの部屋の錯覚も，視覚が三次元的な世界を把握する際の推測に原因があると考えられる。この場合は，奥行き情報が制限されているため，経験や知識を利用して三次元的な世界を推測するしかない。そこで，経験上得られた，よく見られる部屋の形状，つまり，直方体で，角が直角の部屋を想定して理解しようとする。ところが，部屋の高さが両端で異なっているため，同じ人であっても身長に対する部屋の高さの比率が違ってくるという，直方体の形状ではあり得ない矛盾が起きてしまう。それでも，他に利用できる奥行き情報がないため，部屋の形状は直方体のままと解釈して，人の大きさを過大視あるいは過小視してつじつまを合わせるというわけである。このように，視覚は奥行き情報，経験で得られた知識を利用して，あり得る三次元的な理解を推測する特徴がある。もちろん，通常このような推測は間違いが少なく，周囲を正確に把握できる場合が多い。しかし，このような現象を見れば，私たちの知覚が，一部の情報から推測を重ねてつくられていることが分かる。

　このように，錯覚は〈見間違い〉であり，あり得ない見え方や不正確な見え方を誘発するやっかいなものであるが，逆に注意を喚起し，見落としや事故を抑止するような応用事例も増えている。たとえば，案内の見落としを回避するため，床面に電車の改札案内を立体的に見えるように描く事例，速度超過を抑止するために，道路上に障害物が立体的に見えるような表示を描く事例もよく見られる。このように，錯覚をうまく応用した事例は近年増えており，今後，社会で役立つ錯覚はさらに増えていくであろう。

第4章
感情と欲求
[SDGs: 2, 3, 16, 17／公認心理師: 9]

藤原　健

　本章では，感情と欲求について学ぶ。感情と言われてその存在を否定する人はいないであろう。それは，私たちは日々の生活の中でいろいろな感情を感じながら生きていることを知っているからである。家族や友人など，親しい人と一緒に過ごすことは喜びや安心をもたらし，予期せぬ事態には驚いたり不安を感じたりする。また，不当な扱いを受けた際には怒りもしくは悲しみを覚える。こうした感情経験は私たちの生活を様々なかたちで彩るものの，他方で，感情とは何かと考えてみると途端に回答に困ることになる。なぜなら，「感情は○○からやってくる」とその起源すら一口に言い切ることができないからだ。感情経験は私たちの身体に原因があるのだろうか，それとも脳内だろうか。あるいは生理学的・神経科学的な過程だけではなく認知的な過程も重要なのかもしれない。本章では，こうした感情の複雑な発現メカニズムを見ていくなかで様々な学派の議論やアプローチについて学ぶ。

　具体的な説明に入る前にまず，用語の定義から確認しておく。欲求については一般的な共通了解があり，内部から行動を引き起こす要因，エネルギーの源であるとされている。これに対して感情の定義は実に様々あり，研究者ごとに異なると言える。ここでは代表的な A. オートニーらの定義，「感情とは，人が心的過程の中でおこなう様々な情報処理のうちで，人，物，出来事，環境についてする評価的な反応である」を紹介する。評価とは，対象をある軸に位置づけて認識することを指す。主な軸には，良い‐悪い，好き‐嫌い，有用‐有害，安全‐危険などといった対象の性質に関わるものや，責任の所在（自分‐他者）なども含まれる。反応は，広い意味をもつもので，主観的な心的体験や表情の表出，身体器官や脳，神経系の変化，行動の潜在的な準備状態の形成などのことを指す。私たちは日常的に目の前の対象について何らかの評価をし，それに基づく反応を経験している。その意味で，この感情の定義に従うと，人のあらゆる心的過程や行動に感情が伴っていると考えることができる。

　では定義も確認できたところで，感情にまつわる各種の議論に目を通していくことにしよう。まず第1節では感情とその類語との関係を整理する。欲求，動機づけとの違いについては，感情は評価に重点を置くという特徴を明確にする。また，感情に関連するその他の心理学の専門用語として情動と気分についても紹介する。日常用語として馴染みのある言葉でも，心理学の専門用語として用いる場合には注意が必要なことが分かるであろう。次に，第2節で「感情とは何か」をめぐる一連の議論をたどるなかで，バラエティ豊かな感情現象について，その代表的な捉え方を紹介する。具体的には身体学派，神経学派，認知学派による理論について，W. ジェームズや W. B. キャノン，M. B. アーノルドといった先駆的な研究者の業績とともに紹介する。ここでは，それぞれの学派が感情経験の原因を身体器官の変化，脳・神経系の反応，認知のはたらきに求める様子を見ていく。そして第3節では，一歩引いた視点に立って感情経験をどのように整理することができるのかを見ていく。主には基本感情論と次元論，精神力動論と認知評価理論，構成主義理論について説明する。本章を通じて，感情の複雑なメカニズムを紐解くためには，身体，脳・神経，認知，社会・文化といった複合的な視点が必要になることが分かるはずである。

1 感情と類語との関係

■ [1] 欲求，動機づけ，感情

　欲求や動機づけは感情と近しい関係にあるものの，それらは異なるものであるとするのが一般的である。欲求のはたらきを理解するためには，身体内で「元の状態」を保とうとする性質である恒常性（ホメオスタシスと言う）について知るとよい。たとえば私たちの体温を考えると，体温が平常時より 10 度上昇すると私たちは生きていられない。しかし真夏などは日本国内であっても場所によっては日中の外気温が 40 度近くなることもあり，直射日光の下ではさらに気温は上昇し 50 度近くになることもある。こうした気温の上昇を受けて私たちの体温もすぐに上昇するかというと，そうではない。発汗などを通じて体温が上昇しないようにする機構が身体に備わっているほか，飲み物を飲む，日陰に移動する，エアコンをつけるためにリモコンを探すといった行動が誘発される。体温が上がり過ぎないよう，言い換えると，元の状態（平常時の体温）であろうとする欲求があるおかげで，私たちの身は守られているのである。恒常性に直接関係する欲求は体温調節だけではなく，その他には食欲や睡眠欲なども分かりやすい例として挙げられる。お腹が空いたときには飢えを満たすために食べようとする欲求が，眠いときには脳や体を疲労から癒やすために寝ようとする欲求が高まる。こうした欲求はヒトを含むあらゆる生き物が生まれながらに備えており，一次的欲求あるいは生理的欲求と呼ばれる。ただし，一次的欲求の中には痛みを回避しようとする欲求や性的欲求なども含まれることから，必ずしも恒常性に直接関係するものだけを指して一次的欲求と呼ぶわけではないことには注意すべきである。むしろ，私たちの生存に直結し，後世に子孫を残していくのを促すという意味で一次的な欲求であると理解するのがよい。

　また，欲求には一次的欲求だけではなく社会生活の中で生じる欲求もあることが分かっている。これは，ヒトは社会的動物であることから，基本的な寝食を確保してサバイバルを達成するだけでなく，社会の中で生きていくことが極めて重要であることが原因となっている。社会生活の中で生じる欲求は二次的欲求あるいは社会的欲求と呼ばれ，例としては，他人と仲良くなりたいという親和欲求，力を行使して他人をコントロールしたいという支配欲求，社会的に成功したいという達成欲求や他人から認められたいとする承認欲求などが挙げられる。社会的欲求にも空腹や睡眠不足のときと同様に，これが満たされないときにこそ欲する気持ちがより強くなるという特徴がある。たとえば親和欲求について，日常生活の中では家族や友人との関係を強く求めることがほとんどなくても，大学進学を機に地元を離れたときや海外での留学生活をスタートさせたときなどには親しい人たちとの関係が恋しくなるであろう。他人と仲良くしていたいという欲求が満たされないからこそ，人とのつながりを求める気持ちが強くなるのである。

　一次的欲求と二次的欲求の関係を整理した理論として，A. H. マズローは欲求階層説を唱えている。これは，欲求を 5 つあるいは 8 つに分類し，ピラミッドのように低次の欲求から高次の欲求へとそれぞれを積み重ねていくモデルとなっている。そして，低次の欲求が満たされたときに一段階高次の欲求を充足するよう行動を起こすと仮定している。マズローの初期の理論では 5 つの分類（*）が提案されているが，ここでは後に 3 つが追加・拡張された 8 つの分類を示す。

　　①生理的欲求（*）：食べ物や睡眠など，生存を確保したい
　　②安全欲求（*）：法律や医療体制など，生活を安定させたい
　　③親和欲求（*）：友情や愛情，信頼など，良好な対人関係を構築・維持したい
　　④承認欲求（*）：物事を達成し，他者から尊敬されたい

⑤認知欲求：物事を理解し，好奇心を満たしたい

⑥審美欲求：美やバランスを理解，探求したい

⑦自己実現欲求（＊）：自分の潜在能力を発揮し，理想の自分になりたい

⑧自己超越欲求：利他主義など，個人的な自己を超越したものに自らを捧げたい

　マズローの階層説では，高次の欲求を満たすべく行動が起きるためには少なくとも部分的に低次の欲求が満たされることを前提とする。たとえば貧困や飢餓の状態にあって生理的欲求が満たされなければ，そのことばかりが人を支配し，より高次の欲求である認知的欲求や自己実現の欲求が志向されないといった具合である。このことを念頭におくと，貧困の解消が世界的な課題となっていることの重要さが理解できるであろう。とはいえ，マズローの階層説に対しては，欲求の順序を厳格に定めていることが批判の対象にもなっている。生理的欲求や安全欲求の重要性は疑いようがないが，これが満たされなければ絶対に高次の欲求が志向されないかというと，必ずしもそうではないためである。私たちの日常生活を振り返ってみても，たとえお腹が空いているからといって，友人や恋人のことを忘れていつも食べ物のことだけを考えるわけではない。また，試験前日に良い点を取って周囲に認めてもらいたいと勉強に励む一方で（承認欲求），気になる美術展に早く行きたい（審美欲求）といったような欲求間の葛藤も理論的にうまく説明ができない。そう考えると，マズローの階層説はその厳密さにではなく，各欲求の関係を整理し見通しの良い理解を助けている点に意義のある理論と言えるであろう。

　動機づけは，しばしば欲求と互換的に用いられるが，厳密には，行動をある目標へと向かわせ，維持・調整するための過程あるいは機能のことを指すとされる。動機づけは自身の欲求とその充足から始まる内発的動機づけと，外部からの報酬獲得や罰を回避するために生じる外発的動機づけに分類される。たとえば散歩をしている人がいるとして，歩くことが好きで自身の楽しさや満足のために歩いているとすれば，それは内発的動機づけによる行動だと言える。これに対して，その人は歩くこと自体は好きでもないが，かかりつけの医師から運動するように指導されていて，次に会うときにまた指導を受けたくないという理由であれば罰の回避という外発的動機づけによるものと理解できる。動機づけの原因が自身にあるか外部にあるかによって区別はされるものの，いずれの動機づけであっても，自身の内的状態や外部からの刺激によるその変化が後に続く行動の出発点にくるという点には特徴があると言える。

　これら一連のプロセスに対して，感情は評価に重点を置くことが特徴となる。つまり，(1)環境の変化あるいは外的刺激が出発点となり，(2)これをどのように評価するかによって，(3)感情経験における様々な反応が決まる，と考える。たとえば，都会から旅行に来て田舎に広がる田園風景を見ている人たちがいると想像してみよう。ある人はこれ（環境の変化）を刺激の少ない景色だと評価し（認知的評価），退屈だと感じるかもしれない（主観的な心の体験）。また，あまりの退屈さにあくびをするかもしれない（身体器官や脳・神経系の変化）。その一方で，別のある人は同じ風景に対してのどかな景色だと評価し（認知的評価），日々の喧騒を忘れてリラックスした表情を浮かべているかもしれない（表情の表出）。このように，感情経験は評価の仕方によって大きく変わるものなのである。

　ただし，欲求や動機づけと感情との違いは絶対的なものとはいえず，時にその境界が曖昧になることもある。たとえば，食後であまりお腹が空いていない状態でも，甘いものが目の前にくるとつい食べてしまうこともあるだろう。この場合，外的刺激に注目して「刺激（甘いもの）が魅力的に評価されたから」と捉えることもできるし，内的状態に注目して「まだ満たされていなかったから」と捉えることもできる。いずれも間違った説明ではない。このように，感情と動機づけの違いは時に曖昧になることもあるが，感情は評価に重点を置く，評価がより重要になるのが感情だ，という点を押さえておけば両者の区別に悩むことは少なくなるだろう。

■［2］感情，情動，気分

感情（affect）とよく似た用語に，情動（emotion）や気分（mood）がある。これら用語間の違いについては研究者間で意見が分かれる場合もあるが，少なくとも情動と気分は違うものであるとするのが一般的である。情動とは，明確な原因によって生じ，強度が比較的高く，持続時間が短く，喜びや悲しみ，驚きといった基本的なカテゴリーに分割して解釈することが可能である。これに対して気分は明確な原因をもたず，強度は比較的弱く，持続時間が比較的長く，快－不快や覚醒水準といった次元に沿って解釈される。

情動にはより明確な特徴があると考えられている。1つは，情動は個体を何らかの行動に駆り立てるという点だ。たとえば，恐れについて考えてみよう。恐れという感情は一般的には回避や逃走行動を駆り立てる。あくまで情動は反射とは異なるものなので，必ず決まった行動だけを誘発するものではない。恐れによる逃走行動を考えてみても，実際に走って逃げる場合もあれば，どこかに潜んで身を隠す場合もあるだろう。いくつかの行動の潜在的な準備状態，つまり行為レパートリーの中から，恐れという情動に導かれる形で，その状況に最も適した行動を選択，発動させるのである。2つ目の特徴は，情動はある行為を起こすための最適な身体状態を瞬時に整えるということである。恐れが逃走行動につながるといっても，本当に逃げるためには身体の準備が整っている必要がある。たとえば，恐れを感じて逃げようと思ったときに身体が眠気に襲われているようでは足に力が入らず逃げることができない。こういうことがないように，情動経験に伴って自律神経系や内分泌系などが作用することで，その後の行動がスムーズに生じるようになっている。3つ目の特徴は，情動は個体間で伝達される重要な情報となるということである。その代表は表情による情動伝達だ。これについては第3節で解説する。

これら類語との関係を理解するうえでも，感情は評価に重点を置く，という考え方は役に立つ。つまり，感情とは内面に生じた反応を評価して何らかの意味を付与したものであり，主観的に感じている意識的体験である，と位置づける。こうすることで，多少なりとも情動との対比は明確になるはずである。情動は，ここでいう感情ほどには評価の入る余地が小さいためである。また，評価は複雑になることもあるので，主に快－不快といった大雑把な次元で解釈する気分との違いも強調することができる。ただしここで注意しなければならないのは，感情という言葉について，情動や気分を包含する上位概念として使うことがあるという点である。感情心理学，という用語がまさにこの使い方に該当する。感情心理学は，主観的に感じている意識的体験だけを扱う分野ではない。情動や気分とともに，感情としか言い表せないような広範な心的過程を対象とするところに特徴がある学問と言えるのである。

2　感情の起源をめぐる議論

感情とその類語の関係が整理できたところで，ここからは感情の起源をめぐる議論について，身体学派，神経学派，認知学派の主張をみていくことにする。それぞれの学派が感情経験の原因を身体器官の変化，脳・神経系の反応，認知のはたらきに求める様子をみていくことで，感情とは何なのか，その一端を概観することにしよう。

■［1］身体学派による感情理論

身体学派とは，感情経験の発生を身体器官の変化に求める学派のことを言う。ここで重要となるのは，「感情とは何か」という問いを発したまさにその人，W. ジェームズだ。ジェームズは，「悲しいから泣くのではない，泣くから悲しいのだ」という表現でも有名な末梢起源説（またはジェームズ＝ランゲ説）を提唱する。この理論では，ある刺激が大脳皮質において知覚されると，ただちに身体，特に内臓と骨格筋に変化が生じると仮定する。そしてこの身体の変化

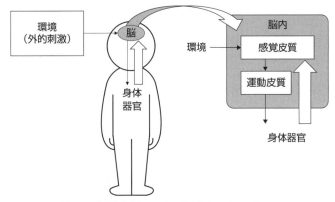

図 4-1　末梢起源説における感情発生のイメージ図。

が脳に伝えられ，それが知覚されたものこそが主観的な感情経験である，と言うのである（**図 4-1**，白い矢印）。感情経験の直接の原因を身体の変化に求めることから，末梢（つまり，身体）起源説と言う。

　この理論を支持する知見の1つに，S.S.トムキンスによる顔面フィードバック研究がある。これは，顔の表情筋（つまり，身体）の動きが起源となって感情経験を生じさせることを示した知見である。ただし，いついかなる場合においても表情さえつくればその表情筋の動きに対応する感情経験をつくり出すことができるわけではない。事実，同様の実験をおこなった他の研究においてオリジナルの研究結果が再現されない場合があることも報告されている。表情からのフィードバックには感情経験をゼロからつくり出すほどの影響力はないものの，感情経験の強さを強めたり弱めたりするといった程度の役割があると言えるだろう。

■ [2] 神経学派による感情理論

　1930年代まで末梢起源説は非常に強い影響力をもっていた。しかし，この流れに W. B. キャノンが異を唱える。生理学者であったキャノンは，内臓の変化が感情経験の発生に比べて遅く生じることや，エピネフリン（副腎髄質より分泌されるホルモンであり，神経伝達物質でもある。一般的にはアドレナリンとも言う）注射によって外的に身体反応をつくり出しても感情経験が発生することはほとんどなかったことなどを中心に末梢起源説を批判した。そして，脳の役割を重視した中枢起源説（またはキャノン＝バード説）を提唱することとなる。なお，キャノンの主張を神経学派に位置づけるのは，**図 4-2** にあるように感情経験の発生を脳・神経系の変化に求めたからである。

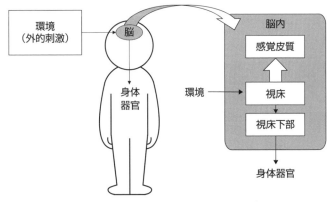

図 4-2　中枢起源説における感情発生のイメージ図。

　キャノンは感情経験の発生について，大脳皮質と皮質下領域の二重構造に着目する。外界からの刺激は必ず視床を通過することに目を着けたキャノンは，皮質下領域の中でも特に視床の役割を中心に据える。視床からの情報は大脳の感覚皮質だけでなく，視床下部にも届く。視床下部に届いた信号は身体器官の変化を引き起こすことになる。キャノンの感情理論の中にも身体器官の変化は考慮されるのであるが，これはあくまで同時に生じる副次的なものに過ぎず感情経験そのものではないとするところにポイントがある。感情経験の原因を脳の中での反応に求めることから（**図 4-2**，白い矢印），中枢（つまり，脳・神経系）起源説とされるのである。

■ [3] 認知学派による感情理論

　M. B. アーノルドからはじまる認知学派は，感情経験の発生を，これを引き起こす基となった出来事や状況の認知的評価に求めた。ここで押さえておくべき理論は，S. シャクターと J. シンガーによって提唱された二要因説だ。この理論では，生理的覚醒そのものが感情経験となるのではなく，生理的覚醒とそれをもたらした状況に対する認知的なラベルづけによって感情経験が生じると仮定する。認知的ラベルは外的刺激の性質によって即座に生じることもあるが（たとえばヘビがこちらに向かってくると，「怖い，危ない」とラベルをつけるであろう），生理的覚醒の原因が必ずしも明らかではない場合もある。何となく胸騒ぎがする，という経験がこれに該当する。この場合，人は周囲の環境を探索し，それらしいラベルを見つけ出して付与することになる。その胸騒ぎが，たとえば目の前にいる異性が原因であるとラベルづけされれば恋愛感情に発展するかもしれないし，目前に迫ったスピーチが原因であるとラベルづけされれば，緊張感であると経験される。

　この二要因説は，末梢起源説と中枢起源説の主張をうまく取り込みながら，加えて認知の役割を主張するという点で新規なものだ。こうした考え方が登場した背景には，当時 1960 年代に心理学の多くの分野で隆盛を極めていた認知革命（認知のはたらきを解明し，それを心理学研究の中核として考えようとする動きのこと）の影響がある。冒頭にご紹介した感情の定義も，この二要因説のように認知の役割を非常に重視したものとなっている。

3　感情を捉える視点

　感情経験がいかにして生じてくるのかについて，その原因を身体器官，脳・神経系，認知のはたらきに求める議論をみてきたところで，ここからは，感情経験を整理するための視点を紹介していくことにする。具体的には，基本感情論，次元論，精神力動論，認定的評価理論，構成主義理論と続き，最後に心理学的構成主義をみていくことになる。

■ [1] 基本感情論と次元論
1) 基本感情論

　基本情動，あるいは基本感情という考え方は，C. ダーウィンの進化論を出発点とする。有名な著作『人および動物の表情について』では，異なる感情ごとに異なった表情が対応していることが記されており，各筋肉活動のもつ意味や表情の普遍性に関する主張と実証が織り交ぜられている。進化論をベースとして感情を捉える際には，感情現象はある緻密な規則性に支えられていて，個体の生き残りや繁殖においてきわめて合理的な機能を果たしていることを強調する。この議論から生まれたのが P. エクマンらによる基本感情論である。喜び，悲しみ，恐れ，怒り，嫌悪，驚きといったある特定の有限個の感情について，これらは人に生得的に備わっており，かつそれ以上は分割することができない基本単位である，とする考え方である。ここで，生得的に備わっている，というのは生物学的な意味で，上記の基本感情とされる感情には固有

の神経的基盤が実体として存在することを想定している。たとえば，恐れ感情にはそれに固有の反応（自律神経系の作用による心拍の上昇など）が伴うのである，といった具合である。また，それ以上は分割することができない，というのは心理学的な意味における基本と言える。私たちが感情として理解し，また，表出する際の基本単位になるのが上記の基本感情であると言うのである。

　基本感情論を支持するものの1つが表情研究であり，特に比較文化的な研究は重要である。エクマンらは，各感情は生存競争の必要性によってつくり出されてきた進化の産物であるため，感情は人類に普遍的であり，その感情によって生じる生理的な反応や表情表出は各民族，各文化に共通すると考えた。そして実際に比較文化的研究を通じて表情の普遍性を示していくことになる。また，生後間もない新生児でも一定の表情を表出することや，先天盲の人（表情表出について学習する機会が乏しい人）も視覚をもつ人と同様の表情を表出することなども，表情が人類に普遍的に備わった機構であることを支持している。

2) 次元論

　基本感情論の考え方が分割的・離散的であるのに対して，感情をある少数の次元に還元して連続的に捉えようとする視点があり，これを次元論と呼ぶ。**図4-3**にあるように，J. A. ラッセルは快 - 不快，覚醒 - 睡眠の二次元で構成される感情空間を考えて，各感情はその円環上に付置できる連続的なものであると主張した。同様の発想はD. ワトソンらによっても提案されているが，ここではポジティブ感情軸とネガティブ感情軸の2つを斜交軸として据えている点で若干の相違が見られる。また，いくつの次元を想定するのかについても研究者間で違いがみられ，三次元による次元モデルを提案する研究もある。ただし，快 - 不快に関わる次元と覚醒 - 睡眠に関わる次元は多くの研究で共通して見出されており，第三次元を何とするのかについては研究間で微妙な違いがあると言える。

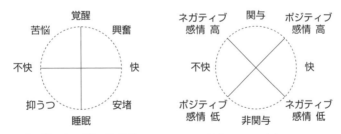

図4-3　次元説による感情の整理（左がRussell, 1980の円環モデルで，右がWatson & Tellegen, 1985による次元説）。

■ [2] 精神力動理論と認知評価理論

　認知的評価が感情経験を多種多様に彩ることはここまでに述べてきたとおりである。ここでは，今までには触れていなかった，何を認知的評価とするのか，という議論をみていくことにしよう。ここで重要となるのは無意識という観点である。

1) 精神力動理論

　無意識の心的過程の存在を主張したのはS. フロイトである（第14章参照）。限られた紙面の中で彼の理論を詳説することはできないが，感情を捉える視点としてフロイトの精神力動理論を位置づけるのであれば，意識されない本能的・衝動的な欲求（イド）と意識され得る良心的・道徳的な超自我との葛藤から自我に生じる感情現象を紐解こうとした理論であると言える

だろう。精神力動理論は感情現象の全容を解明しようとしたものではないが，無意識のレベルにも人の心的過程を理解する鍵があることを世に広めた功績は多大なものと言える。

2）認知評価理論

認知評価理論の立役者である M. B. アーノルドは，外的な刺激が良いものであるか悪いものであるかを判断することを認知的評価と呼び，これ自体は無意識におこなわれると想定している。同時期に認知的評価を中心とした感情理論を提唱した臨床心理学者の R. S. ラザラスも，外的刺激が有害か有益かを判断する評価過程を一次的評価と呼び，その後のストレス反応を決める重要な過程であると考えていた。ラザラスの理論ではさらに外的刺激が存在する状況に対してどのように対処するのかという二次的評価を仮定し，これらの認知的評価こそが感情経験における必要十分条件であり，すべての感情経験は認知的評価に基づくものであると述べた。

このラザラスの主張と正面から対立することになったのが R. B. ザイアンスによる単純接触効果の研究である。単純接触効果とは，簡単に言うとある特定の刺激を何度も繰り返し見たり聞いたりすることで，その刺激に対する選好が形成されることを指す。ここでザイアンスはさらに実験を工夫して，刺激を閾下提示（1/1000秒などの，人が意識的に知覚できないほど短い時間だけ刺激を提示する実験心理学的手法）することで，それでも刺激への選好が生じることを示した。実験参加者が意識的に知覚できないほど短い時間で刺激を提示したのにもかかわらず，多くの頻度で繰り返し提示した刺激に対して好意的な判断が生じるのは，感情反応に認知的評価が必要ないことを示すものであると主張した。

何を認知的評価と呼ぶのかは研究者の関心によるところであろう。事実，前章で示した神経科学の知見はこれら無意識的／意識的な評価のいずれもが妥当であることを示している。J. E. ルドゥーの二重経路モデルによると，外的刺激は扁桃体を中心とした大脳辺縁系で自動的かつ迅速に処理される場合と，複雑かつ高次の認知処理をおこなう新皮質を経由して扁桃体へと至る場合とに大別される。前者の低次経路はいわゆる無意識的な評価に基づく感情経験の存在を支持する神経科学的知見である。これに対して後者の高次経路はラザラスが重視したような高次の認知的評価に基づく感情経験の存在を支持している。

■［3］構成主義理論

構成主義理論あるいは社会的構成主義では，感情のカテゴリーは社会化の過程を経て徐々に構成されてくるものと考える。そのため，社会や文化の影響を重視し，感情経験における文化的な多様性を指摘することが多いのが特徴である。ある特定の社会文化のみに存在すると考えられる感情現象を強調するような場合がこれに当てはまる。たとえば，「あまえ」という言葉は日本国内ではよく聞くが，海外でみかけることはない。構成主義理論の立場に立つと，この「あまえ」という言葉が表す感情現象は日本社会の中で構築されたものであり，文化・社会を共有する人（つまり，日本人）たちの間において理解されるものであると捉えることになる。

構成主義理論で重要な位置を占めるのが言語の役割だ。先にみたような文化独特の言語表現に加えて，感情を表現する際の語彙の数も重要である。なぜなら，感情を表現する単語の数が，それぞれの言語を基盤にする人々の世界の知覚を反映していると考えるからである。そのため，感情を表現する語彙を異文化間で比較していけば文化による感情経験の違いを検討することができると考えられている。言語という高次の認知的処理を重視する点において，構成主義理論に基づく感情の捉え方は認知評価理論に近いと言える。一方で，感情を生物的な実体であると捉えることはなく，生得的なものであるとも考えないことから，基本感情論とは相反する視点であると言えるだろう。

■ [4] 心理学的構成主義

基本感情論は感情経験の原因を身体や脳・神経系の反応という，いわば生物学的に実在する個別要素に還元・特定するアプローチである。進化論に立脚しつつ身体学派，神経学派の流れを汲んだ考え方と言える。構成主義理論はこうした唯物主義的とも言える考え方を否定し，社会・文化によって感情経験が規定されると言う。認知評価理論は，身体や脳・神経の反応を否定することはないが，意識的であれ無意識的であれ，認知的評価に感情経験の原因を求めるものである。これらの議論はいずれも，程度差はあるが，ある感情と別の感情との違いを明らかにすることで理論を精緻にしてきたと言える。その分岐点を身体や脳・神経，認知，社会・文化に求め，そのなかで理論やモデルを立てて感情を分類・層別化してきたのである。

21 世紀の感情理論である心理学的構成主義は，こうした傾向に警鐘を鳴らしている。この理論では，感情は特定の刺激によって引き起こされ，評価の仕方によって多種多様に経験されるものと位置づけはするものの，感情経験の一切は個々の本質，たとえば生物学的な基盤（身体器官や脳・神経系の反応）に還元することはできないと主張するのである。怒りという感情を例に挙げてみよう。怒りを感じる際，頭に血が上ったような感覚を覚えることが少なからずあるだろう。これは言い換えると，怒り経験に対応する身体器官（血管など）の反応やこれを支える自律神経系の作用があるということになる。このような，ある種の解剖学的な見方を推し進めていくと，最終的にはある身体器官や神経系の反応こそが怒り経験の唯一の原因であると突き止めることにつながる。しかし，心理学的構成主義の立場に立つ研究では，怒り経験は血管の収縮にも自律神経系の作用にも，あらゆる個別の要素にもその本質を完全には求めることができないことが明らかにされている。また，感情経験において重要である認知的評価についても，還元主義的な意味においては原因になり得ないと考える。ややイメージしにくい主張だが，各感情経験に対して完全なかたち（つまり，一対一）で対応する唯一の原因は存在しない，と考える立場と言える。

心理学的構成主義では，感情経験にまつわる要素や視点の違いを強調して感情を概念化するのではなく，各アプローチが描く感情像の類似性をみていくことで感情概念を見定める必要性を説く。そして，感情とはあくまでその瞬間の身体，脳・神経，環境の中で全体として理解するしかないと主張する。心理学的構成主義についてはその是非が今もなお問われているところであるが，感情経験の発生メカニズムを理解するうえで重要な示唆をもたらしていると言えるであろう。

読書案内

大平 英樹（2010）感情心理学・入門　有斐閣
　　感情に関する科学的知見を概観するのに適した良書。平易な文章で書かれている一方で，神経科学的知見がうまく心理学理論と融合して 1 つの説明につながっている点に特長がある。また，進化や発達，病理といったトピックも網羅しており，感情心理学の広がりをつかむことができる。

内山 伊知郎（監修）（2019）感情心理学ハンドブック　北大路書房
　　日本感情心理学会が企画・出版したハンドブックであり，国内の名だたる感情心理学者たちがその専門性を生かして執筆に参加したという重厚な一冊。個人内の過程から個人間のコミュニケーション，さらには社会との関わり方，文化に至るまで多岐にわたるテーマを明確な視点で紹介している。

コラム 5　相貌失認

　相貌失認（Prosopagnosia）は脳障害による失認の一種とされ，顔の認識あるいは識別ができない症状を指す。別名としては失顔症（face blindness）とも呼ばれる。顔を失う，というのは目や口，鼻といった顔の各部位や輪郭，肌の色などを知覚することはできる一方で，これを全体として，つまり一つの顔として認識することができないことに由来する。頭部損傷や脳腫瘍などで紡錘状回（後頭側頭回とも言う）に障害が及んだ場合に生じることが多く，もともとは後天的に誘発されるものと考えられていた。しかし，先天的あるいは発達の過程で相貌失認を発症することも知られており，全体のおよそ 2 ％程度の人が先天性の相貌失認を発症しているとも言われている。身近に相貌失認である人がいても，不思議なことではないと言える。左脳よりも右脳の紡錘状回の方が顔認識の役割を多くになっていると考えられているが，脳内で紡錘状回のみが顔認識を担うのかどうかについては未だに結論が出ていない。

　相貌失認の判定には，各種の顔認知検査が用いられる。これらの検査項目の代表的な例としては，（1）見たことがない人と家族の顔を識別させる，（2）複数の人の顔を提示し，それらの間の類似性や違いを挙げさせる，（3）顔から感情の手がかりを検出させる，（4）顔から年齢や性別といった属性情報を判断させる，といったものがある。相貌失認を発症している場合，そうでない人と比べてこれらの検査の成績が顕著に低くなることが知られている。

　相貌失認を患った場合，家族やパートナー，友人，そしてテレビや映画俳優の顔が識別できなくなる。重度の場合は自分自身の顔でさえ認識できなくなる場合もある。しかし一般には顔の識別のみが損なわれることから，言語能力や計算能力といった認知機能や食べ物などの顔ではない対象の識別は正常であることに特徴がある。そのため，たとえば声や話し方，動き方（歩き方などを含む），肌の色，体型，髪型，衣服の特徴などといった言語・非言語情報を用いることで他者を識別することは可能である。ただし，顔は他者に関する情報の中で中心的な位置を占めるものであるため，他者と一緒におこなったことなどに関する記憶が不明確になることがある。

　相貌失認からくる副次的な影響として，社交不安や抑うつ症状を誘発することがある。これは，顔が識別できないことから人とのコミュニケーションがうまくいかず，これを避けるようになる，親密な関係を築きにくい，公共の場所に行きたくなくなる，社会的な場面で自信をもてない，などが原因であるとされる。また，私的な対人関係形成だけでなく，公的なキャリア形成にも困難が生じることがあることが指摘されている。

　相貌失認について，今のところ広く認められている治療法は存在していない。しかし上述のように顔以外の言語・非言語情報を用いることは可能であることから，これらをうまく用いて人物認識するようにトレーニングし対処方略を築いていくことは有効だと考えられている。特に，親密な対人関係を形成することは精神的な安寧を保つうえで重要だ。関係構築を目指す場合，周囲の人は急に外見の特徴（髪型や髪の色，服装の特徴など）や話し方，動き方の特徴を変えるなどはできるだけ避け，自身が同一人物であると同定されやすくなるようにすることもよいかもしれない。重要なのは，症状の程度や役立つ対処方法も人によってばらばらであったとしても，それぞれに適切なトレーニングを経ることで円滑な社会生活をおくることは十分に可能であるということである。

第5章
パーソナリティ
[SDGs: 2, 3, 4／公認心理師: 9]

渡邉　舞

　「自分はどのような人間なのか」「あの人はどのような人なのか」を知りたいと思う時，人のパーソナリティを考えるであろう。パーソナリティの主題は，人の特徴の個人差や個性について考えることである。パーソナリティは直接見ることはできないため，私たちは様々な情報を手がかりにパーソナリティを推測し，その推測は正しいのかを知りたいと思う。時には「心理テスト」や「占い」の結果から自分や相手を理解しようとするが，それらは正しくその人の特徴を捉えることができているのであろうか。また「知能」もその人らしさを理解するパーソナリティの一部であるが，「知能」という概念を説明することも難しい。一般的に「IQの高さ」は「頭の良さ」「聡明さ」をイメージさせるが，実際に「知能」をどのように測定しているのであろうか。ここでは心理学の研究からこれらの疑問について4つのテーマで概説する。

　1つ目のテーマでは「パーソナリティとは何か」についてその語源から考えていく。パーソナリティは身近な言葉であるが，一言で説明することは難しい。また「気質」「性格（キャラクター）」「パーソナリティ」はいずれもその人らしさを表現する言葉であるが，その違いは何かを考え，ここでの言葉の使い方を紹介する。

　2つ目のテーマでは「パーソナリティの捉え方」について代表的な考え方を概説する。たとえば，「私のパーソナリティはAさんと似ているようだが，Bさんとは違う」といったように，何らかの基準でタイプに分けて理解しようとする「類型論」という考え方がある。一方で「私はとても積極的である」といったようにパーソナリティの個々の特徴についてその程度から理解しようとする「特性論」という考え方がある。「類型論」と「特性論」のそれぞれの特徴と代表的な理論を紹介する。

　3つ目のテーマでは「パーソナリティの測定方法」について概説する。パーソナリティを知る方法には様々な方法がある。人のパーソナリティを正確に理解するためには，ある測定の判断を使用するだけではなく，様々な測定の多面的な活用が望まれる。代表的な方法として，「観察法」「面接法」「検査法」を紹介する。また，パーソナリティを理解するための代表的な検査法の種類として，「はい」「いいえ」「どちらでもない」といった質問項目に回答する「質問紙法」，刺激を呈示してそれに対する反応を求める「投影法」，作業をさせながらその人のパーソナリティを明らかにする「作業検査法」を紹介する。教育場面や臨床場面では検査の信憑性を十分に検証したうえで多くの検査が活用されている。本章では「質問紙法」「投影法」「作業検査法」の代表的な心理検査を紹介する。

　4つ目のテーマでは，「知能とは何か」について考える。はじめに「知能」の定義を紹介し，知能がどのように構成されているのかについて代表的な理論として「2因子説」「多因子説」「知能構造モデル」を紹介する。つぎに知能を測定する「知能検査」を概説する。知能検査は対象者個々に実施する「個人式知能検査」と大勢で一斉に行う「集団式知能検査」に大別される。本章では，「個人式知能検査」に注目し，代表的な知能検査としてビネー式知能検査とウェクスラー式知能検査について紹介する。

1 パーソナリティとは何か

　パーソナリティのテーマは，人の特徴についての個人差や個性を扱うものである。私たちは「私はとてもおとなしい性格である」「友達のAくんは積極的で好ましい人物である」といったように人の特徴を表現する。このような特徴は自分のものであっても他者のものであっても直接的に見ることはできず，観察できる行動を通してそれらの特徴を推測している。したがって，「私はおとなしい」と理解していたパーソナリティが，他者からも同じように認識されているとは限らない。パーソナリティは多くの人にとって身近であり，興味関心を持つテーマであるが，人のパーソナリティを的確に表現することは難しいと言える。本章題は「パーソナリティ」であるが，人の特徴を表す言葉にはいくつかの表現がある。第1節では，「気質」「性格」「パーソナリティ」の3つの言葉を説明していく。

■ 気質，性格，パーソナリティ
　本書では人の特徴を表す言葉について「気質」と「性格・パーソナリティ」に分け，その言葉の特徴を説明していく。

1) 気　　質
　気質とは乳児期以前からみられる心理学的な個人差や，また成人においてもみられる遺伝的・生理学的な要素と強く結びついていると想定される人の特徴を示すものである。たとえば，刺激に対する感受性の程度，反応の強度・速度，活動性の程度の特徴のことであるが，このような特徴は新生児に既に出現することから，遺伝的・生理的な影響が強いものと想定される。新生児の中でも音や光に対して敏感な赤ちゃんもいれば，鈍感な赤ちゃんもいる。このような生まれつき人が有している「気質」があって，そこに養育者をはじめとした周囲の大人の声掛けや働きかけによって，その後の性格やパーソナリティが形成されるものと考えられている。

2) 性格（キャラクター）とパーソナリティ
　性格（キャラクター）の語源はギリシャ語に由来するcharacterであり，「刻みこまれたもの」という意味である。つまりその人に刻み込まれた特徴を示す言葉である。性格は人の行動や心の働きに現れる時間や状況を超えた一貫した特徴のことであり，行動観察や性格検査によって測定できる「特徴」を指すものと言える。
　personalityの語源はラテン語の「ペルソナ」である。ペルソナとは劇中で使用する仮面のことで，それが起源となり，その人らしさを表す言葉となった。パーソナリティは，その人の知能や興味などを含めた全体的な特徴を表す言葉で，性格（キャラクター）よりも広い概念として扱われることもある。つまりパーソナリティは目に見える性格だけでなく，そうした性格を作り出す人間の生物学的，生理学的，心理学的な仕組み全体も扱うものと捉えることができる。G.W.オルポートはパーソナリティについて，「性格は評価されたパーソナリティであり，パーソナリティは評価をぬきにした性格である」と説明している。またR.B.キャッテルは「パーソナリティは個人がおかれた状況においてその人がとる行動を決定づけるもの」と説明している。これらの定義を考えると，パーソナリティは人が持つ特徴的な行動傾向であると捉えることができる。
　日本語では，「人格者」という言葉に象徴されるように，「人格，パーソナリティ」という言葉に，「望ましさ」が含められているが，「性格，キャラクター」という言葉にはそのような意味は含まれていない。これまで日本では，性格（キャラクター）とパーソナリティの言葉を厳

密に区分することは難しいと考えられてきた。本書では，これらの混乱を避けるために，性格（キャラクター）とパーソナリティを同義語として扱い，「パーソナリティ」と表記していく。

2 パーソナリティの捉え方

　人の考え方や好みなどが人それぞれに違うことを意味する「十人十色」という言葉に象徴されるように，人のパーソナリティは人それぞれである。時には「私とＡさんはまったく違う性格をしている」という表現で一定の基準でパーソナリティをまとめることがある。一方で「私はとても明るい性格だけど，やや心配性だ」という表現をすることで，自分の特徴を程度や強さで説明することもある。第２節では，人のパーソナリティの捉え方を概説していく。

■ [1] 類 型 論

　類型論とは個々の特徴から類似点を集めて典型的なタイプを作り，分類していくことで，全体を理解するための枠組みを作る考え方のことである。類型論の考え方の歴史は古く，その１つとして紀元前のギリシャ時代の医師ピポクラテスよって考えられた四気質説がある。この理論では，血液，黄胆汁，黒胆汁，粘液の４種類の体液がその混合によって体調に変化が生じると考えられている。４つの体液が調和していると健康であるが，バランスが崩れた場合不調となると考えた理論である。このように一定の原理に基づいて性格をいくつかの典型的な型に当てはめてタイプを決定していく。タイプに分類することによってパーソナリティの構造を明らかにし，多様なパーソナリティを分類，整理することによって人や自分を理解する手がかりとなる。

　類型論の長所として，①個人のパーソナリティを直感的，全体的に把握することが可能であること，②そのパーソナリティを一言で表現できることが挙げられる。一方で，短所は，①各類型の間の中間型が無視されやすいこと，②他のタイプの特徴を持ち合わせていても見逃されやすいこと，③遺伝的な特徴が強調され，生後の経験によって形成される個人の特徴が軽視される危険性があることなどが挙げられる。本書では代表的な類型論として「クレッチマーの類型論」と「ユングの向性論」を紹介していく。

1）クレッチマーの類型論

　ドイツの医師であるE.クレッチマーは，体型と精神疾患との関連から体型気質３類型を見出し類型論を提唱した。精神疾患者の体格の特徴に注目し，痩せた細長型は，統合失調症に多く，太っている肥満型の体型は，躁うつ病に多く，さらに後になって筋肉質の体型である闘士型はてんかん患者に多いことを発見した。そしてその各々の精神病理に関連するパーソナリティがあると考え，類型論に発展させた。確かに，私たちは体型をもとに相手のパーソナリティをイメージすることもあることから，分かりやすい考え方であると言えるが，このように一般的なイメージである体型だけがパーソナリティを決定するということには難があり，現在では古典的な理論とされているものである。

表 5-1　クレッチマーの体型類型論

体 型	気 質	主な特徴	関連する精神疾患
細長型	分裂気質	社交的ではない・神経質	統合失調症
肥満型	循環気質	社交的・気分が変動しやすい	双極性障害（躁うつ病）
闘士型	粘着気質	几帳面・熱中しやすい	てんかん

(Kretschmer, 1921／相場（訳），1955 を参考にして作成)

表5-2　ユングの類型論による8つの類型の特徴

	外向型	内向型
感覚型	自分の経験を尊重し，現実を容認する。変化への適応性があるタイプ	感受性が強いが，表現することは苦手なタイプで，忍耐力も強いタイプ
直観型	独創的・個性的で常に新しい可能性にチャレンジするタイプ	将来の見通しなどの勘が鋭く，頑固で意志が非常に強いタイプ
思考型	客観的な事実を重要視し，筋道を立てていくことが得意なタイプ	自分の心の中に浮かぶ考えについて，分析的で論理的な思考をおこなうタイプ
感情型	感情のコントロールがうまく，協調的な対人関係を重視するタイプ	何よりも自分の内面の感情を重視し，他者の判断には左右されないタイプ

（瀧本，2000を参考にして作成）

2）ユングの向性論

　精神分析学者であるC.G.ユングはリビドーと呼ばれる人の精神活動を支える心的エネルギーの方向性の観点からパーソナリティを8類型で説明した。第一に態度の類型として，外向型と内向型に分類している。外向型とは，他人や周囲の出来事に対する関心が強いタイプである。社交的で明るく，感情表現豊かであるという特徴がある。一方で，内向型とは自分自身に対する関心が強いタイプである。物静か，控えめであるという特徴がある。第二にその態度類型の各々に心理機能のタイプとして思考，感情，感覚，直観の4つのタイプを当てている。これらのどの機能が強く働くのに注目した。このように2つ態度の類型と4つの心的機能のタイプの組み合わせから8つのタイプのパーソナリティを説明した理論である。

■［2］特 性 論

　特性論とは，パーソナリティを構成する各特性の組み合わせと強弱により人の特徴を理解することができると考える理論である。特性というのはパーソナリティそのものを構成する基本単位ことであり，たとえば「まじめさ」や「積極性」といった，パーソナリティの特徴のことである。G.W.オルポートとH.S.オドバートは特性の種類を辞典の40万語の中から，「攻撃的」「内向的」「社交的」といったパーソナリティに関わる単語として，4,504語を抽出した。R.B.キャッテルは抽出された特性リストを使用し，因子分析（パーソナリティを表す多くの語彙を，数値を使って統計的にまとめる手法）を適用し，最終的に観察された行動の基底的根源として作用する特性である12の「根源的特性」を抽出した。この12の特性に加えて質問紙分野で特有な特性（例；内向性‐外向性）を加えて16PF人格検査を作成した。特性の数については，オルポートらの研究以後，キャッテルが12個，J.P.ギルフォードが12個，H.J.アイゼンク3個（当初は2個）といったように，各々の研究者により特性に関する研究が発表されてきたが，特性の数がまとまることがなかった。そのような過程で，L.R.ゴールドバーグが語彙アプローチから抽出されたリストを使用し因子分析を用いて見出した「ビッグファイブ」，生理学的モデルから導かれた仮説は「5因子モデル」と呼ばれているが，これらの5因子であることを明らかにした理論が特性の数に関する論争の中で支持されるようになった。

　特性論の長所として，①無理に少数のタイプに分類する必要がなく，個人の特徴を正確に測定できること，②パーソナリティを客観的に捉え，詳細な説明が可能であることが挙げられる。一方で短所として，①抽出される特性（因子）が必ずしも研究者間で一致していないこと，②個々の特徴がパーソナリティのすべての側面を網羅しているかどうか分からないこと，③パーソナリティを直感的に理解しにくいことが挙げられる。本書では代表的な特性論として「5因子モデル（ビッグファイブ理論）」を紹介していく。

表5-3　5つの特性の特徴

特性の名称	特性の内容	パーソナリティの特徴
①神経症傾向 (Neuroticism)	自意識の強さ・不安の強さ・神経質	感情の不安定さや欲求や感情をコントロールできない傾向
②外向性 (Extraversion)	積極性・活動性・社交性	外の世界への興味があり，積極的な傾向
③開放性 (Openness)	独創性・想像力・好奇心の強さ	様々な分野（社会・政治等）に興味が強い傾向
④協調性 (Agreeableness)	優しさ・素直さ・友好性	他者に優しく，競争心を持たない傾向
⑤誠実性 (Conscientiousness)	勤勉性・一貫性・責任感	欲求や衝動をコントロールし，真面目に取り組む傾向

(鈴木，2012を参考にして作成)

5因子モデル（ビッグファイブ理論）

　5因子モデルやビッグファイブ理論は人の特徴を5つの特性で捉えようとする考え方である。5因子モデルにおける1つ目の特性は「神経症傾向」であり，その反対の特性は「情緒安定性」である。神経症傾向の高さは，感情の不安定さを示す。2つ目の特性は「外向性」であり，外向性の高さは，ポジティブな感情に関連するが，ネガティブな情動は神経症傾向にも関連する。3つ目の特性は「開放性」であり，「開放性」の強さは好奇心の強さを示す。一方で「開放性」の低さは伝統を重んじ，保守的な傾向を示す。4つ目の特性は「協調性」であり，「協調性」の高さは他者への優しさを持ち，円滑な人間関係を特徴とする。一方で，「協調性」の低さは攻撃性につながる特徴がある。5つ目の特性は，「誠実性」であり，「誠実性」の高さは，欲求をコントロールし，真面目さや我慢強いことが特徴である。これらを測定するための代表的な尺度としてNEO-PI-Rパーソナリティ検査や和田が作成したBIG FIVE（ビッグファイブ）尺度がある。

3 パーソナリティの測定

　パーソナリティは容易には見えにくいものである。私たちは自分のパーソナリティを知りたいと思う時，ある場面における考え方や行動のパターンから人との違いを感じることがある。第3節ではパーソナリティを捉える方法としての測定方法を紹介する。

■［1］測定の種類

　測定の種類として，行動を捉える観察法や言葉に表出する内容から捉える面接法，検査に対する回答や反応から人の特徴を捉える検査法がある。人のパーソナリティを正確に理解するためには，1つの測定による判断を使用するだけでなく，様々な測定での多面的な活用が望まれる。

1）観察法

　観察法は対象者の行動を自然な状況や実験的な状況の下で，観察，記録，分析する方法である。行動の質的または量的な特徴から，人の行動を理解するものである。人の特徴は言葉による表出だけでなく，表情や身振り手振りといった身体動作にも表れるものである。

　観察法の長所は，面接法や検査法に比べて，対象者に負担をかけることなく，自然な様子を理解することができることである。したがって子どもや言語的コミュニケーションが難しい対

象者に対しても適用することができる。短所は，対象者の行動が生じるまでに時間がかかる場
合もあることや観察した行動の評価の基準が客観的ではなく主観的な評価に偏りやすいことが
挙げられる。臨床の場面で実施される心理面接においても観察法は活用されていく。

2）面 接 法

　面接法は対象者と面接者の言語的なやりとりによって人のパーソナリティの情報を収集する
方法である。パーソナリティを把握するために，言葉から伝わる内容だけでなく，対象者の感
情やまた面接中の様子やしぐさといった行動も注視しながら情報を収集していく必要がある。
面接法の長所は，直接対面する中で話を聴くため，得られる情報は幅広く，面接の中で不足し
ている情報があった場合にも，面接の中で確認することができる。一方で短所は言語的コミュ
ニケーションが難しい対象者からは十分な情報を得られないことである。また面接から得られ
たデータは面接者の主観が入りやすいことにも注意する必要がある。心理臨床における心理面
接は対象者が今抱えている問題に関して対象者と面接者の言語的コミュニケーションによって，
問題を解消することを目的とするものであるが，面接者は言葉やその内容だけでなく，相手の
表情，姿勢といったノンバーバルな情報も観察しながら，対象者のパーソナリティを把握し，
心理的交流を行っていくなかで問題解決を図っていく。

3）検 査 法

　検査法は目的に一致したパーソナリティ検査を用いて，刺激に対する回答や反応から，対象
者のパーソナリティ特徴や考え方，現在の心理状態を明らかにする方法である。検査法で得ら
れた情報は，ある程度一定した個人の特徴であると考えられるが，たとえば環境の変化によっ
て心理的安定度に影響する可能性もある。したがって得られた結果については，検査を受検し
た時点の状況を考慮する必要がある。本章では，パーソナリティを理解するための代表的なパ
ーソナリティ検査として「質問紙法」「投影法」「作業検査法」を紹介する。

■ [2] 質問紙法

　質問紙法は「はい」「いいえ」「どちらでもない」といった質問項目を記載した質問紙を用い
てパーソナリティを測定する方法である。質問紙法の長所は，一度に大人数で実施可能である
ことや施行方法や採点方法がマニュアル化されており使用しやすいことである。一方で，短所
は，パーソナリティの表面しか捉えられないことや，虚偽回答のチェックが困難であることで
ある。したがって質問紙法の検査は，適切な質問項目であるかの確認が大切である。その指標

図 5-1　代表的な検査法（パーソナリティ検査）。

表 5-4　Y-G 性格検査の特性

特性の名称	得点が高いことの特徴	因子名		
D（抑うつ性）	悲観的，落ち込みやすさ	情緒不安定		
C（回帰的傾向）	気分の変わりやすさ，情緒の安定			
I（劣等感）	自分への自信，過小評価傾向など			
N（神経質）	心配性，気にしやすさ，打たれ弱さの程度			
O（客観性）	客観的に物事を判断できるかの程度	社会不適応性		
Co（協調性）	人との同調，猜疑心の強さなどの程度			
Ag（攻撃性）	物事や人に対する攻撃や衝動性の程度	衝動性	活動性	
G（一般的活動性）	心身両面の活動力			
R（呑気さ）	気軽さ，決断力など		非内省性	
T（思考的外向）	思考のおおざっぱさ，浅はかさ			
A（支配性）	リーダーシップの高さ	主導性		
S（社会的外向）	対人関係における社交性			

（高山，2001 を参考にして作成）

として測定したい対象を正確に測定できているかどうかを示す「妥当性」と，同一の条件で繰り返し検査を行った時に，一貫した同様の結果が得られるかどうかを示す「信頼性」がある。これらが確認された質問紙が臨床現場や教育現場で使用されている。また質問紙法では意図的に回答を歪めることも可能であるため，回答のゆがみや虚偽回答を測定する項目が加えられている検査もある。質問紙法は多くの検査が存在するが，本章では Y-G 性格検査と MMPI（ミネソタ多面人格目録）を紹介する。

1）Y-G（矢田部ギルフォード）性格検査

　南カリフォルニア大学の J. P. ギルフォードが作成した社会的適応に関連した 12 種類の様々な性格特性を組み入れた検査を基にして，矢田部達郎らが日本の文化や言葉の違いに配慮して日本版を作成した全 120 問の質問紙である。12 の特性からパーソナリティを把握することが可能な検査であり，また 12 の特性を 6 つの因子にまとめて特徴を把握できる。さらに特性の特徴から A 型（平均型），B 型（不安定不適応積極型），C 型（安定適応消極型），D 型（安定積極型），E 型（不安定不適応消極型）の 5 つの類型に分類することもできる。

2）MMPI（ミネソタ多面人格目録）

　ミネソタ大学の S. R. ハサウェイと J. C. マッキンレイが作成した精神病理的不適応を識別することを目的として作られた検査であり，翻訳版を経て 1993 年以アメリカの研究動向を踏まえた MMPI 新日本版が公刊された。その内容は健康・家族・職業・教育・精神病理など幅広く特徴を捉える全 550 問から構成されている。10 種類の臨床尺度（心気症，抑うつ，ヒステリー，精神病質的偏奇，男性性，女性性，パラノイア，精神衰弱，統合失調，軽躁，社会的内向）だけでなく，4 種類の妥当性尺度（疑問，虚偽，頻度，修正）が設けられている。これらの妥当性の項目に回答することで，自分のことを実際よりもよく見せようとする程度（虚偽）等を得点上から予測することができる。心理検査としては研究文献数が最も多く，心理アセスメントとして幅広く用いられている。また 550 問という多くの項目数に回答する必要である検査であるため，対象者の負担が大きいことも特徴である。

■［3］投影法

　投影法は，あいまいな刺激を呈示してそれに対する比較的自由な反応を求める方法である。対象者の自由な反応から，思考，感情状態，無意識下にある欲望・葛藤を推測することができる。投影法の長所は，対象者による自由な反応からパーソナリティの潜在的（無意識）な部分

まで捉えられることである。また，質問紙法に比べて何を測定されているかが分かりにくいため反応が意図的にゆがめられる可能性が低いと言われている。さらに，質問紙法の場合には言語的能力に依存するが，図版を使用したり，描画させたりする手法のため，子どもや言語的コミュニケーションが難しい対象者にも適用しやすい。一方で短所は解釈が難しく，安易な解釈によって診断を誤ってしまう可能性がある。また対面で行う個別実施の検査が多いため，時間と労力がかかる。投影法の判定には相応の専門的知識を必要とする。検査結果の解釈が人の生活や人生に大きく影響することを考えると扱いは慎重にするべきである。投影法の検査は，図版や文章を提示して自由な反応を求めるロールシャッハ検査，絵画欲求不満検査（P-Fスタディ），SCT（文章完成法）や，絵を描く描画法と呼ばれるバウムテスト，人物画テストや風景構成法等がある。本章ではロールシャッハ検査と絵画欲求不満検査（P-Fスタディ）を紹介する。

1）ロールシャッハ検査

　ロールシャッハ検査は，スイスの精神科医であるH.ロールシャッハによって開発されたインクのしみのように作成された10枚のあいまいな対称形図版を刺激に使用する検査である。対象者は呈示された図版に対して「何が見えるか」を自由に反応する。10枚の図版に対する回答が終わった後最初の図版に戻り「どのように見えるか」，などの検査者からの質問に回答する。対象者の反応から，ものの捉え方や感情状態，対人傾向，葛藤といった対象者のパーソナリティを理解していくが，正しい解釈をするためには，専門的な訓練と多くの経験を積む必要がある。また，対象者にとって図版が強い刺激となる可能性もあることから実施時の対象者の心理状態や体調を十分に見極める必要もある。

2）絵画欲求不満検査（P-Fスタディ）

　絵画欲求不満検査（P-Fスタディ）は，S.ローゼンツァイクが自らの欲求不満理論に基づいて1945年に発表した心理検査である。吹き出しのついた24枚の図版にはそれぞれ欲求不満場面が設定されている。その図版には左右に分かれて人物が描かれていて，対象者には，左側の人物の発した葛藤を抱かせる発言に対して，右側の人物の立場に立ってなんと答えるかを考え，吹き出しの中に記入させる。結果の分析は，攻撃性の方向（他責・自責・無責）と攻撃型（障害優位型・自我防衛型・要求固執型）の組み合わせで行う。

■［4］作業検査法

　作業検査法とは一定の条件の下で，対象者に作業をさせながらその人の気質やパーソナリティの基礎部分を明らかにする方法である。作業の中で，その態度や能力も測定することが可能である。作業検査法の長所として，一度に多人数で実施可能であることや検査の実施や採点が簡単であること，また質問紙法に比べて意図的操作（回答のゆがみ）が入りにくいことが挙げられる。一方で短所として，パーソナリティの限られた面しか捉えられないことや単純な計算，記憶等の作業が続くことから対象者に負担と苦痛を与えることになることが挙げられる。

内田クレペリン精神作業検査

　この検査はドイツの精神科医であるE.クレペリンが開発した連続加算検査をもとにして，内田勇三郎が独自に開発した作業検査法を代表する検査である。対象者には隣り合う一桁の数字同士をできるだけ早く足し算する作業が求められる。足し算した数字の下一桁を隣り合う数字の間に記入していき，1分間が経過した時に検査者の指示によって，次の行に移動していく。この作業を標準的な方法では前半15分（15行）行い，休憩5分を挟み後半15分（15行）実施する。内田クレペリン精神作業検査の判定は，どれくらい作業（計算）できたかの「作業量」，

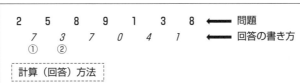

図 5-2　内田クレペリン精神作業検査の方法。

間違いはどれくらいあるかの「エラー頻度」，各行の回答終了点をつないで作成する「作業曲線」の型を用いておこなう。これらの指標から作業遂行時の緊張・意志・練習効果・疲労度を判定する検査である。実施が比較的簡単であり，一度に多人数のデータを収集できることから，多くの学校や企業で採用され，個人の行動特性の判定，パーソナリティや職業適性の判断に使用されている。

4　知能とは何か

　「知能」は一般的にどのようなものと捉えられているだろうか。たとえば，「頭の良し悪し」「聡明さ」「頭の回転の速さ」というイメージの中で，知能の高低を表現していることが多いであろう。これまで「知能とは何か」という問いに対して，様々な研究が発表され，知能を測定する検査も考案されてきた。第4節では，知能の定義と構造，さらに知能検査について紹介していく。

■ [1]　知能の定義

　心理学の研究でも「知能とは何か」という問いに対して，様々な定義がなされてきたが，包括的な定義は難しい。たとえば，広辞苑（第6版）によると，知能とは，「知識と才能，知性の程度，環境に対する適応能力」であると定義されている。また，個人式知能検査を開発したD.ウェクスラーは「知能とは目的に合うように行動し，合理的に思考し，自分の取り巻く環境を効果的に処理する総合的な能力」と提唱したが，この定義が現在広く支持されている。これらの定義から知能は，人は日々出会う課題の解決を試みること，また場面で生じた問題の解決に挑むこと，さらにそれら経験を活かしている能力のことであると理解できる。またその能力を日常的に活用していく時には，個性や周囲の環境も関連していくため，これらを総合的に捉えていく必要がある。

■ [2]　知能の構造

　知能はどのように構成されているのだろうか。知能検査が開発され，多くの人のデータが収集されたことにより理論的な研究がさかんになった。知能の定義が様々な観点から表現されているように，構造に関しても多数の説が存在する。本章では代表的な理論として「2因子説」「多因子説」「知能構造モデル」を紹介する。

1）2因子説

　イギリスのC.E.スピアマンは，あらゆる知的能力には共通する基本的機能である一般知能因子（g因子）と知的活動の個々の領域で機能する特殊知能因子（s因子）があることを示した。一般知能因子は生得的なものであり，特殊知能因子は特殊な学習と経験によるものと考え

表5-5　サーストンの知能多因子説

因子名	内　容
数の因子	簡単な数の演算能力
語の流暢さ因子	単語の並べ替えといった語の発想の流暢さの能力
言語因子	語の意味の正しい把握や文章理解の能力
記憶因子	機械的な記憶に関する能力
推理・帰納因子	複雑な事象から一般法則を発見する能力
空間因子	空間的パターンを正確に知覚し，比較する能力
知覚因子	知覚の速さに関する能力

られているが，スピアマンは一般知能因子の存在を重視している。

2）多因子説
　アメリカのL. L. サーストンはスピアマンが一般知能因子（g因子）を重視した主張に異論を唱え，知能は多様な側面から構成されていると考えた。因子分析を使用した解析から知能は7つの因子（数・語の流暢さ・言語・記憶・推理帰納・空間・知覚）で構成され，これらの因子の組み合わせによって知的活動は行われると考えられている理論である。

3）知能構造モデル
　J. P. ギルフォードは知的活動を一種の情報処理過程として捉え，3つの側面から分類している。1つ目はどのような心理的操作が情報に加えられているかの「操作（評価・収束的思考・発散的思考・記憶・認知）」の側面，2つ目は知的操作によってどのような情報として伝えられるかの「所産（知識の単位・クラス・関係・体系・変換・含意などの知識の形式）」の側面，3つ目は知的操作の対象となる情報の素材等の「内容（図形的・記号的・意味的・行動的）」の側面である。これらの3次元の組み合わせから120の因子の存在を指摘した理論である。

■ [3] 知能検査
　知能検査は，検査者と対象者が対面して実施する「個人式知能検査」と大勢で一斉に行う「集団式知能検査」に大別される。前者は病院等の臨床現場で使用されることが多く，数値としての知能だけでなく，行動観察も可能となるため，詳細なデータを収集することができる。後者は短時間で多くの人に検査することができるため，主に教育現場で活用されている。本章では，代表的な個別式知能検査であるビネー式知能検査とウェクスラー式知能検査について紹介していく。

1）ビネー式知能検査
　フランスでは当時，学校で勉強についていくことが難しい子どもの判定が必要となり，政府の依頼を受けた心理学者のA. ビネーと精神科医のT. シモンが知能の発達水準を明らかにする検査を開発した。1905年にフランスで公表され，1911年に完成版が発表された個別式知能検査である。その後アメリカの心理学者のL. M. ターマンによってスタンフォード・ビネー検査として発表された。この検査の特徴は年齢範囲が2歳から成人まで1種類の検査用紙（道具）で検査の開始場所を指定することで実施でき，年齢別に検査項目が配当されていることから幅広い年齢に対応させていることである。またこの検査からは精神年齢（個人が解決した問題の程度をそれに相当する年齢で表したもの）と生活年齢（暦年齢）を使用し，知能指数（IQ）が

表5-6　ウェクスラー式検査における4つの指標得点の内容

指標得点の名称	指標の内容
Ⅰ言語理解（VCI）	語彙やことばで説明する力などを測る指標
Ⅱ知覚推理（PRI）	視覚的情報を踏まえて論理的に物事を考える力を測る指標
Ⅲワーキングメモリ（WMI）	聴覚的情報を短時間記憶にとどめ，その情報を頭の中で整理しながら考える力を測る指標
Ⅳ処理速度（PSI）	単純な作業を素早く正確に行う力を測る指標

算出できること（IQ ＝［精神年齢÷生活年齢］× 100）も特徴である。日本でも 1947 年に田中ビネー式知能検査，1956 年には鈴木ビネー式知能検査が作成され，内容を改訂しながら現在でも多くの臨床現場で活用されている。

2）ウェクスラー式知能検査

　ウェクスラー式知能検査は 1939 年にアメリカの心理学者の D. ウェクスラーが開発した検査である。この検査では，集団における個人間の知的水準を比較するとともに，様々な認知能力を測定する課題が設定されている。したがって知的能力を多面的にかつ個人の知能構造を理解することで具体的な支援につなげることができる。この検査の特徴として，精神年齢を使用せず，同年齢集団の標準得点と比較した評価を採用していることが挙げられる。合成得点としての偏差知能指数（平均値・標準偏差 15 になる数値）を算出する他に，4 つの指標得点算出が可能である。また，各検査項目のプロフィールに作成することで総合的な判断が可能であることもウェクスラー式知能検査の特徴である。日本版は幼児用（3 歳 10 か月〜7 歳 1 か月）の WPPSI（Wechsler Preschool and Primary Scale of Intelligence），児童用（5 歳 0 か月〜16 歳 11 か月）の WISC（Wechsler Intelligence Scale for Children），成人用（16 歳〜90 歳 11 か月）の WAIS（Wechsler Adult Intelligence Scale）がある。WISC-III（1998），WAIS-III（2006）までの改訂版は聴覚的な情報処理に関する「言語性検査」と視覚的な情報処理に関する「動作性検査」の 2 つの視点で知能を捉えていたが，WISC-IV（2010），WAIS-IV（2018）のさらなる改訂版では「言語理解」「知覚推理」「ワーキングメモリ」「処理速度」の 4 つの指標得点が導入され，より細かな指標で知能を捉えることが可能となっている。

コラム6　ひきこもり

　「ひきこもり」はどのような状態を指すのか。厚生労働省によると，様々な要因の結果として社会的参加（たとえば，就学，就労など）を回避し，原則的には 6 か月以上にわたって概ね家庭にとどまり続けている状態を指す現象と定義されている。過去には「不登校」と「ひきこもり」の関連に注目が集まっており，比較的若年層の問題と捉えられていたが，近年，「8050 問題」というキーワードに象徴されるように，中高年のひきこもりに注目が集まるようになった。また「ひきこもり」は，単一の疾患や障害の概念ではなく，様々な要因が背景になって生じることも明らかになっている。このような現状に鑑みると幅広い世代への支援が必要とされている現代社会の問題と言える。SDGs の目標 3 は「あらゆる年齢のすべての人々の健康的な生活を確保し，福祉を促進する」である。SDGs には「誰一人取り残さない」こと「包摂性」という基本理念があることからも，この理念を根拠として「ひきこもり」支援を推進していく必要がある。

　内閣府では厚生労働省の定義を踏まえ「普段は家にいるが，近所のコンビニなどには出かける」「自室から出るが家からは出ない」「自室からほとんど出ない」を狭義ひきこもり，「趣味の用事の時だけで出かけること」を準ひきこもりと定義し，これらの合計を広義ひきこもりとしている。2009 年度と 2015 年度には，ひきこもりの実態調査の対象を 15〜39 歳までとした実態調査を実施してきたが，調査結果からひきこもりの状態となってから 7 年以上経過したひきこもりの長期化が明らかになった。したがって 2018 年度調査では満 40 歳から満 64 歳までの 5,000 人とその同居者を対象にしている。調査該当数をもとにした広義ひきこもりは推計 61.3 万人となった。2015 年度調査（対象；15〜39 歳）の推定数は

54.1万人であることからもひきこもりを幅広い世代で捉える必要性が明らかとなった。

　従来，ひきこもりは「不登校」との関連が指摘されてきた。2015年度調査（対象；15～39歳）では，ひきこもりの状態になったきっかけについて「不登校」と「職場になじめなかった」が一番多い要因であったが，2018年度の調査（対象；40～64歳）では「退職したこと」「人間関係がうまくいかなかったこと」「職場になじめなかったこと」といった一度社会経験した後にひきこもりとなったことや，また専業主婦や家事手伝いの人の中にもひきこもり状態にあるケースも確認された。必ずしも不登校を起因としたひきこもりだけでなく，社会生活や人間関係の何らかの躓きがひきこもりにつながることをこの結果は示している。

　2009年度から厚生労働省では「ひきこもり支援推進事業」に取り組んでいる。ひきこもりの評価支援に関するガイドラインによると，支援のためには当事者がどの段階にいるかを正しく評価することで，適切な支援につながることを示している。ひきこもりの段階には「準備段階」「開始段階」「ひきこもり段階」「社会の再会段階」があることが示されている。これらの段階や当事者の状態を正しく見極めた支援が必要となる。またひきこもりの長期化には「8050問題」に象徴されるように，当事者だけでなく，家族の高齢化という問題も併存している。SDGsの「誰一人取り残さない」の理念が孤立している当事者，家族を支援する相談機関の充実を推進していくことや孤立を防ぐネットワークづくりに貢献していくことが望まれる。

表5-7　ひきこもりの段階

段階の名称	段階の特徴	当事者の特徴	対応
準備段階	就学や就労を続けているため，周囲からはひきこもりの経過が始まっていることが分かりにくい段階	内面では葛藤を抱え，身体症状，不安・緊張の高まり，抑うつ気分の一般的症状がみられる。	当事者の一般的な症状や変化を見逃さない適度な敏感さで症状をケアする。
開始段階	ひきこもり状態が始まった直後からその後しばらくの期間を含めた段階	激しい葛藤が顕在化し，不安や焦りを伴う情緒的動揺や落ち込みが目立つようになる。	当事者には休養が，家族を中心とした関係者には余裕が必要な時期。支援者は過度な指示をしすぎないことが大切である。
ひきこもり段階	当事者も家族もひきこもりという状況を受容しているように見える段階	家庭以外の社会的活動に引き出そうとする介入には強い拒否を示すが，不安定さは目立たなくなり比較的穏やかな日常を過ごす。	当事者が徐々に回復していく場合もあるため焦りに基づく対応は避ける。適切な支援・治療への配慮が大切である。
社会との再会段階	社会生活とひきこもりの状況の間に存在し，試行錯誤をしながら活動が始まる段階	以前の社会活動へ復帰するか，新たな場への挑戦に向かう。一方でひきこもり段階に長く留まったり，逆戻りすることもある。	当事者の変化に一喜一憂せず，安定した関わりを心掛ける。

（厚生労働省，2010を参考にして作成）

読書案内

小塩　真司（2020）．性格とは何か——より良く生きるための心理学——中公新書　中央公論新社
　　性格を理解し，幸福な人生を送るために，歴史的な背景から最新の研究結果を活用し，性格とは何かという問いに回答している書籍である。「性格は年齢によって変化するのか」「性格の国民性は存在するのか」「好印象を与える性格とはどのような性格なのか」といった身近で関心が高いテーマによって構成されている。
鈴木　公啓・荒川　歩・太幡　直也・友野　隆成（2018）．パーソナリティ心理学入門——ストーリーとトピックで学ぶ心の個性——　ナカニシヤ出版
　　パーソナリティ心理学が現実の社会場面でどのように活用されているのか，分かりやすく解説され，心理尺度を体験するワークも取り入れられた書籍である。4人の登場人物による会話のストーリーによって，パーソナリティの理論や研究をより深く理解することができる。

第6章
学習と言語
[SDGs]: 3, 4, 10, 17／[公認心理師]: 8, 12, 18

舛田弘子

　生まれたての赤ちゃんであったあなたと今現在のあなたが，どんなふうに違っているかを考えてみてほしい。体が大きくなる，生物学的な性別に応じて体形が変わるといった身体的な変化はもちろん起こっている。しかしそれだけではないはずである。様々な知識を得ているし，複雑な行動もできるようになっているだろう。また，泣いて訴えるだけではなく，言語を使用して他者との間でコミュニケーションをしているに違いない。つまり，精神的にも多様な変化を遂げていることに改めて気づくのではないだろうか。

　これらの多様な変化は，部分的には「学習」の結果であると言うことができる。一般に学習とは，動物に様々な経験・訓練・練習が繰り返し与えられることで，その認知がそれらの経験・訓練・練習が与えられる前と比べて変化することであり，またその認知の変化は行動の変化として観察可能なことであると定義される。この定義では，「動物の」と言っていることに注意してほしい。あなたもよく知っているように，魚や貝から人間に至るまで，動物には多くの種類が含まれる。そしてこの「学習」は，これらの動物すべてに当てはまる考え方なのである。

　ところで学習と言われると「机に向かって勉強すること」や「何かを暗記すること」を連想するかもしれない。もちろんそれらも学習の一部ではあるが，学習についてのそのようなやや狭い考え方，すなわち狭義の学習観はひとまず忘れてみてほしい。なぜならこの章で説明される学習は，私たち人間を含む動物の様々な行動を支える，はるかに幅広くて豊かなものであるからだ。

　この章では狭義の学習観を広げるために，「人の行動が変化する過程」として，人間とその他の動物に共通する学習について，いくつか説明していく。たとえばあなたは，イヌが「お手」を，水族館などでアシカが芸をするのを見たことがあるかもしれない。このようなイヌやアシカの行動の変化をもたらす学習は，「条件づけ」である。また，初めに聞いた時には出所や正体が分からず驚かされた大きな音でも，何回か聞いているうちに慣れてなんとも思わなくなるということがある。これは，「馴化」が起こった結果である。さらに，「見よう見まね」という言葉が言い表しているように，特に教えられなくても，他者がどのように行動しているのかを見聞きし真似して，自分でもできるようになることがある。これは，「観察学習（モデリング）」である。これらのいくつかの例を考えてみて，狭義の学習観とはかなり異なるものを含むこと，私たちの日常と学習が深く関わっていることに改めて気づいてもらえただろうか。

　さて，学習は人間と他の動物に共通するしくみであると述べたが，人間と他の動物を分けるものの1つとして，言語の存在は大変重要である。会話によるコミュニケーションだけではなく，あなたが現在この文章を読み，意味を理解して知識を得ることができるのも，言語の使用に精通しているためであると言ってよい。また，「イヌのお手・アシカの芸」といった言葉に触発されて，その体験の記憶を想起したり，頭の中でそれらのイメージを描いたり，より抽象的な内容について思考することができるのも，私たち人間が言語を活用できることから得ている大きな恩恵であると言える。そこで「言語と人間」では，言語を構成する様々な要素につい

て説明したうえで，人間が言語を獲得するうえで想定されている順序やしくみ，また言語に関わる脳のしくみや障害などについても説明していく。なおこれらは，発達心理学におけるテーマとも深く関わっているため，それらと併せて理解することで，知識を深めていってほしい。

1 人の行動が変化する過程

■ ［1］条件づけ

　条件づけとは，経験・訓練を反復することによって，ある刺激Xと，ある反応Yの間に新しい関係をつくること，つまり，ある刺激Xに対して，ある反応Yが生じるようにさせることを指している。なおここでいう刺激とは，動物が知覚できる様々なもの（光，音，匂い，味，冷・温など）を意味する。

　この条件づけには，レスポンデント条件づけと，オペラント条件づけの2種類がある。この項では，これら2つの条件づけについて順に説明する。

1）レスポンデント条件づけの定義とその成立のしくみ

　これは，ある刺激Xに対して，生理的反応（反射）Yを生じるようにさせる条件づけである。生理的反応（反射）とは，動物がある特定の刺激に対して，自動的に何らかの反応をすることを指している。たとえば光の強弱という刺激に対して瞳孔が拡張・縮小する「瞳孔反射」，人間の新生児が口元をつつくなどの刺激を受けるとそれを吸い込む「吸啜反射」などである。教わったり練習したりしなくてもこれらの反応が自動的に起こることで，私たちの身体や生命が守られていると言える。

　既に述べたように，レスポンデント条件づけは，経験・訓練を反復することによって，刺激Xに対して生理的反応Yが生じるようにさせることである。たとえばここで生理的反応Yを「唾液分泌」としよう。動物では食物が口に入った刺激を受けて，自動的な反応として活発な唾液分泌が起こる。したがって，刺激＝食物と，生理的反応＝唾液分泌の関係は，「もとから存在する自然な関係」である。

　それでは，刺激「人の姿」に対して唾液分泌が生じるとしたらどうだろう。人の姿はもちろん，唾液とは何の関係もないはずの刺激（中性刺激）である。しかし，レスポンデント条件づけを発見・研究したロシアの生理学者I. P. パヴロフのイヌたちに起きたのがこれだった。パヴロフは，多くのイヌを対象とした消化管の研究をおこなっていた。これらのイヌたちは，エサを見てもなく食べてもいないのに，人の姿を見ただけで唾液を分泌した。実はこれは，イヌたちに毎日規則的にエサを運んでくる助手の姿だった。イヌの立場になると，定期的に人の姿が見え，その直後にエサが提供される。エサが提供されれば，自然な反応として唾液分泌が生じる。それが毎日繰り返される。そのうちに，エサを介して刺激＝人の姿と，生理的反応＝唾液分泌が結びつき，人の姿によって唾液分泌が生じるようになったと考えられる。

　この一連の過程は，より抽象的には次のように説明される。中性刺激（NS: Neutral Stimulus）と無条件刺激（UCS: Unconditioned Stimulus）の対呈示を反復すると，中性刺激によって無条件反応（UCR: Unconditioned Response）が起こるようになる。これを「レスポンデント条件づけの成立」と言い，成立後は，中性刺激を条件刺激（CS: Conditioned Stimulus），無条件反応を条件反応（CR: Conditioned Response）と呼ぶ。なお，中性刺激と無条件刺激を対呈示することを，強化（reinforcement）と言い，無条件刺激を強化子と言う（図6-1）。

　このレスポンデント条件づけには，般化（generalization）および，消去（extinction）という現象も観察される。般化とは，特定の条件づけの成立に用いられた中性刺激＝条件刺激だけでなく，その条件刺激に類似した刺激に対しても条件反応が生じる現象を指す。たとえば，特

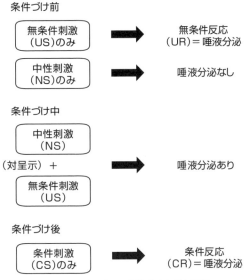

条件づけ前

| 無条件刺激
（US）のみ | ➡ | 無条件反応
（UR）＝唾液分泌 |

| 中性刺激
（NS）のみ | ➡ | 唾液分泌なし |

条件づけ中

| 中性刺激
（NS） |
（対呈示）＋
| 無条件刺激
（US） | ➡ | 唾液分泌あり |

条件づけ後

| 条件刺激
（CS）のみ | ➡ | 条件反応
（CR）＝唾液分泌 |

図6-1　レスポンデント条件づけの成立過程。

定のベル音によって条件づけされた動物は，そのベル音に近い音であるほど，より強い条件反応を示す。また，消去とは，いったん条件づけが成立した動物に対し，強化がおこなわれず条件刺激のみを呈示し続けると，条件反応の生起が徐々に弱くなる現象を指す。消去が簡単に起こるか否かを「消去抵抗が強い／弱い」と表現する。ただし，消去が生じたかに見えても，条件づけによって成立したこの関係がまったく失われてしまうわけではない。しばらく条件刺激を与えない期間を置き，もう一度条件刺激を与えると，条件反応が観察されることがある。この現象は，自発的回復（spontaneous recovery）と呼ばれている。

2）レスポンデント条件づけと私たちの関わり

　上記の事例は，「パヴロフのイヌ」として大変有名である。しかし，レスポンデント条件づけが重要なのは，それが決してイヌの唾液分泌だけに留まることではなく，私たちの行動にも深く関わることだからである。次には，そのような事例をいくつか取り上げてみよう。

　レスポンデント条件づけの人間への応用として，最も有名かつ評判が悪いのは，「アルバート」の実験であろう。J. B. ワトソンとR. レイナーは，健康で好奇心の旺盛な乳児であったアルバート（11か月）を楽しく白ネズミと遊ばせながら，彼のすぐ後ろで金属棒をたたいて大きな音を立てた。当然アルバートは音におびえて泣く。これを数回繰り返すと，アルバートはそれまで楽しく遊ぶことができていた白ネズミを嫌がり，泣いたり逃げたりするようになったというのである。この事例の場合，中性刺激は白ネズミ，無条件刺激は金属棒の騒音，無条件反応は恐怖反応である。中性刺激と無条件刺激の対呈示が反復されたことで，条件刺激・白ネズミによって条件反応・恐怖反応が引き起こされるようになった，ということになる。そしてアルバートには「般化」も生じ，白ネズミと類似した刺激である，「ふわふわした毛皮状のもの」も嫌がるようになった。これは嫌悪条件づけの例でもある。

　この例ほど極端ではないにしても，不登校に悩む子どもたちが，たとえば学校の校舎を見ただけで気分が悪くなるなどの反応を示す場合がある。これも嫌悪条件づけの例と言える。校舎は本来中性刺激であり，それ自体が嫌悪を起こさせるほど不快なものとは考えにくい。しかし，校舎内で強い嫌悪感を覚える出来事があると，その嫌悪感と校舎が結びついてしまうことがある。そのため，校舎に対して嫌悪感を覚え，それが身体症状として現れる可能性がある。そし

て制服や通学カバンなど，校舎そのものではないが校舎を連想させるものは般化刺激として働き，同様の嫌悪感を引き起こすとも考えられる。

　この嫌悪条件づけは，ガルシア（Garcia）効果として，味覚についてよく知られている。飲食物を摂取した後で腹痛や嘔吐を覚え，その後その飲食物が嫌いになったり摂取を長期間控えたりした経験はないだろうか。ガルシア効果はまさにこのような現象を指している。J. ガルシアらによる研究では，動物（ラット）に食物を与え，その後体調不良になるような薬物などを与えると，動物は体調不良に陥り，その後その食物を忌避するようになった。このガルシア効果は，通常のレスポンデント条件づけとは異なることが知られている。すなわち，①通常は反応が形成されるためには，中性刺激と無条件刺激が時間を置かずに対呈示される必要があるが，この条件づけでは2時間以上開けて呈示されても（体調不良になるのが食物摂取の2時間以上後でも）条件づけが成立することがある。②通常では中性刺激と無条件刺激の対呈示の反復が必要になるが，この味覚嫌悪条件づけの場合はたった一度で条件づけが成立することがある。③この味覚嫌悪条件づけは消去抵抗が強く，いったん形成されるとなかなか失われない（図6-2）。

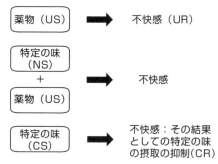

図6-2　嫌悪条件づけの成立過程。

3）オペラント条件づけの定義とその成立のしくみ

　オペラント条件づけは，ある刺激Xに対して，動物が随意的行動Yを生じるようにさせる条件づけである。随意的行動とは，刺激Xが呈示されたときに動物は自発的にその行動をおこなうことができる（おこなわないこともできる）ということを意味する。これはレスポンデント条件づけの生理的行動（反射）とは大きく異なる。

　この事象を体系化したのは，B.F. スキナーである。スキナーは，スキナー箱と呼ばれる実験装置を開発した。この装置は，中にいる動物が特定の行動を取ればエサなどが与えられるしくみになっている。この装置にラットが空腹の状態で入れられたとする。ラットは箱の中を動き回っているうちに，レバーを押す行動を偶然取るかもしれない。この行動に伴いエサが出てくれば，ラットは当然それを食べる。これが何度か反復されるうちに，ラットは「随意的行動」としてレバーを押し，結果としてエサを獲得するようになる。これが，オペラント条件づけが成立した状態である。なお，オペラント条件づけを道具的条件づけと呼ぶこともある。これは，行動の生起が動物の欲求を満たすものやことを獲得するための道具（＝手段）となっているという意味である。たとえば上記のラットは，レバー押しという行動を道具＝手段とすることでエサを獲得し，食欲を満たすことができる（図6-3）。

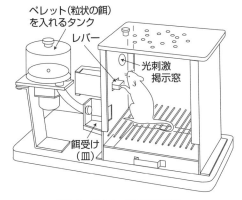

ペレット（粒状の餌）
を入れるタンク
レバー
光刺激
掲示窓
餌受け
（皿）

図6-3　スキナー箱（箱の内部）。

　この過程は，より抽象的には次のように説明される。随意的行動（押すこと）は，弁別刺激（レバー）と強化子（エサなど）が組み合わされることで生じる。この随意的行動，弁別刺激，強化子の３つの関係を，三項随伴性と呼ぶ。これが反復して生じると，その随意的行動の生起の頻度が上昇または下降する，言い換えれば随意的行動が促進または抑制される。この状態がオペラント条件づけの成立である。上述のラットの例では強化子はエサなので，ラットのレバー押し行動の頻度は増加する（促進される）ことが期待される。しかし，たとえばレバーを押しに電気ショックなどの不快な刺激が伴う場合もある。このような場合は当然，ラットのレバー押し行動は頻度が減少する（抑制される）ことが期待される。この場合，電気ショックなどの不快な刺激を罰と呼ぶ。

　オペラント条件づけでもレスポンデント条件づけ同様，般化や消去が生じる。つまり，条件づけを成立させた際に用いられた弁別刺激と類似した刺激が呈示されれば，それに応じた随意的行動を取ることは可能である（般化）。また，随意的行動を繰り返し取っても強化が得られない場合には，その行動を取らなくなる（消去）。ただし，レスポンデント条件づけと比べて消去抵抗が強いのはオペラント条件づけの特徴と言える。随意的行動について毎回強化する方法よりも，強化の間隔を広げる（行動40回につき１回強化するなど），ランダムに強化するなどの方法のほうが消去抵抗が強いことも知られている。

　なお，前述したイヌやアシカなどの動物の芸もこのオペラント条件づけで説明できる。たとえばイヌの後ろ足を曲げさせ，お尻を床につける姿勢にして，「お座り」と言い，同時にエサを与える。イヌにとって，「座る」姿勢を取ることは随意的反応である。また，人間による「お座り」という発話が弁別刺激となる。エサは当然強化子である。人間がいるところにイヌが行き，「お座り」と言われた時にある姿勢を取れば，エサを獲得して満足を得ることができる。このような過程によって，イヌは人間の声に応じてお座りをすることができるようになると解釈できる。

4）オペラント条件づけと私たちの関わり

　オペラント条件づけと深い関わりがあることとして，外発的動機づけがある。上述のようにオペラント条件づけでは，強化子や罰を与えられることが，動物の随意的反応の頻度を上下させることが期待される。外発的動機づけとは，個人への何らかの働きかけ（強化子や罰）によって動機づけ（行動しようとする意欲）が起こることを指す。これは，「お金や物などが得られる・褒められるから～する」，「お金や物を奪われる・叱られるから～しない」という，人間の日常行動を説明する原理となっている。

　さらに言えば，私たちの行動はある程度まで強化子と罰によってコントロールすることが可能なのである。たとえばあるアメリカの研究では，大学生が生活する共同住宅の管理運営を自分たちでおこなう際に，仕事を分割してマニュアルを作り，その仕事を個々の学生に割り振って，マニュアル通りに遂行できた場合には生活費を割引く（強化子）が，できなかった場合には罰金を科す（罰），という取り決めとした。この研究のポイントは，そのような取り決めに沿って運営する期間を 5 週間設けた後に，割引・罰金のない期間を 4 週間設け，その後また取り決め通りの期間を設けて，学生たちの行動を観察したことにある。結果は非常にクリアだった。最初の 5 週間（取り決めあり）では，遂行の比率は平均して 85％だった。しかし，次の 4 週間（取り決めなし）では週ごとに遂行率が下がり，4 週目ではとうとう 60％以下に落ちてしまった。そしてまた取り決めありに戻すと，遂行率は 90％以上に向上した。この例からも，私たちにとっては強化子および罰は，行動のコントロールに影響を及ぼすということが分かるだろう（表 6-1）。

表 6-1　オペラント条件づけの型

	行動の頻度が増加する		行動の頻度が減少する
正の強化	好ましい刺激の呈示	正の罰	不快な刺激の呈示
負の強化	不快な刺激の除去	負の罰	好ましい刺激の除去

■ [2] 馴　化

　馴化（habituation）とは，動物にある反応を起こさせる刺激が繰り返し呈示される時，その刺激によって引き起こされた反応が弱くなったり消失したりすることを指す。たとえば，窓の外で不意に大きな音がした場合を考えてみよう。このような場合私たちは，驚いて（心拍数が上がる，発汗するなどの反応を伴う），窓の外を確認する。このように，その刺激がどこから来るのか判断しようとして，その刺激の来る方に顔などを向けることを，定位反応と呼ぶ。しかし，その音の正体が分かり，続いて何度か繰り返されると，音は意識されるが驚かなくなり，ついにはその音がしていることも意識しなくなる。これが，馴化の生じた状態である。この馴化のしくみは，原生動物（単細胞生物）のような単純な生物から人間にいたる複雑な動物まで，普遍的に観察されている。つまり，動物にとって基本的で重要なしくみと言えるのである。

　馴化は，刺激に特異的であるという特徴を持つ。これは，動物は自分にとって既知の刺激に対しては反応が弱く，逆に新奇な刺激に対しては強く反応するということを意味する。たとえば打ち上げ花火の音に馴化が生じたとしても，まったく別の大きな音（雷など）がすると，また同じように驚き，定位反応が起こると考えられる。

　それではこのようなしくみを有することは，動物にとってどのような利点となっているのであろうか。脳の情報処理能力には当然限界がある。したがって，すべての刺激に対して同じように注意を振り向けていたのでは，脳の情報処理能力の限界を超えてしまう。馴化の能力があることで，注意を向ける刺激を限定し，限られた情報処理能力をより重要な刺激への対処に振り向けることが可能となる。つまり，自分に重要な影響が及ばないことが既に分かっている刺激に対しては，「驚かないし，意識しない」。それとは逆に，重要な影響を持つかもしれない未知の刺激に対しては，常に「驚き，緊張を高める」ことで，対処しようとするのだと考えられる。

■ [3] 観察学習

　観察学習（observational learning）とは，動物が他者の行動を観察し，それを模倣すること

によって自分の行動レパートリーを増やすという学習法を指す。これは，個人的な体験による学習に対して，代理的な体験による学習である。たとえば石を投げ，大人にひどく叱責されれば，「石を投げてはいけない」ことを個人的な体験から学習できる。しかし，石を投げた友人がひどく叱責されるのを目撃する，すなわち代理的に体験することからでも，「投げてはいけない」ことを学習することは可能である。

　この事例からも分かるように，観察学習はオペラント条件づけとも深い関わりを持つ。つまり，動物が他者を観察して模倣した行動に対し，強化子を与えられればその行動の頻度が上昇・定着し，逆に罰を与えられればその行動の頻度が低下・消滅すると考えられる。ある研究によれば，1歳前後の乳児は周囲の大人が発した音声を模倣して発声できる。また，大人が見本として発声して見せ，子どもがそれを模倣した場合に笑顔や賞賛などで強化すると，さらにその発声行動が増えることも分かった。これは，発話の始まった子どもの周りではよく観察されることだろう。つまり，大人の発声の模倣に伴う強化子が，私たちの母語の獲得に関連して重要な役割を果たしていると言える。

コラム7　ICT教育と子どもたち

　ICT教育，すなわち情報通信技術を活用した教育がここ数年の間に大きな広がりを見せている。文部科学省は2019年12月公示の「教育の情報化に関する手引」において，「情報通信技術の，時間的・空間的制約を超える，双方向性を有する，カスタマイズを容易にするといった特長を生かして，教育の質の向上を目指す」としている。これでは①情報教育，②教科指導におけるICTの活用，③校務の情報化の3つの側面が想定されているが，ここでは②に関連し，教材・教具としてのICTの利用とその子どもたちへの影響について述べたい。

　ICT教材の授業での利用は大きく分けて以下の2つになると考えられる。①従来の教師・教材の役割を促進／拡張する役割を果たすものとしての利用と，②ICT特有の性質を活かした教材としての利用である。従来型の授業においては，教師は黒板，教科書などを用いて授業を進め，生徒側では見る・読む・書写などの活動がおこなわれてきた。これらをより手軽に速やかにおこなえるのが，「促進／拡張型」の利用法と言える。また，ICT特有の性質を積極的に活用すれば，従来型の授業では困難であった活動をもおこなうことができる。たとえば，オンデマンド型授業の実施，遠隔地の学校や学習者とのオンライン交流，学習者の活動の記録とその活用などである。さらに，クラスでの発言を躊躇する子どもでも発言の機会を得やすく，またそれが周囲に承認されれば自己肯定感を高めるなどの効果も期待することができる。

　このように，ICTを活用した教育をおこなうことは子どもたちにとって利点が多いように思われる。しかし一方で，このICTの活用には様々な課題もあることが次第に明らかとなってきている。機器や通信環境などの設備面，また視力の低下などの身体的な影響は当然大きな問題であるが，ここでは特に学習と社会化に関わる2点について述べておきたい。

　第1に，すべての学習者にとってICTが適切な媒体とは言えないことが挙げられる。適性処遇交互作用（学習者の適性と学習法，教授法が互いに影響を与え，学習成績を規定する）の古典的な研究の知見では，外向的な学生は対面での授業でより成績が良く，内向的な学生は映像での授業でより成績が良い。オンラインによる授業でも，他者や時間を気にせず個人の学習に集中できるという点で利益を得られる子どもたちがいる。その一方で，友人との何気ない交流がより学習の動機づけになるという子どもたちも確かに存在するのである。

　第2に，学校という社会における集団生活の経験への影響である。学校は同年代の他者と様々な形で関わることで，「社会的スキル」と呼ばれる集団の中でのふるまい方を学んでいく場でもある。ICTを介した教育においては，ややもすれば教師と子どもの一対一の関係になりがちである。したがって，子どもたちが相互作用をおこないやすいように様々な活動を組み入れていくこと，また子どもたちにもICT上のコミュニケーションのルールなどを伝えていくことが重要と考えられる。

　これからの社会に生きる子どもたちが，ICTを十全に活用し，知識や学習の可能性を拡大し，また多くの人々とつながっていくことは大変望ましいことである。従って私たちはICTの利点と欠点を十分理解し，子どもたちの豊かな学びを支えていく必要があるだろう。

　この観察学習が成立するためにはA. バンデューラによれば4つの過程が必要とされている。すなわち，①注意，②保持，③運動再生産，④誘因と動機づけである。まず①注意の過程では，学習者は模倣するべきモデル（見本）の適切な行動に注意を向けることが求められる。続く②保持の過程では，観察を経て得た情報を記憶に保つことが求められる。この情報は観察された行動そのままである必要はなく，その行動を目的にかなう程度に抽象化した形でも有効である。そして，③運動再生産では，②で保持された情報に基づき，自分自身の筋肉を運動させて，その行動を再現することが求められる。しかしその行動が複雑である場合，記憶のとおりに筋肉を動かし再現することはすぐには困難であるため，反復練習をする必要がある。最後の④誘因と動機づけは，強化および罰，あるいはそれらへの期待が，模倣行動の頻度に影響を与えるということである。

　バンデューラは現在でもよく引用される暴力行動における観察学習の研究をおこなったことで広く知られている。この研究では，平均4歳の子どもたちを対象に，大人が人形に暴力的な行動や発言をおこなうところを実際にその場で目撃した後，子ども自身もその人形に対し，大人を模倣した暴力的な行動や発言をおこなうかが観察された。もちろんこの場合の大人の暴力行動・発言は実験的におこなわれたものであり，子どもにとって心的外傷となるような侵襲的な体験ではない。結果として，暴力的な行動や発言は子どもによって模倣され，またそれは同性の大人についてより多く模倣されることが分かった。男児は暴力的な行動を模倣する傾向があり，女児は暴力的な発言を模倣する傾向にあった。後の研究では，映像による暴力行動を見た場合でも，子どもたちは実際にその場で見た場合には劣るものの，やはりそれらを模倣することが分かっている。これらの知見が，子どもを暴力的な映像に曝すことの是非を決定する際に影響を及ぼしていると言える。

2　言語と人間

■［1］言語を構成するもの

　私たちは普段何の気なしに言語を使用しているが，この場合言語に関してどのような要素の理解を必要とし，またそれらを活用しているかを考えてみよう。

　たとえば，あなたが友人との会話を始めるとする。友人の発言を理解するためには，モーラ（拍）や音節（シラブル）と呼ばれる言語音の区切りに従って，相手が発する音を聞き分け，言葉として理解する必要がある（音韻論的理解）。たとえば「は／け／ん（派遣）」と「は／っ／け／ん（発見）」とではまったく意味が異なる。これらを聞き分けることが私たちにとって重要であることは容易に理解できるだろう。

　次いで，言葉として理解したものの内包（意味）や外延（事例）も理解する必要がある（意味論的理解）。この言葉の内包や外延の理解について，私たちは心内辞書と呼ばれる，一種の知識の集合体を有していると仮定されている。この心内辞書には，個人がそれまでに経験した様々な情報が蓄えられ，何らかのキーワードが意識にのぼると，それに関連した様々なイメージや意味が活性化され，必要に応じて解釈に用いられると考えられる。たとえば「リンゴ」という単語について考えてみてほしい。リンゴの辞書的な意味や，リンゴの花や果実のイメージ，リンゴが出てくる歌や物語など，様々なものが浮かぶに違いない。

　またさらに，相手の言葉の様々な連なりを，文法的に理解する必要もある（統語論的理解）。たとえば，同じようなことを言っているようだが，能動表現を使う場合（雨が降ってきた）と，受動表現を使う場合（雨に降られた）とでは，意味や印象の違いを産む場合がある。この雨の例では，前者は天候の変化に関する事実の記述だが，後者は雨によって困った，被害を受けたなどの否定的な印象を与えることになる。

　加えて，相手がそのような発言をしている理由などを，相手との関係性やその場の状況など
の文脈とともに理解する必要もある（語用論的理解）。言語哲学者のH. P. グライスは，会話を
円滑に進めるために，協調の原理に従うべきだとしている。これは，私たちが会話の中で発言
をするときは，会話の段階，目的，方向性を踏まえておこなうようにすべきであるという考え
方を指している。さらにグライスはこの協調の原理を構成するものとして，会話の格率（行為
の基準）を提唱している。これには，量，質，関連性，様態の４つがある。それらは，「会話の
当面の目的の要求に見合うだけの情報を与えるような発言をおこなえ」（量の格率），「真であ
る発言をおこなえ」（質の格率），「関連性のあることを発言せよ」（関連性の格率），そして「分
かりやすい発言をせよ」（様態の格率）というものである。

　さらに，友人との会話であれば，あなたは友人の表情，声のトーン，身振り手振りなど，い
わゆる言葉以外の情報にも注目するだろう。このような発話に伴う言葉以外の情報を非言語的
情報と呼び，これによるコミュニケーションを非言語的コミュニケーション（NVC: Nonverbal
Communication）と呼ぶ。このNVCは，私たちが他者の感情状態や意図を理解するうえで重
要な情報を提供する。

　このように，他者とのスムーズなコミュニケーションが成立するためには，言語に関する実
に様々な要素の理解および活用が関連していることが分かるであろう。他者との適切な相互理
解のためには，私たちは言語と非言語，両方のコミュニケーションに注意を払うことが重要で
ある。

■ [2] 言葉の発達

1) 言語を獲得するしくみ

　私たちは生後間もなくから周囲で話されている言語に四六時中さらされる生活を送ることに
なる。このなかで，子どもは驚くべき速さでその言語を母語として獲得していく。言語学者の
A. N. チョムスキーによれば，これが可能になるのは私たちが言語を獲得する生得的な言語獲
得のしくみ（これを彼は，言語獲得装置としている）を有しているためである。時代や文化の
違いに関わらず，すべての人間集団が基本的には言語を有することが，この理論を例証するも
のとなる。この言語獲得装置には，すべての言語の文法の習得に関わる基本的なしくみである
普遍文法と，個別の言語，たとえば日本語，中国語，英語などで異なる言語経験から得るその
言語に特有のルール（言語習得関数）が含まれる。日常的な言語経験を豊富に得ること，そし
て言語獲得装置を有することが，母語としての言語の獲得に結びつくとされる。

　その一方で，母語としての言葉の獲得には，敏感期と言われる時期があることも知られてい
る。敏感期とは，その時期においては特定の学習が可能あるいは容易であるが，その時期を外
してしまうと逆に学習が困難になるような時期を指す。母語としての言葉においては，大体11
歳ぐらいまでが敏感期と言われている。したがってその時期を逃した場合，言葉の学習は母語
のようにではなく外国語を学ぶかのようにおこなわれる可能性がある。これについて配慮が必
要なのは，聴覚に障害があり周囲の言語を十分に聞き取れない場合などである。このような子
どもたちには周囲が可能な限り早くその障害に気づくとともに，補聴器を使う，また手話を積
極的に活用するなどして，母語としての言語獲得を支援する必要がある。

2) 自己中心語論争

　子どもの言葉の獲得について，対照的な学説を提案したのが，J. ピアジェとL. S. ヴィゴツキ
ーである。これは，自己中心語論争と呼ばれている。前述のように，私たちは言語を他者との
対話のために用いるが，同時に内なる自分自身との対話，すなわち思考の道具としても用いる。
あなたも考える時に，声には出さなくても心の中でつぶやく，対話していることに気づくこと

があるかもしれない。前者のような他者との対話のための言語を外言，後者のような思考のための言語を内言と呼ぶ。ピアジェは子どもの言葉の発達を「内言から外言へ」である，すなわち，子どもはまず環境との関わりの中で素朴な思考ができるようになり，自己中心語，つまり自分への語りかけの言葉として表現するが，それを徐々に他者とのコミュニケーションの道具として使えるようになる，と述べた。それに対してヴィゴツキーは「外言から内言へ」であるとした。つまり，言葉というのはもともと他者とのコミュニケーションのために用いるものであり，それが次第に内面化され，思考の道具としても使えるようになる，と述べたのである。ピアジェの言う自己中心語は，ヴィゴツキーによれば，外言が内言化される過程において現れてくるものだということになる。この論争においては，後にピアジェがヴィゴツキーの考え方を受け入れたとされている。なお，現在の考え方においては，外言と内言はどちらかが成立してからどちらかが生じるものではなく，発達の過程において相互作用的に生じるものであると考えられている。

3) 言語発達の順序

　一般に子どもは，クーイング，喃語，一語文，二語文，多語文の順に発話行動を発達させていくと考えられている。生後すぐから乳児は反射的に発声し，また泣くなどの行動を見せる。しかしクーイングはそのような反射，あるいは不快を表現する発声とは異なり，比較的機嫌の良い時に，舌や唇を使わずに喉から「あー，いー，えー」というように発声することであり，生後2〜3か月ごろ始まる。続いて，生後6〜9か月には，喃語が出始める。喃語はクーイングとは異なり舌や唇を使い，母音と子音を組み合わせた意味のない音声である。最初は「ブブブ，ナナナ」などの同音の反復だが，11か月を過ぎるころになると「アダ，バブ」などのように，異なる音節の音を組み合わせた発声ができるようになる。これらの発声については，乳児は自分自身の声やまた乳児の発声をフィードバックする他者の声を聞き，また繰り返して発声する，というプロセスの重要性が指摘されている。次の一語文は意味のある一つの単語（パパ，ママ，ねんねなど）を発するもので，12か月を過ぎるころから出始めると言われる。同様に，二語文，多語文とは意味のある2つ（多数）の単語による文で，二語文は15か月過ぎ，多語文もその後まもなく出始めるとされ，子どもの語彙は飛躍的に伸びていくと考えられている。一般には女児の方が男児よりも言語能力の発達が早いとされるが，これら意味のある言葉の発話の時期や語彙の増加の速度には個人差が大きい（図6-4）。

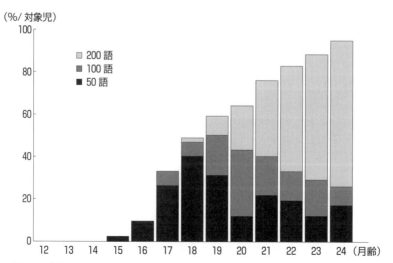

図6-4　生後12か月から24か月における50語，100語，200語に至った子どもの比率
(D'Odorico et al., 2001)。

　この語彙の獲得については，共同注意が重要な役割を果たすと考えられている。これは，特定の事物に対して他者と自分自身が同時に注意を向け，注意を共有することを指している。共同注意に基づく行動は，健常な子どもであれば1歳ごろから可能となるとされている。語彙を増加させるには，その子どもにとって未知の物Xが，Yという名称であることを子ども自身が理解しなければならない。たとえば，親がイヌを子どもに指さしながら，「ワンワンだよ」と言ったとする。何が「ワンワン」なのかを理解するためには，子どもは親が今まさに指さしているものに正しく注意を向ける必要があるが，これが共同注意の中でも「指さしの追随行動」と呼ばれるものである。また，この共同注意には，他者が視線を向けているものを自分自身でも見ることができる，他者の視線の追随行動や，自分の持っているものを他者に向けて示す行動，他者とある特定の事物に交互に視線を向けることで，他者の注意をその事物に向ける参照視などが含まれる。これらはいずれもある特定の事物について子どもと他者が理解を共有していることを示していることから，その後のコミュニケーション能力を支える重要な能力であると考えられている。

■ [3] 言語における様々な障害と脳

　従来，言語に関連する脳の部位は，大脳皮質の左半球に遍在すると言われてきた。確かに右利きの人に関しては，言語に関する主要な情報処理は大脳皮質の左半球において優位におこなわれているとされている。しかしこのことは大脳皮質の右半球，および大脳皮質以外の脳の部位が言語に関して何の役割も持っていないことを意味しているわけではないため，注意が必要である。また，左右の大脳皮質は脳梁と呼ばれる太い繊維の束によってつながっていて，常に情報のやり取りがなされている。したがって，特定の半球で生じたことが特定の半球の中だけで処理されるわけではない。

　この脳梁が切断された状態を，分離脳と呼ぶ。この分離脳の患者は，右目を隠して左目だけで事物を見るよう指示され，次いでその事物が何なのかを問われても言語化できず，答えることができない。これは，左目で見た事物は大脳の右半球で処理されるが，それを言語で表現する機能を持つのは多くの場合左半球であることによる。通常ならば，2つの大脳半球間を情報が行き交うことで問題なく回答できるのだが，連絡が切断されていることでそれができないと考えられる。

　さらに，言語に関連する脳の部位を損傷すると，損傷部位に応じた言語障害が生じる。ブローカ野と呼ばれる左前頭葉の部位を損傷すると，言語理解には問題がないが，発話において文法的に複雑な文章を作り出すことができず，単語を並べただけのようなものとなる症状が現れる。これをブローカ失語と言い，言語を組み立てて発話する能力が失われたためと考えられている。これとは対照的に，ウェルニッケ野と呼ばれる左側頭葉の部位を損傷すると，発話には問題がなくむしろ流ちょうに話せるものの，内容に意味がなく，また他者の発話を理解できな

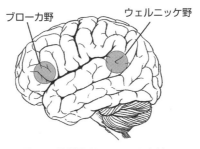

図 6-6　言語野（森岡，2007 を改変）。

いという症状が現れる。これをウェルニッケ失語（感覚性失語）と呼び，音声言語を理解する
能力が失われたためと考えられている（脳の機能などについては，第 2 章を参照；図 2-4）。

　脳に上記のような器質的な障害がなく，知的能力にも特段の障害がないのにもかかわらず，
文字の読み書きだけに非常な困難を抱える場合がある。これは，ディスレクシア（読字障害）
と呼ばれる学習障害の 1 つである。詳しい原因は解明されていないが，視覚的に捉えた文字を
普段自分が使っている音声言語に変換して理解する脳の機能に，何らかの障害があると推測
されている。なお，2012 年におこなわれた文科省による小中学校の教員を対象とした調査では，
「知的発達に遅れはないものの『読む』または『書く』に著しい困難を示す」子どもと回答され
たのは，全体の 2.4％だった。またその他のいくつかの調査では，数％〜10％の子どもがディ
スレクシアを抱えているという結果も出ている。これらの子どもたちに対しては，読むことを
支援する教育環境の整備が重要な課題である。

読書案内

R. R. ホック（編著）梶川 達也・花村 珠美（訳）(2007). 心理学を変えた 40 の研究——心理学の "常識"
　　はこうして生まれた　ピアソンエデュケーション
　　タイトルどおり，現在常識とされている様々な心理学上の知見について，背景，実際の研究のあらまし，その後
　　の展開を含めて分かりやすく説明しているテキスト。なお，英語版も比較的平易な英語であるので，大学院入
　　試を考えている方に強く薦めたい。

S. ピンカー（著）椋田 直子（訳）(1995). 言語を生みだす本能　上・下　NHK ブックス
　　言語を生得的なものであるとするチョムスキー理論をさらに発展させた，大変刺激的なテキスト。言語につい
　　て深く考えてみたい方に薦めたい。

J. E. メイザー（著）磯 博行・坂上 貫之・川合 伸幸（訳）(2006). メイザーの学習と行動（第 3 版）　二
　　弊社
　　心理学から見た学習について包括的に論じたテキスト。研究例が豊富に掲載されているため，それらだけ読ん
　　でもかなり楽しめる。理論がどのような研究例たちに支えられているかをより突っ込んで知りたい方に薦めた
　　い。

第7章
発　　達
[SDGs: 4／公認心理師: 12]

大谷和大

　本章では，発達に関する主要な理論について，ボウルビィの愛着の発達，ピアジェの認知的発達理論，エリクソンの心理・社会的発達理論，ブロンフェンブレンナーの生態学的発達論になどについて解説した。また，SDGs 的な視点として人間の生涯にわたる発達において重要だと考えられる，保育所（幼児教育）の問題や子どもの貧困についても取り上げた。

1 発達とは何か

　みなさんは発達という言葉を聞いてどのようなことを思い浮かべるだろうか。おそらく多くは，子どもが成長していく様子や，できなかったことができるようになることを思い浮かべたのではなかろうか。つまり，時間経過に伴う何らかの能力の右肩上がりの変化のことを発達のイメージとして想起しやすいのかもしれない。これは主に子どもから青年までの発達を問題にする場合，大きな問題はないように思われる。実際，発達心理学に携わる研究者の多くは，乳幼児から青年期の発達の問題に取り組んでいる。

　一方で，発達という言葉は子どもや青年のみに限定していいのだろうか。青年期以降は体力や認知的な能力も衰えてくる。昨今，高齢ドライバーの事故の報道をよく目にするが，加齢に伴い問題なくできていたことができなくなることもある。発達のより広い捉え方では，発達は必ずしもできなかったことができるということを指すのではない。できていたことができなくなることも発達であり，こうした衰えなども含む経年的変化は生涯発達と呼ばれる。なお，青年期以降も徐々に増大していく能力なども存在している。

　また，発達という言葉にはポジティブな響きもあるように思われる。一方，ある能力が増加することは，ネガティブな側面，たとえば問題行動が生ずるようになることも意味する。たとえば，自殺は幼児期や児童期にはほとんど起こらないものの，思春期に入ると増加する。また，思春期の問題行動（たとえば，いじめなど）についても児童期のそれと比べると，手口が巧妙化することも想像に難くない。これらも認知的発達とともにその方法が分かるようになることが 1 つの要因と考えることができるだろう。こうした議論を踏まえると発達という言葉自体には価値の問題は含まないと考えることもできるかもしれない。

　さらに，永野によると，発達は英語で "development" と表記されるが，これには包んであるものが開くことというニュアンスがある（フランス語やドイツ語でも同様）。人間に内包されているものが，包みがとかれて，外に現れるというイメージである。すなわち，発達は自然発生的（何もしなくても勝手に発達すること）であることを意味している。はたしてそうであろうか。実際は，人の発達は，環境の影響も受けながら促されると考えられている。後述するが，たとえば，幼児期の養育環境や子どもの貧困は，後の発達に大きな影響を及ぼしうる深刻な問題である。子どもから老人まで様々な年代の人に寄り添う者（たとえば，公認心理師）は，それらの人々の心身ともに健康な暮らしをサポートするために生涯発達について理解することが望ましいであろう。

2 愛着の発達

■ ［1］愛着行動の発達

　ここからは，発達に関わる理論についてそれぞれのテーマごとに紹介していく。J. ボウルビィによると愛着（アタッチメント）とは養育者との心理的な絆を指す。当初，愛着の形成は，授乳などを通した一次的欲求の充足によって形成されると考えられてきた。これを明らかにするため，H. F. ハーロウ，はアカゲザルの子どもを用いた観察をおこなった。サルの子どもに哺乳瓶のついた針金製の親ザル（ハードマザー）と哺乳瓶はないけれど柔らかい布^{クロス}でできた親ザル（ソフトマザー）を呈示するという方法であるが（図7-1），子ザルは空腹時にのみハードマザーのところに行き，それ以外の時はほとんどソフトマザーで過ごした。このことから，愛着の形成にはミルクという一次的欲求の充足ではなく，代理親ではあっても布親との接触の快感が重要だと言える。

図7-1　ハーロウの研究で用いられた針金製と布のサル（Harlow & Suomi, 1970）。

　愛着が成立しているとき，子どもが示す行動は愛着行動と呼ばれる。対象（養育者）への接触を求める行動で，微笑み，発声，後追いやしがみつきなどがそれらにあたる。ボウルビィによると，愛着行動は以下の4つの段階を経て発達する。

　1）人物の区別をおこなわない愛着行動：新生児の泣き声や発生，微笑などで，近くにいる人誰にでも向けられる。

　2）区別をおこなう愛着行動：生後約3か月頃から出てくる行動で，一人または数人のよくかかわってくれる人に対する行動。主に養育者の声によく反応するようになる。

　3）特定の対象に向けられる愛着行動：生後半年頃から2，3歳ごろであり，愛着行動の対象がさらに明確になる。対象となっている養育者に対してはより微笑み，抱かれたりするなど明らかに反応が異なる。この時期には歩行が可能となり，親を安全基地としながら周囲の探索をおこなう。

　4）目標修正的な関係：概ね3歳ごろになると，子どもは養育者の行動を観察することで，養育者のしなければならないことやそのための計画について分かるようになってくる。それに伴い，自分自身の行動などを修正できるようになる。たとえば，母親が用事で出かけないといけなくなった時，分離不安なく父親などと留守番ができるようになるなどが挙げられるだろう。

■ [2] 愛着のタイプ

　M. エインズワースらは乳児が示す愛着のタイプについて分類している。彼女らは愛着の個人差を調べるために，12〜18 か月の乳児を対象としストレンジシチュエーション法という手法を開発した。この方法は，母子分離後と再会後の子どもの様子を観察するというものである。詳細は割愛するが，概ね以下のような流れになる。母親と乳児が観察室で一緒にいて，遊んでいるところに，見知らぬ人（ストレンジャー）が入室する（しばらくして母親は退室）。その間，ストレンジャーは子どもと交流を試みる。その後，母親が戻ってきてストレンジャーは退室する。しばらくして，母親が再度退室し，子どもは一人残される。再度，ストレンジャーが入ってきてしばらく過ごす。最後に，再度母親が戻ってくる（ストレンジャーは退室）。

　この手続きにより，子どもの反応は概ね以下の 3 つのタイプに分類される。A タイプ（回避型）は，養育者との分離の際にあまり混乱を示さないのが特徴である。再会の際には，養育者を歓迎せず，むしろ避けるような行動をとる。B タイプ（安定型）は，分離の際に混乱を示すが，再会の際には喜び身体接触を求める。また，母親と一緒だと機嫌よく遊ぶ。C タイプ（アンビバレント型）は，分離の際に混乱を示し，再会後も怒りや反抗的な態度をとる。なお，これらに当てはまらない D タイプ（無秩序型）が後に追加されている。

　こうした愛着の形成には，親の子どもへのかかわりが影響しているとされている。特に安定型の子どもの親は子どもの要求に機敏に応えることなどが確認されている。エインズワースも安定的な愛着を注がれていない者は，後に問題行動を起こしやすかったり，教室などで先生の気を引きたがったりすることを指摘している。愛着の形成には乳児期が感受期（絶対的でなくとも，敏感な時期）であると考えられている。この時期に安定的な愛着を築けるかどうかが後の人生の well-being を左右しうるためとても重要な時期と言えるだろう。

■ [3] 3 歳児神話

　愛着の形成は，人生のなかでも特に重要なイベントであることを紹介した。そしてこうした愛着は養育者とのかかわりのなかで生まれるため，養育者と過ごす時間はかけがえのないもののように思われる。これと関連して，日本社会には 3 歳までは親が育てるべきという通説（3 歳児神話とも呼ばれる）が存在している。しかし，現代社会では，共働き世帯が増え保育園に子どもを 1 歳前から通園させることも珍しくない。もし 3 歳児神話が正しければ，将来的に深刻な社会問題となってしまうのではなかろうか。実際のデータではどのようなことが分かっているのだろうか。

　アメリカのデータで，通園と愛着形成に関する追跡調査（縦断研究）がある。これらによると通園開始時の年齢や 1 週間当たりの通園時間は，3 歳時点の愛着タイプにおける影響はないことが明らかにされている。また後の調査で，思春期時点における影響もないことが報告されている。一方で，保育者の子どもへの良好な対応，すなわち保育者と子どものかかわりの質は，18 歳時点での安定的な愛着と関連していた。子どもを保育園に預けた場合，1 週間のかなりの時間の養育を保育園に任せることになり，そこでの養育の質の違いは後々の発達を左右しても不思議ではない。これらの知見から，子どもの発達を考えるうえで，「保育の質」が重要な要因であることが示唆される。保育の質は，保育園の広さや，収容人数，子どもに対する保育者の数など様々な物理的なもののほかにも，保育者の質や子どもとのかかわりの質も挙げられる。物理的な環境はもちろん，保育者の質およびかかわりの質について，よい人材を確保すること，研修などを通じて高めることで保証することが肝要である。一方，保育士の待遇は学校教員と比較しても非常に悪いことが知られている。そのため，離職率が高いなど様々な問題を抱えている。現在 SDGs の中に質の高い教育が目標の 1 つとして掲げられているが，幼児教育を質の高め子どもたちの発達を支えるためには，幼児教育に関わる保育士の待遇改善や地位向上が必

須と言えるだろう。

3　認知的な発達

■［1］スキーマの同化と調整

　ここでは認知的な発達理論として有名なJ. ピアジェの認知発達論について紹介する。ピアジェは人間の知的な側面の発達について体系的にまとめた認知発達論を提唱した。ピアジェによると，人間の認知発達は，スキーマ（フランス語ではシェマと読む）の同化と調整により促されるという。スキーマとは認知的な枠組みのことである。同化はスキーマを新しいことに当てはめること，そして調整はスキーマを変容させることを指す。たとえば，自宅リビングでつかまり立ちを始めた乳児がいるとする。この子は立ち上がるというスキーマを獲得している状態である。一人で立ち上がるのが楽しくていろいろな場所で試すようになっている。あるとき，布団の上で立ち上がろうとした。リビングとは違い，布団は柔らかく不安定で今までどおりやってもうまく立ち上がれない。何度も試しながら，力の入れ具合を試行錯誤し，何とか立ち上がれるようになった。この例において，立ち上がるというスキーマを布団場面に当てはめたことが同化であり，これまでの立ち上がるスキーマを変容させたのが調整ということになる。こうしたスキーマの同化と調整が，スキーマをより高次のものに変容させていくのである。

■［2］ピアジェの認知的発達段階

　ピアジェは人間の認知発達を5つの段階に分けて捉えている。それぞれ順に感覚運動期，前操作期，具体的操作期，形式的操作期である。以下それぞれの段階の特徴について解説する。

1）感覚運動期（生後〜2歳）

　感覚運動期の子どもは，当然のことながら言葉に関する機能が未熟で，最初は原始的な反射だけであり，これが最初のスキーマである。対象を感覚や運動を通して（たとえば，見たり・触れたりする），対象に対して理解を広げていく。この時期同じ行動を繰り返す循環反応が特徴である。これは，たとえば，ガラガラを振ると音が鳴る，音が鳴るのが楽しくて，またガラガラを振る，といった反応で，自らの行動と環境との関わりを理解するうえで重要な行動である。そして，対象の永続性を生後8か月頃に獲得する。これは，目に見えていたものに突然布をかけて見えなくしても，そこにものが存在しているということを理解していることである。

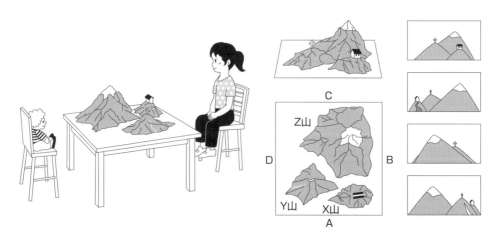

図7-2　3つの山問題（Piaget & Inhelder, 1948）。

2) 前操作期 （2 〜 6 歳）

前操作期になると，表象が出現する。表象とは心的なイメージのことで，目の前にないものこと想像できるようになる（表象の出現とともにごっこ遊びがさかんにおこなわれる）。また，この時期になると言語が発達してくる。一方で，思考は直感的かつ自己中心的であり，他者の視点から物事を理解するのはまだ難しい。たとえば，3つの山問題（**図7-2**）について，人形から見えている風景を尋ねると，自分が見えている風景を回答する。

3) 具体的操作期 （7 〜11 歳）

具体的操作期になると，子どもは保存の概念を獲得する。保存とは見た目や形状が変わっても本質は同じであるという概念である。**図7-3**にあるように，同じ量の液体が入ったグラスのうち1つを背が高い細身のグラスに移し替え，どちらが多いかを尋ねると，量は同じだと答えることができるようになる（なお，前操作期の子どもにこの課題を実施すると背の高い方が多いと答える）。この時期の子どもは，液体が注ぎ足されていないこと（同一性），容器の底面が小さくなった分，高くなっていること（相補性），元あったグラスに戻すと同じになること（可逆性）などから保存を説明することができる。ただ，まだ抽象的な概念について理解することは難しいとされている。

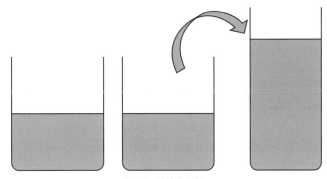

図7-3　液体の保存。

4) 形式的操作期 （12 歳〜）

この時期には抽象的な概念についても理解できるようになり，現実になくとも頭の中にある架空の問題について考えることが可能である（仮説演繹思考）。この段階でほぼ大人と同様の思考が可能になるとされている。

以上，各認知段階の年齢を示したがピアジェの発達段階は概ねどのような文化にも共通し，多少の段階の年齢にズレはあるものの，認知的発達は概ねこの順序で進行すると考えられている。たとえば，形式操作が可能となるには，具体的操作が可能となっていなくてはならない。ちなみに，後の研究では，ピアジェが仮定した時期よりも子どもの認知発達はもう少し早いことが確認されている。たとえば，「心の理論」の研究では，幼児に以下のような問題を実施する（第11章第5節 p.133 参照）。

> 花子さんはお菓子を緑色の箱の中に入れて，どこかに出かけました。花子さんが出かけている間に，お母さんが箱からお菓子を出し，赤色の箱の中に入れました。その後，花子さんが帰ってきて，お菓子を食べようと思いました。花子さんはどこを探すでしょう？

　この課題には自己中心性を脱却していないと解けないため，理論的には具体的操作期に入らないと正解できないと推察される。これについて，4〜5歳頃になるとほとんどの幼児が正解できると言われている。

■ ［3］ 青年期以降の認知的発達

　ピアジェの発達段階で成人と同じ思考が可能になる形式的操作段階は 12 歳頃からとされるが，その後人間の知能の発達はどのようになるのだろうか。人間の知能を捉えるモデルには様々なモデルが存在しているが，知能を結晶性知能と流動性知能に分けて捉える J. L. ホーンと R. B. キャッテルのモデルがある。結晶性知能とは，知識量（語彙など）を指し，流動性知能は，抽象的問題解決などの能力を指す。K. W. シャイエは長期的な縦断調査によって両方の知能は加齢とともに衰えていくが，流動性知能の方がそのスピードは速く 20〜30 代をピークに衰えはじめることを報告している（**図 7-4**）。結晶性知能は成人後も少しずつ増えてゆき 60 代後半になると徐々に衰え始めるがそのスピードは緩やかである。他のデータでも同様の傾向が確認されている。

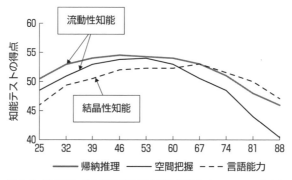

図 7-4　流動性知能と結晶性知能の発達的変化（Schaie, 1994 をもとに作成）。

4 心理・社会的発達

■ エリクソンの心理・社会的発達理論

　ピアジェの認知発達理論は青年期までの発達理論であったが，E. H. エリクソンは人間のアイデンティティの発達について，生涯にわたる発達理論を展開した。この理論は S. フロイトの発達段階論に影響を受けているものの，個人のアイデンティティは他者や社会・文化との関わりのなかで発達するとしているところが興味深い点である。このことから，エリクソンの発達理論は心理・社会的発達理論と呼ばれる。彼は，人生を 8 つのステージに区切り，それぞれの段階で危機（crisis）と呼ばれる発達課題を設定した（**表 7-1**）。

　危機とは，それぞれの段階における肯定的な側面と否定的な側面のバランス関係を示す。青年期を例にとると，自我同一性の確立が肯定的側面で，否定的な側面が自我同一性拡散である。青年期にはこれら 2 つの側面が拮抗しあって存在していて，わずかでも肯定的側面が否定的な側面を上回ると，生きていくうえでの活力となりその後適応的な発達につながると考えられている。

　ステージ 1 （乳児期）：基本的信頼 対 基本的不信　　この時期はこの世に生を受け，養育者に空腹を満たしてもらう（授乳してもらう）おむつを交換してもらうなどを通じて養育者と

表7-1　エリクソンの心理的危機一覧

	1	2	3	4	5	6	7	8
老年期								統合 対 絶望
成人期							生殖性 対 停滞	
前成人期						親密性 対 孤立		
青年期					同一性 対 同一性拡散			
学童期				勤勉性 対 劣等感				
遊戯期			自主性 対 罪悪感					
幼児期		自律性 対 恥・疑惑						
乳児期	基本的信頼 対 基本的不信							

（Erikson, 1950 より）

の信頼関係を深めるという時期である。愛着の発達でもそうであったが，この時期は人生の中でも特に重要な時期と考えられ，乳児の反応に対する穏和な継続的対応は乳児がこの世は信頼に足るものだという基本的信頼の感覚を養っていく。一方で，乳児に対する否定的な対応は乳児に対して他者に対する不信感を生じさせるとされている。

　ステージ2（幼児期初期　1～3歳）：自律性 対 恥・疑惑　　この時期になると，幼児は自分自身の身体をコントロールし始め，身の回りのこと（食事，着替え，トイレ）が少しずつ自分でできるようになってくる。この自分でできるという感覚が自律性にあたる。一方で，親のしつけが厳しい（たとえばトイレットトレーニングで失敗するときに過度にきつくあたるなど）場合や早すぎる場合，子どもは自分自身の行動を制御できているという感覚を失い，自分自身の能力に疑惑を抱くことになる。

　ステージ3（幼児期後期　4～6歳）：自主性 対 罪悪感　　この時期の子どもは認知機能や身体機能の発達が進み，自分の力で色々な行動を起こすようになる。興味旺盛で，積極的に外部に働きかけるようになる。こうした積極的なかかわりは時に，規範から逸脱した危険なものにもなりかねない。たとえば，買い物先で興味の向くまま歩きまわり，迷子になってしまう，おもちゃの取り合いで友だちと喧嘩してしまうなど。このような場合は，親から叱られるであろう。周りに対して積極的にかかわり合うことと，叱られるのではないかという罪悪感が発達課題となる。

　ステージ4（学童期）：勤勉性 対 劣等感　　小学生期に該当し，この時期には，当然学校での勉強がはじまり，勉強を始め社会的に価値づけられたものに従事することが求められるよ

うになる。こうしたことについて勤勉に取り組むことと，一方で，社会比較の能力も発達して
くることで，自分が周りよりも劣っていると考えることにより劣等感を経験する。

　ステージ5（青年期）：同一性 対 同一性拡散　　青年期の発達課題はアイデンティティの
確立にある。アイデンティティとは自分自身とは何かという感覚のことである。この時期は
「自分はどのような人間か，そしてどのように生きていくのか」という問いに対して自分なり
の答えを模索する時期とされる。私たちには家庭の中，友人関係，そして社会の一員としてな
ど，様々な文脈での自分が存在している。この時期にはそれまで社会から受け入れてきた価値
観について，自分なりの意味づけをし直す必要がある。また，進路の問題や職業の問題などこ
れからの人生を生きる大人として様々な壁に当たる時期でもある。このように子どもから大人
への狭間で揺れ動きながら，自分自身に対して肯定的な意味づけができた場合，アイデンティ
ティ確立につながる。アイデンティティ確立の失敗は拡散と呼ばれ，自己像のゆがみにつがな
り不適応になるとされる。

　なお青年期には失敗しても「まだ学生だから」などと，社会から大人としての責務が免除さ
れている部分があるであろう。これはモラトリアムと呼ばれ，アイデンティティ確立までの猶
予期間と捉えられる。

　ステージ6（成人期前期）：親密性 対 孤立　　成人期前期の発達課題は親密性を獲得する
ことである。仲間と深い交流をしたり，他者と恋愛関係に発展したり，さらには結婚というラ
イフイベントも起こる。これらを通じて他者とアイデンティティの融合を図る。親密な関係を
築けない場合には，孤独感を感じることになる。

　ステージ7（成人期後期）：生殖性 対 停滞　　この時期になると，家庭においても職業上
においても責任が増えてくる。自分の子どもや職場での部下など若年世代への育成に注力する
ことが求められる。こうした他者への貢献を通じて生産性を獲得していく。一方こうした他者
への奉仕に対して取り組めない者は，停滞を経験する。

　ステージ8（老年期）：統合 対 絶望　　老年期は人生最後のステージで，人は自分自身の
人生を振り返ることになる。これまでの人生における危機をうまく乗り越えていた場合，人生
を肯定的に受け止め，統合することができる。統合とは人生における達成感や充実感の感覚を
指す。こうした統合の感覚をもつことで，やがて訪れる死を受け入れることができるが，これ
までの発達課題の達成が不十分な場合，人生を後悔し，絶望を経験することになる。

　なお，エリクソンの理論における危機は，当該の発達段階で特に問題が顕著になるものの，
その他の各発達段階にも潜んでいるとされる。つまり，**表7-1** の各危機の上下は空欄になって
いるが，基本的にそれら上下すべてに危機は存在していると考えるのである。たとえば，基本
的信頼 対 基本的不信は，乳児期の主要な問題であるが，幼児期にも学童期にももちろん老年
期にも関わると考えられる。また，人生最後の統合 対 絶望についてもその時だけに問題にな
るのではなく，それまでの人生の積み重ねが最後に重要になってくると考えることになる。

コラム8　老年期の特徴

知　恵
　現代の日本社会は高齢化が進み，2019年度の人口全体に占める65歳以上の高齢者が占める割合（高
齢化率）は28.8%で，今後高齢化率は上昇化の一途をたどる。年を重ね経験を積むなかで培われ高齢者
が有すると考えられている能力・性質の1つに知恵（wisdom）がある。春日と佐藤は，これまでの知
恵の研究を概観し，知恵には機能的側面（分析的側面）と構造的側面（総合的側面）があることを指摘
している。機能的側面とは，実利的な問題解決のための知識量や情報処理能力を指す。たとえば，生活
の知恵のように日常生活の工夫がこれにあてはまる。筆者が子どものころ，祖母が夕方の東の空を見て，

翌日の天気を言い当てたことがあり驚いた記憶がある。他にも，他者からアドバイスを求められて，問題解決の知識を伝授することなども挙げられるだろう。構造的側面とは，知恵の1つひとつの能力でなく，その根底にある心理体系そのものに関することを表す。イメージ的には達観したものの捉え方ができる人物を知恵があると見なすことになるだろうか。春日らの表現を借りると，真理を見きわめ善悪を分別する心の作用としている。

　P. B. バルテスらは，知恵について，20〜89歳を対象に調査している。ここでの知恵とは，春日らの機能的側面を反映すると考えられる。その結果，短期記憶といった認知能力は年代ごとに著しく低下するのに対して，知恵については成人期を通じて安定しており，徐々に低下するものの大きな衰えはなかった。直感的には老年期ほど知恵が高くなりそうだが，そうした上昇も見られないようである。こうした知恵は認知的側面を反映するので，老年期に衰えるのは自然なことで，むしろそれが緩やかなことは驚くべきことなのかもしれない。

認知症

　老年期に特徴的な認知的な障害で社会的問題となっているものに認知症がある。2012年には65歳以上の約7人に1人（有病率15%）が認知症を有しており，2025年には5人に1人になると予測されている（内閣府）。認知症の中核症状として，記憶障害，見当識障害（時と場所が分からない），実行機能障害（段取りが立てられない），失行・失語・失認，などが挙げられる。

　認知症にはいくつか種類があり，主なものにアルツハイマー型，血管性認知症，レビー小体型が存在する。このうちアルツハイマー型と血管性認知症で全体の6割〜7割を占めると言われている。アルツハイマー型は脳の萎縮が起こるもので，血管性認知症は脳出血に伴い起こる。レビー小体型は，脳内にαシヌクレインという物質が沈着することで起こる。幻視（実際にないものが見える）がレビー小体型の特徴である。なお，認知症を簡易的にスクリーニングするのに用いられる代表的な検査に長谷川式認知症スケールがある。これは以下の9項目からなる。

　1. 年齢，2. 日時の見当識，3. 場所の見当識，4. 3つの言葉の記銘，5. 計算（100から順に7を引く），6. 3桁，4桁の数字の逆唱，7. 4. で記銘した言葉の再生，8. 5つの物品の記銘，9. 野菜の名前（言語の流暢性を確認）

　詳細な配点は割愛するが合計30点満点で，20点以下で認知症を疑う。

　認知症には誰でもなる可能性があり，なった本人もそれを支える家族も生活上の困難が生じえる。これからは，認知症を予防（発生を遅らせる）し，認知症になっても希望もって暮らし続けられる社会の実現が求められる。これらを実現すべく認知症施策推進大綱がまとめられ，弾力的な施策を推進していくことが述べられている（厚生労働省）。

5　発達における環境の重要性

■ [1] ブロンフェンブレンナーの生態学的発達理論

　発達を考えるうえで，環境要因は大きな要因である。子どもの発達を個人を取り巻く生態学的環境（物理的・心理的環境）の側面から捉えようとしたのが，U. ブロンフェンブレンナーである。彼は個人を取り巻く環境について，親などの直接的なものから文化など間接的なものまで階層構造をなすとして捉えている。そして，それらの要因が直接あるいは相互作用して個人の発達に影響を及ぼすものとして，マイクロシステム，メゾシステム，エクソシステム，マクロシステムという4つのシステムを仮定している（図7-5）。

　まず，マイクロシステムとは，個人に直接関わる場所や人を指す。図7-5では，家族や友達そして学校などが該当する。メゾシステムとは2つ以上のマイクロシステムが関わるところである。たとえば，家族と学校との関わり（PTAなど）や，友達と学校をつなぐ場としては，近隣地域などが挙げられる。親と友達については，ママ友パパ友関係などが思い浮かぶだろう。エクソシステムとは間接的に関わるもので，親の職場や自治体や地方の産業などが該当する。最後に，マクロシステムは個人を大きく包含するもので，国家や文化などがそれにあたる。このように個人は生態学的環境にいる限り，様々な環境からの影響を受けると考えられる（第8

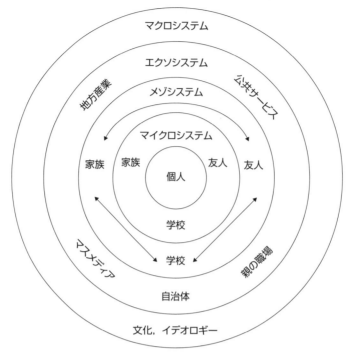

図7-5　ブロンフェンブレンナーの生態学的発達論（加藤，2017 および Vélez-Agosto et al., 2017 を参考に作成）。

章第8節参照）。

■ [2] 発達と貧困

1) 相対的貧困

　生涯を健康で過ごすための大前提として，文化的な生活が保障され経済的に困窮しないことが挙げられるだろう。ちなみに，SDGs の第1目標に貧困の根絶が設定されている。貧困というイメージは日本社会とかけ離れたものだと思う読者が多いかもしれないが，日本の子どものうち，おおよそ6人に1人が相対的貧困家庭で暮らしている。相対的貧困とは，その国の生活水準と比較し，適正な水準での生活を営むのが困難な状態のことである（阿部；松本ら）。具体的には，可処分所得（手取り収入を世帯人数で調整した値）について，日本の全世帯の中央値の半分以下（貧困線と呼ぶ）を相対的貧困[1]と定義する。こう言っても分かりにくいかもしれないので具体例を挙げると，両親と子どもの3人家族の場合，税込み年収257万円未満がこのラインにあたる[2]。ここから税金，日々の食費や居住費，子どもの学費などを差し引いていくと文化的な生活を送るのは厳しいと言わざるをえないだろう。なお，相対的貧困に対して，絶対的貧困は食べ物がないなど，生存条件を脅かす状態の貧困を指す。こちらは一般的に想像しやすく分かりやすい貧困と呼べるのではなかろうか。一方で，相対的貧困は外側からは見えにくい貧困と言えるかもしれない。

2) 子どもの貧困の影響

　貧困は子どもの発達に様々な影響を及ぼす可能性がある。たとえば，経済状況が悪い家庭の

1)　第8章第8節「家族」（p.97）参照
2)　2019年国民生活基礎調査データをもとに推計した値である。

子どもほど，抑うつや不安，自殺企図のリスクが高く，問題行動が高いなど心理的 well-being に問題を抱えやすいことが知られている。また教育についても，上記の貧困線近くの家庭の子どもは，学費の面から大学進学は著しく困難である。塾などの教育費についても家計を圧迫しかねず，こうしたハンディキャップが学力格差の一因にもなっていると考えられている。また，家での生活が苦しいがため，学校の準備などになかなか手がまわらず（宿題を忘れるなど），教師に叱責されてますます意欲が削がれることも考えられる。SDGs の第 4 の目標に質の高い教育が挙げられているが，子どもの貧困は高等教育を受ける権利（あるいは質の高い教育も）を剝奪しうる。

　子ども時代の貧困は子どもが成人してからも影響し（たとえば，学歴などから選べる職種が限られるなど），さらには貧困が世代を超えて連鎖することが指摘されている。わが国の喫緊の課題として，こうした子どもの貧困を解決すること，そして貧困の世代間連鎖を断ち切ることが挙げられる。

　子どもの貧困のためにできることは，マクロな視点では福祉政策に働きかけるのはもちろん，子どもの発達に関わる大人一人ひとりができることもある。学校現場に関わる者（教師や公認心理師）であれば，日ごろから子どもの様子に気をかけ，何かサインがあれば児童相談所や福祉関連の行政サービスの窓口につなぐことが重要である。困窮する家庭のなかには，すでにある援助施策（たとえば，就学援助や児童扶養手当，さらには生活保護）などについて知らない世帯も一定数あると考えられる。また，日ごろの子どもの学びや学校生活の態度にもこうした経済状況が背後にあることを念頭におきながらケアしていくことも必要であろう。

読書案内

加藤 弘通・岡田 智（2019）．子どもの発達が気になったらはじめに読む発達心理・発達相談の本　ナツメ社
　　子どもの発達における諸問題にフォーカスし実践的に書かれている。文章は平易で読みやすく，かつ専門的な内容も学べるため初学者に薦めたい。

近藤 幹夫・幸田 雅治・小林 美希（2021）．保育の質を考える　明石書店
　　幼児教育の充実は，その後の子どもの発達に大きく関連する。日本の保育の問題点について具体的な知見や改善案が示されている。幼児教育の重要性や保育の質について学びたい方に薦めたい 1 冊である。

阿部 彩（2008）．子どもの貧困：日本の不平等を考える　岩波書店
　　子どもの貧困について日本で最初に問題提起したものの 1 つである。著者は発達心理学者ではないが，子どもの発達や貧困の連鎖について網羅的に述べられている。続編も刊行されているので併せてお薦めしたい。

第8章
社会，集団
[SDGs: 1, 2, 8, 9, 11, 13, 17／公認心理師：11]

横山ひとみ［1-5節］／仲嶺　真［6-8節］

　私たちは社会の中で生きている。それゆえ，私たちは様々なレベルの環境に影響を与え，また私たちは環境から影響を受けている。たとえば，情報通信技術（ICT）の発展によって，街の公衆電話の多くは姿を消し，私たちは一人一台スマートフォン（または携帯電話）を所有するようになった。そして，Twitter や YouTube，LINE などのソーシャルメディアを日々の生活において高頻度で利用するようにもなった。このように社会に新たにもたらされた技術によって，私たちはいつでも，どこでも，誰とでもつながることができるようになり，暮らしは便利で豊かになったが，ネット依存症やディジタルデバイド[1]などの問題も生じており，私たちの人と人の関わり方に変化が生じてきている。今後もこのあり方は変化をし続けるであろう。また，COVID-19 のパンデミックによって，対面を基本としたコミュニケーションが制限されることになり，その一方でオンラインコミュニケーションへの対応に迫られることとなった。さらには外出自粛といった移動の制限を伴う事態となった。そのため，遠く離れた場所にいる家族や友人と直接会う機会を持てなくなったり，身近な人とも直接顔を合わせたとしても雑談などが減ったり会話時間や回数が減少した人もいるだろう。社会の影響を受けた私たちは，家族や友人，恋人，職場の仲間など人と人とのつながりや，そのあり方，その意味を今一度考え直す必要があるだろう。

　本章前半は第 1 節から第 5 節で構成されている。第 1 節から第 3 節では，人と人が結びつくきっかけとなりうる対人認知や結びつく手段となる対人コミュニケーションについて扱う。私たちは相手とメッセージを交換して意思疎通を図ろうとしているが，それにはどのような機能があるのだろうか。また，その機能の一部である説得を受けた場合に，どのようなプロセスを経て心が動かされるのであろうか。これらの問いについて解説する。第 4 節と第 5 節では，対人魅力と対人関係について扱う。あなたは心を許せる対人関係を持っているであろうか。他者と関わることで喜びや楽しみを共有することができる一方，対人関係に悩みストレスを抱える人がいることもまた事実である。これらの節では，対人関係の親密化のプロセス（開始・維持・発展）には，どのような要因が関与しているのかについて解説する。

　本章後半の第 6 節から第 8 節では，まず，私たちが何かしら所属している集団について扱う。スマートフォン（あるいは携帯電話）を使いこなすようになった現代とそれ以前の人間関係の特徴と集団の関係はどのようになっているであろうか。次に，文化について扱う。文化という言葉は耳慣れたものになっているが，いったい文化とは何なのであろうか，そして文化をどのようにみるべきなのであろうかという点を踏まえて解説する。最後に，家族について扱う。私たちにとって極めて重要な対人関係である家族にはどのような機能があるのか，そしてその機能の功罪とはどのようなものなのかについて解説する。本章後半では，集団，文化，家族という点からそれぞれ解説しているが，集団も家族も文化の現れであるという観点からも，集団，

---

1)　コンピュータを中心とするディジタル機器を使えない層がそれによってディジタル情報環境（主にインターネット）から取り残され，結果として情報格差が生ずる事態のこと。同様の事態が地域や国家の間においても生じている。

家族，文化の関係性について言及する。

　本章では，以上のことを中心として，社会心理学，集団心理学，家族心理学の3つの分野の内容について解説をおこなう。

1 コミュニケーション

　私たちは，たわいもない会話をきっかけに見ず知らずの人と打ち解けたり，友人や恋人，職場の仲間，家族などとはコミュニケーションを重ねることで互いをよりよく理解し，また，相互に影響を与え合う。このように他者とのつながりにおいて，コミュニケーションは欠かすことができない。本節では，対人コミュニケーションとはどのようなコミュニケーションかを説明したうえで，どのような機能があるのかについてみていく。

■ [1] 伝え合うコミュニケーション
1) 対人コミュニケーション
　社会で暮らす私たちは様々な他者とコミュニケーションをおこなっている。岡部によれば，コミュニケーションを個人レベルか社会レベルで見るかにより，個人内コミュニケーション，対人コミュニケーション，集団・組織コミュニケーション，国際コミュニケーション，異文化コミュニケーションに分類されるという。本節では対人コミュニケーションに焦点を当てる。大坊は，「対人コミュニケーションとは，人と人が音声や身体，事物などのいくつかの手がかりを用いて，お互いに心理的に意味のあるメッセージを伝えあうことである」と定義している。また，深田は対人コミュニケーションの本質的な特徴として，①個人と個人の間で交わされる2人でおこなうコミュニケーションであること，②コミュニケーションの送り手と受け手の役割が交代する双方向性があること，③基本的には対面しておこなうコミュニケーションであること，④コミュニケーションをおこなう人の間には何らかの心理的関係があること，の4つを挙げている。このような対人コミュニケーションの定義や特徴を考えると，日常生活における家族や友人，恋人，学校や職場の仲間，初めて出会った人とのコミュニケーションの多くは，対人コミュニケーションに該当する。

2) 対人コミュニケーションの構成要素
　では，対人コミュニケーションを構成する要素とは何であろうか。対人コミュニケーションは，①送り手，②メッセージ，③チャネル，④受け手の4つの基本的要素によって構成される。対人コミュニケーションでは，送り手がメッセージをチャネルに乗せて受け手に伝達するというプロセスが繰り返される。チャネルとは，言葉による発言や身振りなどの伝達手段を意味する。深田が指摘しているように，対人コミュニケーションには双方向性という特徴があるため，コミュニケーションが継続されている間は送り手と受け手は絶えず入れ替わっており，送り手は受け手にもなり，受け手は送り手にもなる。

3) 対人コミュニケーションのチャネル
　私たちは自分が伝えたい情報を，具体的なチャネルに表した記号というメッセージに変換し，受け手に伝達する。これを記号化と言う。一方，受け手は，送り手が記号化したメッセージを受け取り，そのメッセージの意味を解釈する。これを解読と言う。送り手が発したメッセージそのものに意味が存在するのではなく，受け手がメッセージを解読することによってはじめて意味が生じる。

　図8-1に対人コミュニケーション・チャネルを示した。図8-1を見て分かるように，対人コ

ミュニケーション・チャネルは複数あり，送り手はこれらのチャネルを組み合わせることで効果的にメッセージを伝達しようと試みる。また，受け手は送り手の発信したチャネルを手がかりとして送り手の意図を過不足なく理解しようとする。対人コミュニケーション・チャネルには，①言葉で表された発言内容やその意味である言語的チャネル，②言葉に随伴する声の大きさや話す速さ，間の置き方などのパラ言語，③視線や顔の表情，ジェスチャーなどの身体動作，④対人距離や着席行動などのプロクセミックス（空間の行動），⑤服装や化粧などの人工物の使用，⑥家具や照明などの物理的環境といった種類がある。チャネルに応じて，コミュニケーションの形態が分類され，①は言語的コミュニケーション，②〜⑥は非言語的コミュニケーションと呼ばれる。このように，対人コミュニケーションは多様なチャネルを通じておこなわれるが，メッセージをどのチャネルに乗せて伝達するかは対面なのか電話なのかといったメディアによって限定されるため，その状況に応じて使用可能なチャネルを送り手はメッセージを伝達する手段として利用することとなる。

```
対人コミュニケーション   音声的 ┌ 1）言語的　（発言の内容・意味）
・チャネル                      └ 2）近言語的（発言の形式的属性）
                                      a. 音響学的・音声学的属性
                                         （声の高さ，速度，アクセントなど）
                                      b. 発言の時系列的パターン
                                         （間のおき方，発言のタイミング）

                         非音声的 ┌ 3）身体動作
                                      a. 視線
                                      b. ジェスチャー，姿勢，身体接触
                                      c. 顔面表情
                                   │ 4）プロクセミックス（空間の行動）
                                         対人距離，着席位置など
                                   │ 5）人工物（事物）の使用
                                         被服，化粧，アクセサリー，道路標識など
                                   └ 6）物理的環境
                                         家具，照明，温度など
```

図 8-1　対人コミュニケーション・チャネルの分類（大坊，1998）。

4）対人コミュニケーションの機能

　M. L. パターソンは，対人コミュニケーションには 5 つの機能があるという。5 つの機能とは，①情報の提供，②相互作用の調整，③親密さの表出，④社会的コントロールの実行，⑤サービスや仕事上の目標の促進である。情報の提供とは，送り手が受け手に意図的にメッセージを伝達するというコミュニケーションの基本的な機能である。相互作用の調整とは，スムーズに発話交代ができるように送り手が次話者となる受け手に目を向けるといった会話などを円滑にする機能である。親密さの表出とは，好意や愛情，関心などを伝達することである。社会的コントロールの実行とは，説得や印象管理などの社会的影響過程において，他者に意図的に影響力を与えようとすることである。サービスや仕事上の目標の促進とは，診断や治療を目的として医師が患者に接触するなどの職務や役割を果たすための機能である。これら 5 つの機能は，さらに，コミュニケーション場面のある時点の機能（①と②）と，コミュニケーションの流れ全体を振り返ることで理解できる機能（③〜⑤）に分類できる。

■ [2] 心を動かすコミュニケーション

　対人コミュニケーションの機能として，社会的コントロールの実行について紹介した。ここ

では，この機能に該当する説得について述べる。

1）説得的コミュニケーション

　説得とは，送り手がおもに言語的コミュニケーションを用いて，自分の導きたい特定の方向へ，受け手を納得させながら，受け手の態度（ある物事や状況に対してとる反応や行動の準備状態のこと）や行動を変化させようとするプロセスを指す。説得を目的としたコミュニケーションを説得的コミュニケーションと言う。

　相手を説得していると，自分と相手の意見の食い違いが表面化し，相手との関係を悪化させる場合があるかもしれない。それを回避し，良好な対人関係を構築・維持していくためには，自分の考えを表明しながら，相手を効果的に説得することは極めて現実的で重要である。説得にはもちろん言語的チャネルは不可欠である。そのため，言語的チャネルと連動させながら非言語的チャネルを効果的に使用することが有効であろう。たとえば，言語的チャネルによって伝達されたメッセージの意味を明確化するなどの「補完」機能としての非言語的チャネルや言語的チャネルを強調したり和らげたりする「強調／和らげ」機能としての非言語的チャネルなどを使用するとよいだろう。

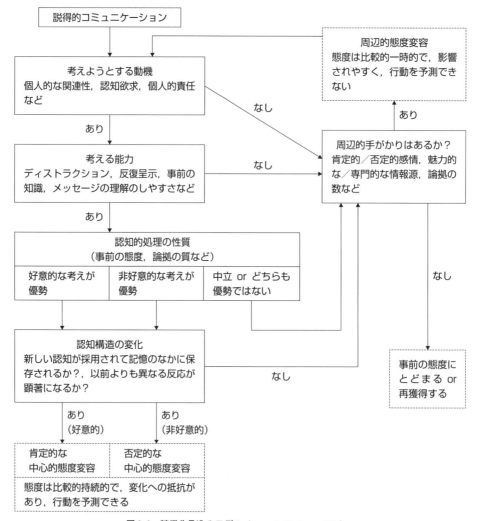

図 8-2　精緻化見込みモデル（Petty & Cacioppo, 1986）。

2) 説得的コミュニケーションの構成要素

説得的コミュニケーションに影響を与える要因として，①メッセージ，②送り手，③状況・文脈，④受け手が挙げられる。メッセージの要因には，メッセージに含まれる論拠が納得いく内容のものであるか，結論を最後にもってくるといったメッセージの構成方法，送り手が導きたい特定の方向のメッセージのみを伝達するなどの呈示方法などがある。一般的には，論拠の質が優れていれば説得は成功するが，受け手にその論拠を理解する能力があることが前提となる。たとえ同じ内容のメッセージを受け取っても，どのような送り手が説得をおこなうかによっても効果が異なる。一般的には，信憑性，魅力，勢力の高い送り手はそうではない送り手よりも説得効果が高い。また，説得がどのような状況でおこなわれるかやメッセージが与えられる文脈によっても効果は異なる。受け手の思考を妨害するような状況下で送り手が説得をおこなう場合や，送り手が説得をおこなう前に説得の話題や立場，説得意図を受け手に予告する場合には説得効果は抑制される。

受け手の要因と説得効果について，R. E. ペティと J. T. カシオッポは精緻化見込みモデルを提唱している（図8-2）。彼らによると，受け手が態度変容に至る経路には，中心ルートと周辺ルートの2種類あるという。説得的コミュニケーションを受けると，メッセージを考えようとする動機づけが高くかつメッセージを処理する能力も高い場合は，説得メッセージ内容そのものをしっかりと吟味し態度変容が生じる（中心ルート）。一方，メッセージを考えようとする動機づけが低いかメッセージを処理する能力がない場合は，メッセージの内容の本質とは関係のない手がかり，たとえば送り手が魅力的な人だからなどといった情報に基づいて態度変容が生じる（周辺ルート）。したがって，中心ルートを経て形成された態度は強固で安定しているが，周辺ルートを経て形成された態度は変わりやすく不安定である。

2 対人認知

私たちは，初めて出会った人や顔は知っているけれど接点がない人などを含む自分の周りの人々に対して，その人について目にした情報（たとえば，身体的特徴やその人の服装，振る舞い）や耳にした情報（たとえば，評判）を手がかりとして，その人に対してある印象を抱いたり，その人の感情状態やパーソナリティ，態度，能力などの内面的特徴を判断したりすることがある。このような働きを対人認知と言う。対人認知は，対人関係の形成・発展プロセスにおいて，対人関係初期の段階から重要になる。本節では，他者をどのような手がかりからどのように理解しているかについてみていく。

■ [1] 印象形成

私たちは見聞きした他者についての情報を手がかりとして，他者に対して「真面目そう」や「優しそう」などの印象を抱く。このように，ある人物に関した断片的で限られた情報を手がかりとして，その人物に対する全体的な印象を作り上げるプロセスを印象形成と言う。ここでは S. E. アッシュの古典的な印象形成の実験を紹介する。実験参加者は「ある人物の性格特性である」と言われた後，2種類の性格特性語のリスト（リストA：「知的な」「器用な」「勤勉な」「あたたかい」「決断力のある」「実際的な」「用心深い」，リストB：「知的な」「器用な」「勤勉な」「つめたい」「決断力のある」「実際的な」「用心深い」）のどちらか一方のリストの単語を順に聞かされた。その後，この人物がどんな人であるかについての印象を回答した。その結果，2つのリストの4番目の単語が「あたたかい」「つめたい」と1語違うだけであるのに，実験参加者はリストBよりもリストAの人物に好意的な印象を抱いていた。つまり，全体的な印象に「あたたかい」「つめたい」という単語が大きな影響を与えていたのである。このように全体的

印象に大きく寄与する情報を中心的特性と言い，そうでない情報を周辺的特性と言う。アッシュはこの実験結果から，ある人物についての全体的な印象は，個々の情報を単に寄せ集めてまとまりが作り上げられるのではなく，「あたたかい」や「つめたい」といった情報のなかの重要な部分を核としてその他情報が体制化されて全体的印象が形成されると考えた。

　アッシュは別の実験で，「知的な」「勤勉な」「衝動的な」「批判的な」「頑固な」「嫉妬深い」という性格特性語リストを準備し，このリストの先頭の特性語（「知的な」）から順番に情報を与えるグループと，その逆の順番（「嫉妬深い」）から情報を与えるグループに分けて，実験参加者に6つの特性語を聞かせ，その人物の印象を回答するように求めた。その結果，リストはまったく同じ内容の特性語だったにもかかわらず，その特性語が与えられる順番によって，全体的な印象が異なっていた。先頭から順番に情報が与えられたグループでは好意的な印象が抱かれたのに対して，逆の順番から情報が与えられたグループでは好ましくない印象が抱かれた。この結果は，最初の方に与えられた情報が印象を形成する際に大きな影響を及ぼすという初頭効果を示している。なお，一般的には初頭効果が多く見られるが，認知の物差しを多く持っていないような人の場合には，後に示された情報が重視される（新近効果）ことも知られている。

■ [2] スキーマ

　私たちは「あの人物は真面目だ」と聞くと，その人の性格やその人がある場面でどのように行動するかなどを思い浮かべることができる。それは私たちが過去の経験で獲得した体系だった知識から「真面目な人」について解釈しようとするからである。このように人が経験を通して身につける知識の枠組みをスキーマと言う。スキーマには4つあり，他者のパーソナリティやその人の目標についての知識である〈人スキーマ〉や自分自身の様々な特徴や属性についての知識である〈自己スキーマ〉，社会的カテゴリーや役割の人についての知識である〈役割スキーマ〉，ある社会的状況でおこなわれる一連の行動や出来事の系列についての知識である〈事象スキーマ〉がある。このように個々人の経験も他者をどのように理解するかに影響するのである。

3　認知の一貫性

　私たちは日常場面で，様々な対象に対して自分自身の意見や態度を決定し表明することがある。人は態度対象に関して自分が持つ認知要素が相互に矛盾しないように自分の態度を決定すると考えられている。本節では，このような認知的一貫性理論に関わるバランス理論と認知的不協和理論について紹介する。

■ [1] バランス理論

　F. ハイダーは態度に関する理論としてバランス理論を提唱した。この理論は認知的均衡理論やP-O-X理論とも呼ばれる。バランス理論では（図8-3），Pを自分自身，Oを他者，Xを事物とし，POXの三者の心情関係を表している。図8-3のPOXをつないでいる矢印の外側にあるプラスの符号は心情関係が好意的であることを，マイナスの符号は心情関係が非好意的であることを表している。この3つの心情関係の符号の積が正であれば均衡状態，負であれば不均衡状態である。不均衡状態に陥れば，その不均衡を解消する方向に動機づけられる。たとえば，私（P）はネコ（X）が大好きであり（PからXの符号はプラス），また私（P）は恋人（O）に好意を持っている（PからOの符号はプラス）とする。この場合，恋人がネコ好き（OからXの符号がプラス）ならば均衡状態となり態度は安定する。しかし，恋人がネコ嫌い（OからXの符号がマイナス）であれば不均衡状態となり，不快な緊張状態に陥ってしまう。それを解

均衡状態

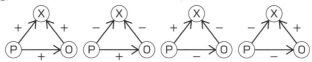

不均衡状態

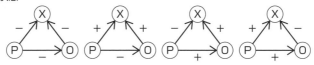

図8-3　ハイダーのバランス理論 (Heider, 1958 をもとに作成)。

消するためにP-X，P-O，O-Xのどれか1つの関係を変化させて三者の関係の積を正にすることによって均衡状態を回復しようとする。

■ [2] 認知的不協和理論

L. フェスティンガーは認知的動機づけに関する理論である認知的不協和理論を提唱した。この理論は，ハイダーの主張する認知要素を拡大し，自己と周囲の環境に関するあらゆる認知要素の間の関係に目を向け，認知要素間に認知的不協和と呼ばれる矛盾や食い違いが生起すると不快な緊張状態がもたらされるというものである。さらに人はそれを低減しようとして，認知要素の一方を変化させたり，新たな認知要素を加えたり，不協和を起こすような情報を回避し協和する情報に選択的に接触するように動機づけられるという。イソップ寓話に「すっぱいぶどう」という物語がある。何日も餌にありつけず空腹なキツネはおいしそうなぶどうがたくさん実る木を見つけ，ぶどうを採ろうと頑張ってみたものの，その努力もむなしくぶどうを諦めざるをえない状況となった。その際に，キツネはそのぶどうはすっぱくてまずいに違いないという言葉を吐き捨て，その場を去っていったという話である。つまり，おいしそうなぶどうを食べたいのに採れずに諦めなければならないという認知的不協和が生起し，その不協和が不快な緊張状態を喚起したので，キツネは味わうことができなかったぶどうをすっぱくてまずいと否定するという認知の変化によって，その不協和を低減しようとしたのである。これは，自分の不本意な行動を合理化したのである。

4 対人魅力

私たちは魅力的な人からの説得には心を動かされる。また，好意を感じる人には，これまで接点がなかった場合は自ら近づいて仲良くなろうとし，接点がある場合はさらに親しくなろうとする。他者に対して感じる好意を対人魅力と言う。対人魅力は対人関係を展開していくうえでの重要な要素である。では，私たちはどのような他者に対して対人魅力を形成するのであろうか。この節では，対人魅力研究から明らかになっている，近接性，類似性，身体的魅力を取り上げて見ていこう。

■ [1] 近 接 性

L. フェスティンガーらは，アパートの住人を対象とした友人関係の調査をおこない，部屋が近い人ほど友人として選択されやすいことを明らかにしている。つまり，物理的に遠くにいる人よりも近くにいる人と親しくなりやすいのである。ではなぜ，近接性が対人魅力に影響を与

えるのだろうか。R. B. ザイアンスは，参加者に様々な人物の顔写真を繰り返し見せ，その後で
その写真の人物に対する好意度を評定するという実験をおこなった。その結果，単純接触効果
が生じ，呈示回数の多かった顔写真ほど好意度が高いと評定された。つまり，単に接触する機
会が増えると，接触したそのものに対する好意が増すのである。空間的に近ければ，他者と顔
を合わせる頻度が高まり，見慣れた存在となった他者に対する親しみが増す。そのような状況
では，他者と同じ情報に接する機会や同じ経験をする機会が多くなり似た態度をもちやすくな
るであろう。また，他者と会うために費やす時間や労力などのコストが少なくなるため，身近
にいる他者に好意を抱くと考えられる。

■ [2] 類 似 性

　D. バーンと D. ネルソンは，自分と他者の態度の類似度と他者に対する魅力との間に正の相
関関係があることを報告している。このような関係を類似性 - 魅力仮説と言う。態度で確認さ
れた類似性と魅力の関係は，社会的地位や感情状態などの他の類似性においても他者に対する
魅力との関係は同様に認められている。つまり，人は自分に似ていない人よりも自分に似た人
にひかれる傾向があるのである。それは，自分と類似している他者は報酬をもたらすからであ
る。他者と考え方が似ていれば意見が対立することはなく自分の正しさを確認できる。そのた
め，自己評価を保持することが可能となる。また，他者と共通点が多ければ，他者の判断や行
動を予測しやすくなり，他者を理解するためのコストが少なくてすむ。さらに，第3節で紹介
したバランス理論によると，類似した他者とは快い均衡状態を保つことができる。したがって，
自分に似た人とは友好的な関係を築きやすく，関係性が進展しやすくなると考えられる。

　自分にはない部分を持つ人に魅力を感じるといった相補性も対人魅力の要因として挙げられ
る。相補性は，両者の価値観などが共有されているからこそ，異なる部分を相互に補い合うこ
とができる。したがって，相補性には基本的な類似性が前提となるのである。

■ [3] 身体的魅力

　他者の態度や感情，価値観など他者についての内面的な情報を十分に得ることができない対
人関係の初期においては，目に見える情報である容貌やスタイル，服装などの外見の特徴が対
人関係を開始しようとするきっかけとして重要となる。容貌については，「かわいい」と表現
される幼児的特徴を持つ顔に対して私たちは好意を抱きやすい。このことをベビーフェイス効
果と言う。他方，成熟した顔からは「美しい」という感情が引き起こされ，性的関心が高く評
価される。ところで「美しい人は良い人である」といったステレオタイプを持つ人がいるかも
しれない。ステレオタイプとは，ある特定の集団に属していたり社会的カテゴリーに入る人た
ちに対して，人が共通に持っていると信じているある特徴のことであるが，「かわいい」や「美
しい」などの高い身体的魅力を持つ人は，身体的魅力以外についても良い性質を持っていると
結び付けられやすい。

　恋愛関係の形成においても，やはり身体的魅力の重要性が認められている。E. ウォルスター
らは男女大学生間の身体的魅力と好意度の関係を明らかにするためにコンピュータ・ダンス実
験をおこなっている。彼女らは，大学生の新入生歓迎イベントとしてダンスパーティを開催し，
新入生はそのパーティに参加した。参加者が自分の興味のあるものやパーソナリティなどにつ
いてのアンケートに回答している間に，彼らの外見的な魅力度が実験協力者によって密かに評
価されていた。パーティではランダムに決定された男女でペアを組みダンスをおこない，その
後，参加者はダンス相手に対する好意度やその相手とデートをしたいと思うかについて尋ねら
れた。ウォルスターらは，デートの相手として選択される人は自分の魅力と同じぐらいの人で
あろうと予想していたが，実験の結果は，ダンス相手の魅力度が高いほど相手に対する好意度

が高く，また，魅力度が高い人がデート相手として選択されていた。このように異性のデート相手を選択する段階では，自分と相手の魅力度に釣り合いは見られず，自分の魅力度と同程度の人をデート相手として選ぶ傾向は見られなかった。しかし，実際に交際中のカップルの魅力度を調査すると，男女間の魅力度は類似する傾向があることが確認されている。

5 対人関係

　友達や恋人と仲良くなったプロセスを振り返ってみると，出会ってすぐに意気投合したという場合もあるだろうし，時間をかけて徐々に互いについての理解を深めながら仲良くなったという場合もあるだろう。出会いから人々はどのような段階を経て親密になっていくのであろうか。第1節で述べた対人コミュニケーション・チャネルや第4節で紹介した対人魅力とどのような関係があるかについて触れながら，対人関係の成立から崩壊までの過程を見ていこう。

■ [1] 対人関係の成立と自己開示

　対人関係の親密化プロセスには大きく2つの考え方がある。1つ目の考え方は，親密な関係になるかどうかは出会いの初期に決まるとする初期分化説である。山中は，大学生の友人関係の親密化過程を検討するために，入学式から1週間，2週間，4週間，約2か月半の時点で縦断的な調査をおこなっている。その結果，出会いから2週間時点の関係に対する親密度から2か月半後の関係の親密度を予測できることが示された。つまり，出会ってからたった2週間という短い期間で今後の関係性が決まっていたのである。

　もう1つの考え方は，親密な関係とそうではない関係が時間経過とともに少しずつ分化していくとする段階的分化説である。I. アルトマンとD. A. テーラーは，社会的浸透理論を提唱し，相手との関係性に応じた内容の自己開示がなされると指摘している（図8-4）。自己開示とは，自分についての情報を主として言語を介して正直に相手に伝達することを言う。社会的浸透理論では，相手との関係性が深まるにつれ，狭い領域での表面的な相互作用から広い領域での内面的な相互作用へと段階的に移行すると仮定している。初対面の人同士の会話では，自分の好きな食べ物やお気に入りの音楽の話など，表面的で浅いレベルの自己開示がおこなわれる。一方，親友同士の会話では，深刻な悩みやできれば他人には知られたくない秘密を打ち明けたりと，深いレベルの自己開示がおこなわれるようになる。対人関係が深まってくると，内面的な深いレベルの自己開示の返報性が増加する。このように自己開示には返報性があることが知られているが，なぜ自己開示の返報性は生じるのであろうか。相手から自己開示を受けると，相手が自分を信頼してくれているや相手が自分に好意を持ってくれていると思うかもしれない。その結果として，相手に対する信頼感や好意が高まり，相手と同程度の自己開示をしようとする傾向が強まるのである。

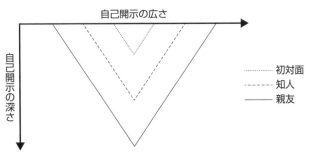

図8-4　社会的浸透理論（Altman & Taylor, 1973 をもとに作成）。

■ [2] 対人関係の展開

　具体的な対人コミュニケーション・チャネルによって，対人関係の進展に伴う親密さが表出される。親密さを伝達する際には，コミュニケーションの直接性（活動性の高さ）が高まる傾向がある。好意を抱く相手に対しては，話す時間が長くなったり，相手をじっと見つめたり，相手との対人距離を短くとったり，相手の正面に身体を向けたり，前傾姿勢をとったり，相手の身体に触れたりといったチャネルを用いて好意を伝達する。大坊は，好意とコミュニケーションの直接性との間には，必ずしも直線的関係のみがあるのではなく，条件つきの直線関係と曲線関係が見られることを指摘している。対人関係の形成段階や発展段階においては，相手を理解して関係性を深めたいという動機が高まっている。そのため，好意がコミュニケーションの直接性を高め，また直接性の高まりが好意を高める。対人関係が築かれ，関係が安定した段階では，対人関係が一方的なものから相互的なものへと変化するため，あえてコミュニケーションの直接性を高めずとも両者の理解はなされており，その段階ではメタ・コミュニケーションが発揮されると考えられる。

　B. I. マースタインは出会いから対人関係の親密化プロセスについて，特に恋愛関係に焦点を当て，男女の出会いから結婚に至るまでには3段階の対人関係の進展があるとしたSVR理論を提唱している。この理論では，刺激（stimulus），価値観（value），役割（role）の3つの要因が重視されている。まず，男女の出会いの段階では，視覚的な情報である相手の容貌やスタイルなど相手の外見に魅力を感じる。つまりこのS段階では，出会った相手から受ける刺激が重要となる。次に，男女が交際するようになった恋愛関係の中期になると，二人で一緒にいる機会が増えるため，互いの態度や価値観の類似が必要となってくる。互いの類似性が認められれば，いらぬ喧嘩を避けることができ，一緒に楽しく過ごすことができる。このV段階では，恋人同士が態度や価値観を共有することが重要となる。最後に，結婚に至る交際の最終段階であるR段階では，互いの価値観などが似ているだけではなく，互いの役割を分担して行動することが必要となる。マースタインの対人関係の親密化に関する理論は，恋愛関係だけではなく親密な対人関係である友人関係にも適用できるであろう。

　G. レヴィンジャーは長期的な対人関係のモデルであるABCDEモデルを提唱している。このモデルもSVR理論と同様に対人関係の親密化の過程（対人関係の構築，発展，維持）を示しているが，それに加えて対人関係が崩壊に至る過程も説明している点が特徴的である。このモデルは，対人関係は，A：関係の初期段階（attraction），B：関係構築の段階（building a relationship），C：関係継続の段階（continuance），D：関係崩壊の段階（deterioration），E：関係終焉の段階（ending）をたどるとするものである。Aの段階では，相手の魅力が重要となる。Bの段階では態度などの類似性が影響を及ぼす。Cの段階ではコミットメントが重要となる。Cの段階の関係の継続状態によって次の段階への移行が変わってくる。Cの段階において，相互依存で満足のいく関係性を成長し続けられるのであれば，どちらか一方が死を迎えるとEの段階に進む（この場合はDの段階は経ない）。対人的葛藤などが生じることにより不安定な関係が続いている状態や，関係が発展していかず停滞している場合はDの段階へ関係が移行し，その後の関係は悪化の一途をたどりEの段階に進む。

　第1節から第5節までをまとめておく。私たちは，友人，恋人，職場の仲間，家族など様々な人々とのつながりの中で生きている。様々な関係性は私たちがこの世に誕生したときに用意されているものではなく，自ら構築していく必要がある。そのために不可欠な対人コミュニケーションについて説明した。対人コミュニケーションは対人関係に伴って変化し，さらに対人関係の進展には私たちが他者に感じる魅力が重要であることを述べた。対人関係の展開は，必ずしも自分と相手が良い方向に進むわけではなく，悪い方向に進む場合もある。対人関係に悩

んでいる場合は，その解消のために自分のコミュニケーションについて自覚的に振り返ってみてはどうだろうか。

　さて，ここまでの節では二者の関係に重きをおいてきたが，以降の節では，関係性を拡張した家族，集団，文化の視点を導入する。

コラム9　社会的スキル

　私たちは他者に自分の気持ちを伝えたり，相手の態度や行動を変化させようとするなどのコミュニケーションをおこなっている。誰とでも円滑にコミュニケーションをこなしている人もいれば，伝えることがままならない引っ込み思案の人や，強がって一方的に主張をする自分本位の人もいる。私たちは他者とのかかわりの中で暮らしているため，対人関係の構築や維持につながる他者とうまくつき合っていく技術は重要である。このような対人関係に関するスキルを社会的スキルと言う。

　社会的スキルの学術的定義は様々である。相川は，社会的スキルの定義を分類し，定義には行動的側面を強調する視点や能力的側面を強調する視点などがあるという。また，相川は，「社会的スキルを行動と能力を含めた一連の過程として捉え，社会的スキルを，対人場面において，個人が相手の反応を解読し，それに応じて対人目標と対人反応を決定し，感情を統制したうえで対人反応を実行するまでの循環的な過程である」と定義している。

　社会的スキルについて，M. アーガイルは運動や自動車の運転，楽器の演奏といった運動スキルと社会的スキルが類似していることを指摘している。つまり，テニスや車の運転は練習を繰り返せば上手にできるようになるように，社会的スキルも繰り返し学習することによってそのスキルが身につく。そのため，社会的スキルはトレーニングによって向上可能であると考えられており，社会的スキル・トレーニングに関する研究や実践がなされている。

　では，対人関係に関わるスキルには具体的にどのようなものがあるだろうか。菊池は，行動や状況の分類から100のスキルを示している。100のスキルとは，基本となるスキル，感情処理のスキル，攻撃に代わるスキル，ストレスを処理するスキル，計画のスキル，援助のスキル，異性とつきあうスキル，年上・年下とつきあうスキル，集団行動のスキル，異文化接触のスキルの10種類に分類され多岐にわたる。たとえば，基本となるスキルには，聞く，会話を始める，会話を続ける，質問をするといった，いろいろな場面で必要とされる基本的な行動スキルが含まれている。大坊は，社会的スキルは階層性をもつことを指摘している。対人コミュニケーションの基礎的なスキルである記号化や解読，統制といった基礎的スキルの上に，説得や自己主張，関係開始などの特定スキル，その上位のスキルとして組織における集団の円滑な運営や異文化への適応など，一定の目的のもとに組織的に実行される目的的スキルがある。

　社会的スキルを発揮するためには，対人コミュニケーションの記号化と解読が基礎となる。言葉を使って何を言うのかだけではなく，非言語的チャネルを使ってどのように表現して伝えるのかが重要となる。互いを尊重しながら自分の意見を相手に伝えるアサーション場面における非言語的チャネルの使用について，相川はチェックリストにまとめている。具体的には，相手と適切な距離をとること，自分の顔を相手の顔の高さと同じ位置とすること，相手に身体を向けること，軽い前傾姿勢をとること，話の内容に合った表情をすること，滑らかに手を動かすこと，普段より少し大きめの声で話すこと，安定した声の高さで話すこと，流暢に話すこと，適切な間をとることがアサーション場面では効果を発揮する。言語的チャネルを通して自分の意見を相手に伝えることは，ともすれば相手にとっては耳の痛い内容であるため，心理的リアクタンスを生じさせ，両者の対人関係に亀裂が入る可能性も考えられる。送り手が非言語的チャネルを効果的に使って相手に配慮した伝え方をすることで，受け手の理解を促し，さらには納得させることにつながり，円滑な対人関係を継続することが可能となるであろう。

---

6 集　団

　人間は常に何らかの集団に所属してしか生きていけない。例外はあるかもしれないが，生まれるときには「家族」という集団に所属しているし，育つためにも何らかの集団に所属しなければならない。成長するにつれて，友だちグループとの関係が大切になってくるし，就職したら職場関係が大事になってくる。新しく生活を始める場合には，地域の人々との関係も欠かせ

ないであろう。このように，人間の生活の前提には常に集団が存在する。そうであれば，人間の「心（こころ）」を考えるうえでは集団についても考えなければならない。そこで，まず集団について考えてみる。

　集団については様々な定義が存在する。2人以上の人の集まりであることは前提とされるが，具体的に何人までという決まりはない。人数が多すぎると，集団ではなく群衆（あるいは集合）と呼ばれることもある。ただし，その境界は定かではない。釘原は集団に関する特性を8つ（相互作用，重要性，類似性，持続性，共通目標，共通結果，浸透性，サイズ）列挙し，「これらの特性があり，かつ役割や構造が存在する複数の人々の集まり」を集団と定義している。このような定義から分かるように，集団には様々なレベルが存在する。たとえば，軍隊のように関係が緊密で役割や構造がはっきりしている集団もあれば，クラスメイトのようにつながりがゆるく役割や構造が不明瞭な集団も存在する。

　安藤と柿本によれば，近現代の人間関係の特徴とは，多くの集団に所属するようになったことにあるとされる。それ以前は，地縁や血縁に基づく固定的な集団に所属することが一般的であった。たしかに近年は，インターネットの技術発展も相まって，地理的に遠い集団にも所属できるようになった。大方の人はTwitterやFacebookでの交流を想像できるであろうし，オンライン留学によって留学先の人々の集団に所属することもその一例であろう。

　また，原田によれば，最近の若者は，スマートフォン（あるいは携帯電話）の登場により，所属する集団の数が過去の人間関係が継続することによっても増えているとされる。携帯電話がない時代，高校進学や上京などの環境変化は，過去の人間関係の切れ目であった。なぜなら，気軽に連絡できる手段がないからである。環境変化によって，環境変化前の学友と疎遠になり，人間関係が解体されていた。しかし，携帯電話の出現後は，たとえ遠く離れたとしても連絡が取れるようになり，環境変化によって人間関係が疎遠になることはなくなった。たとえば，中学時代の友人グループと大人になっても連絡を取り合っているというように，環境変化前の人間関係が維持されるようになった。このように，最近は，所属する集団が時間的に累積されるようになっている。このような特徴に加えて，最近の若者は不景気の時代に生まれ育っていることから，未来への不安を抱えているという特徴もある。バブル崩壊後に生まれ，その後大きな経済成長も経験できず，「将来は明るい」というような希望も見えない。このような将来への不安という特徴と，人間関係の切れ目がないという特徴が合わせることによって，若者の集団内での過ごし方や，コミュニケーションの在り方には変化が生じてしまった。すなわち，若者は，悪い結果が起きないように常に周りを気にしながら情報収集して過ごすために，好きな人でも嫌いな人でもその場に合わせて場を乱さないようにしたり，スマートフォンでつながっていることにより，行動が筒抜けで噂話などが多かったり，文脈的なコミュニケーション[2]（たとえば，「レッドブルなう」）が増えているという。なお，「レッドブルなう」とは，「夜中まで残業中」とTwitterなどでつぶやいてしまうと「頑張っていますアピールかよ」と叩かれてしまうので，「レッドブルなう」とつぶやくことで，叩かれることはないけど残業中であり頑張っていることはなんとなく伝わり，間接的に現状や気持ちを伝えあうコミュニケーションの一形態である。このような原田の指摘から分かることは，生活の仕方が集団を通して規定されていることである。

　また，先に，最近の若者は不景気の時代に生まれ育っていることから，未来への不安を抱えているという特徴もあるという原田の指摘を紹介した。不景気の時代とは，集団というよりも，どのような社会背景のもとで生きているのか，すなわち「文化」に相当するであろう。社会背

---

2)　ある特異な意味空間で展開されるコミュニケーションで，その発言・発話の背景（その発言・発話がなされる意味）を伝えるためのコミュニケーション。

景によって不安が生まれるということは，すなわち集団だけでなく「文化」も人間の「心」を規定しているということである。

7 文　　化

　では，「文化」とはいったい何であろうか。2018年に出版された『社会・集団・家族心理学』には「文化と社会心理」という章が存在する。そこでは，「文化」と「心」の関係について1章を割いて述べているが，「文化」とは何かについては書かれていない。ただし，内容を読むと，欧米，東アジア，アメリカ，中国，日本など国あるいは世界地域の区分（による「心」の差異）について多くを論じていることから，文化とは国ないしは地理的境界（あるいは民族）に関連するものと読める。他方，「日本の社会心理学の現状と将来の方向性を，関心の高いトピックスや最新研究成果を盛り込みながら，示すこと」をその趣旨としたシリーズ本の1冊『社会と個人のダイナミクス』にも「文化的存在としての人間」という章は存在するが，ここにも「文化」とは何かについては書かれていない。ただし，内容としては，先と同じく，国レベルの話もあれば，家庭や学校などの社会システム，地域の話もある。これらから分かるように，何が文化であるのか，文化と呼ぶことで何が示されるのかに関しては簡単に語れるものではないようである。

　そのような前提を置きつつも，石黒は「文化とは，複数の人々が何らかの人工物（アーティファクト）を介して協働しあう過程とその所産であるとし，通常それは世代間で改変されながら継承されるもの」としている[3]。別の言葉で言い換えると，人間同士が何らかの（能動的かもしれないし，偶然的かもしれない）かたちで一緒に行為することと，その行為の結果生じる何らかの出来事（行為を含む）が文化であり，それらは長年にわたって維持・変革されることが一般的であるということである。すなわち，これは，私たちが日々行っている日常的な実践こそが文化であるという考え方である。少し分かりにくいかもしれないので，いくつか身近な例を挙げよう。A高校ではジャージの色を赤・青・緑にすることで学年を区別しているが，B高校は黄・青・紫にすることで学年を区別しているとする。このような場合，両校は異なる文化である。しかし，たとえば，A高校，B高校の存在する国Aではジャージの色を変えることで学年を区別しているけれども，国Bではそのような区別をしないとなれば，A高校とB高校は同じ文化であるとされる。また，もっと身近な例としてはあだ名もあるかもしれない。誰かがほかの誰かにあだ名をつけたことで，互いにあだ名で呼び合う習慣が集団内で生まれたり，あだ名でなく名字で呼びかけてほしい人が集団に加わったことで，自己紹介のときに呼んでほしいあだ名を言うイベントがなくなったりする。これらの例が示すように，どのような捉え方をするかで文化の切り取り方は変わり，文化には多様性があり，実践の違いこそが文化の差異なのである。

　以上を踏まえると，集団内で行われる諸行為とそれにより生まれる出来事は文化の発端であり，それらが継承・改変されることで文化になる。文化とは固定的なものではなく，日々の微細な諸行為の積み重ねなのである。たとえば，その一例として，S.アッシュの同調実験を取り上げよう。個人が他者や所属集団のメンバーと同じように行動することを同調と言い，アッシュによる実験が同調を分かりやすく示してくれている。この実験では，モデルと同じ長さの線分を選択肢の線分の中から選ぶという簡単な課題が18回行われた（図8-5）。この課題では8人程度の参加者が同時に参加し，自分が選んだ選択肢を声に出して順番に回答した。これだけであれば簡単な課題にすぎないが，実は，回答の最後から2番目の人物だけが実験の本当の参

3）　ここでの人工物には言語も含まれる。

加者であり，その人以外は全員実験協力者（サクラ）であった。サクラ全員は実験者からあらかじめ回答をわざと間違えるように指示されていた。その指示に従い，サクラは18回のうち12回で誤った選択を行った。たとえば，**図8-5**であれば，選択肢3が正答であると回答した。そうすると，本当の参加者の74%は，12回のうち少なくとも1回は誤答を選んでしまった（なお，声に出して回答する代わりに紙に書いて回答した統制条件では，この割合は5%強であった）。また，同調した人数ではなく，同調した延べの回数でみると，全選択中32%で誤った回答が行われた（なお，紙で回答した統制条件では0.7%弱であった。ここに見るように，周りの回答が分かる声に出して回答する条件で同調が起こったと言える）。

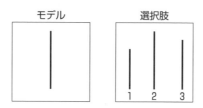

図8-5　アッシュの同調実験で使われた課題の例（Asch, 1946）。

　この実験が示していることは，集団の判断がたとえ誤っており，その集団が即席でその場限りであったとしても，集団の判断が一種の基準となって，個人の判断を左右することであるとされる。すなわち，集団の影響力の大きさを表す事例として考えられている。しかし，文化という視点を導入すれば，この結果は新しい文化の発端と見ることもできる。

　まず，（「同じ長さのものを選んでください」ではなく）「同じものを選んでください」と言われたときを考えてみよう。私たちの文化では，「同じ」とは，形，大きさ，色など何らかの特徴が一緒のものを指すと考えている。**図8-5**で言えば，太さはすべての選択肢で同じで，長さのみが違うから，「同じもの」と言えば長さが同じということが分かる。一方，**図8-6**のような場合に，「同じものを選んでください」と言われたとしたら，何を選べばいいのであろうか。長さが同じ選択肢2であろうか，太さが同じ選択肢1であろうか。ここで自分以外の皆が選択肢1を選んだとしたら，「同じとは太さのことなのね」と思い，安心して選択肢1を選ぶであろう。「同じ」の意味が「同じ太さ」を表す文化（の発端）が作られたわけである。

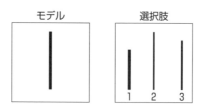

図8-6　線分の太さを変えた課題の例。

　上記と同様な見方をすれば，**図8-5**の課題を用いて「同じ長さのものを選んでください」と言われたときにも，参加者において「同じ長さ」の意味が変わる瞬間が生じていたと解釈される。たとえば，アッシュによって人為的に作られた集団では，モデルと「同じ長さ」が（たとえば）選択肢3であるとされた。もちろん，参加者は自分の文化では，「同じ」とは形，大きさ，色など何らかの特徴が一緒のものを指すと考えているため，戸惑う。しかし，そのようなことが日常的に繰り返し生じていけば，「同じ長さ」とは，まったく同一のものではなく，それよりも短いものという文化になったであろう（あるいは，長さが同一のもの，少し差異があるもの，大きく差異があるものがあるときには，少し差異があるものを「同じ長さ」と称するなど別の文化もありうる）。すなわち，集団内での振る舞いは文化的実践にほかならず，文化とはこの

ような日々の文化的実践の積み重ねそのものと，それによって生まれる出来事である。

　また，先に，生活の仕方は集団や文化に規定されると述べた。生活の仕方とは要するに日々の実践（あるいは行為）であり，それが文化に規定されることを踏まえると，新しい文化とは，ある文化に規定される実践とそれとは別の文化に規定される実践との接触，すなわち文化同士の接触によって創発されると考えることができる。異文化に触れることで新しい視点が拓けるのは，新しい文化が創造されているからと言える。異文化への接触というと，海外旅行を思い浮かべるかもしれない。しかし，何もそれだけが異文化接触ではない。普段は行かない近所の道を散歩してみたり，通学する時間を早めてみたりするだけでも異文化に出会える（もちろん，スマホでSNSを開かずに，音楽を聞かずに，その場所や時間を楽しんでいることが前提である）。家を出なくても異文化接触を体験できることもある。インターネットの活用である。インターネットは本来，家にいながらでもそのような異文化接触を体験できる有益なツールであった。しかし，エコーチェンバー[4]やフィルターバブル[5]のような情報環境の制約から，インターネットは異文化接触の体験ツールとしてよりも，使い方によっては自説の強化，言い換えると視点の狭窄のツールに変容してしまっている。日常には様々な新しい文化の芽吹きがあるにもかかわらず，それに気づかないような仕組みになってしまっているのである。なお，エコーチェンバーやフィルターバブルなど，情報環境の制約によって生じる問題については笹原が分かりやすく解説している。

　このように，気づかないかもしれないけれども，私たちの身の回りは文化で溢れている。私たちは文化に浸されてしか生活できない。私たちは常に何らかの文化を背負って生きているし，常に何らかの文化と遭遇する。そのときに片方の文化が特権化されることがある。その最たる例が服従である。S. ミルグラムによると，服従とは人を権威システムに縛るものとされる。ミルグラムは服従を調べるために，権威者による命令が生じてもおかしくない状況を実験的に作り上げた。そして，そのような状況であれば，些細なミスをした者に対して，死に至るほどの電気ショックを与えろという非人道的な命令にも，多くの人（65%）が従ってしまうことを示した。ある文化が特権化されると，もともと背負っていた別の文化が抑圧されてしまう恐れがある。

　しかし，S. レイチャーとS. A. ハスラムによると，実験参加者は，盲目的に命令に従ったわけではなく，何らかの抵抗を示していた。また，実験者が見ていない（電話で指示）という実験状況では，実験参加者の中には命令に従っているふりをするものもいた。すなわち，自分とは違う文化に遭遇したとき，人間は無批判に取り込むのではなく，自分なりに改変したり，交渉したり，拒否したりして，今までとは違う文化を作り上げていこうとするのである。

　このように人間が文化にどのように遭遇し，どのように文化を創造するのかを考える際には，U. ブロンフェンブレンナーの生態学的環境の分類（生態学的システム論）が参考になろう（第7章第5節；図7-5参照）。ブロンフェンブレンナーは，石黒によると，「人間を文脈から切り離された真空に生きる存在としてではなく，具体的な物理的かつ社会的環境の中に生きる存在としてとらえることの重要性を訴え」，人間（子ども）の発達を取り巻く多様な環境を生態系として捉え，マイクロシステム，メゾシステム，エクソシステム，マクロシステムという4つのシステム（同じ中心点をもつ入れ子構造）を考えた。石黒によると，それぞれは以下のように説明される。

---

4)　閉じられた空間で音が残響・増幅するように，閉鎖的な状況の中でコミュニケーションが繰り返されることにより，特定の信念のみが共有され，ときに増幅または強化されてしまう現象。

5)　ユーザーの個人情報を学習したアルゴリズムによって，その人にとって興味関心がありそうな情報ばかりがやってくるような情報環境のこと。イーライ・パリサー「危険なインターネット上の『フィルターに囲まれた世界』」（TED Talks）が分かりやすい。

　　マイクロシステムとは，一番内側にある生態学的環境で，家族，学校，仲間集団，職場などの行動場面において，その中で発達する人によって経験される活動，社会的役割，対人的関係のパターンを指す。メゾシステムとは2つ以上の行動場面からなるマイクロシステムのパターンであり，家，学校，職場間の関係などがそれにあたる。エクソシステムとは子どもの家庭と親の職場といった発達主体である子どもには直接関係しない行動場面との関係を含むシステムである。たとえば，親の社会関係のあり方が子どもの発達にどんな影響を与えるのかがこの枠組では問われる。マクロシステムとは，信念システムや知識の中身，物質的な資源（リソース），慣習，生活スタイル，ライフコースなどに示されるような，マイクロシステム，メゾシステム，エクソシステムの隅々に通底したパターンである。たとえば，形式上同じ学校という行動場面であっても，その背後に異なる信念システムをもった地域間ではそれらは異なる社会的機能を果たす。

　要するに，時間的な拡がり（歴史および生涯発達）と空間的な拡がり（1つの場面だけでなく，複数の場面）の両方を念頭においたうえで，文化をみなければならないということであろう。別の言葉で言えば，日常的な実践を時空間的な文脈（しかも，それらは固定的なものではなく流動的なものである）に位置づけながら捉えることが，人間の「心」を理解するということである。

8　家　　族

　日常的な実践を捉えるうえで最も基本となるのは，やはり家族であろう。なぜなら私たちはいまのところ生まれ育つうえでは「家族」を必要とするためである。「家族」のかたちは様々ある。ただし，日本では，夫婦のみと考えられる家族は少なく，事実婚も少なく，非嫡出子も少ない。ひとり親世帯も少ない。同性婚も認められていない。裏を返せば，子どもがいる法律婚の異性婚夫婦の割合が大きい。このような夫婦（婚姻）プラス子ども（血縁関係）で一緒に暮らすことが家族の一般的なかたちであると想定されやすい。しかし，小田切によれば，それだけでは十分ではなく，誰を家族と思うか，誰を家族と見なすかという主観的・心理的な基準も家族の定義に含まれるとされる。すなわち，家族には血縁関係，婚姻関係，生活空間の共有という客観的な境界と，「この人は私の家族である」という心理的な境界があると言う。

　このような家族の機能は，小田切によれば，子どもの社会化，生活の保障，情緒の安定の3つであるとされる。子どもの社会化とは，家族システムに参入し，そこから別のシステムへと参加していくことであり，家族の機能とはその支援をすることである。アタッチメント理論で言えば，安全基地（子どもに安心感を提供することで，子どもがほかのことに興味をもったり，遊びが活発になったりすること）として機能することであろう。生活の保障とは，衣食住を家計のつながりを保ちながら相互に支え合うことである。しかし，家族だけで個人の生活を保障するには限界があり，社会的支援があってはじめて家族の生活は保障されるという。情緒の安定とは，寛ぎの場，緊張を開放する休息の場として家族メンバーに心理的安定を与えることである。アタッチメント理論で言えば，安全な避難所（不安や危機を感じた場合に安心感を得ようとすること）としての機能になろう（第7章第2節参照）。

　これらの機能は家族としての良い側面であり，うまく機能する場合に発揮される。他方で，うまく機能しないときもある。そのような場合の負の発露が，児童虐待，家庭内暴力，ドメスティック・バイオレンス（DV）である（なお，DV は Intimate Partner Violence，IPV と呼ばれることもある）。これらは近年著しく増加しており，2020年度の児童相談所による児童虐待対応件数は20万5029件，前年度より5.8%増加しており，過去の最多を更新している。少年に

コラム 10　情報社会と「メンタル診断」

　『サイコパス』というアニメがある。人間のあらゆる心理状態やパーソナリティ傾向の計測を可能とし，それを数値化する「シビュラシステム」が導入された近未来の日本を舞台にした SF である。数値化された値は「PSYCHO-PASS（サイコパス）」と呼ばれ，その数値によって人生（職業適性など）が決まってしまう。「サイコパス」は監視カメラや公安の刑事の武器で測定可能であるため，職業適性だけでなく，たとえ犯罪を犯していなくても数値が既定値を超えると「犯罪者」（作中では潜在犯と呼ばれる）に認定され，捕まってしまう。この「サイコパス」は，邪な気持ちをもったり，犯罪者に感情移入したりすると高まることから，人々は「サイコパス」が高まらないようにストレスのない生活を送ったり，メンタル薬やカウンセリングで対処したりする。情報社会の一未来である。

　『サイコパス』で見られるような心理状態を即座に計測可能とする技術はまだ存在しないので，現実味はまだない。しかし，心理状態を知りたい対象にデバイスを装着すれば表情から心理状態を解析する技術や，人工知能を使って表情を解析する技術は作られ始めているので，まったく現実味がない話でもない。近い将来はそのような技術が完成しそうな見込みはある。

　しかし，ここでまず気になるのは，プライバシーの問題である。仮に，何らかの技術を使って即座に相手の心理状態が分かるようになったとして，果たしてそれは許されるのであろうか。たとえば，Aさんが B さんの気持ち（たとえば，私のことを好きかどうか）を知りたいとして，それを勝手に読み取ってしまっていいのであろうか。隠しておきたい気持ちもあるのではないであろうか。相手の気持ちを読み取ることが普通になってしまった社会では，愛想笑いもなくなるし，嫌な気持ちがダイレクトに伝わってしまう。嫌な気持ちをもっていても，笑って誤魔化す（あるいは，誤魔化される）からこそ，私たちの生活はなんとなくうまくいっている。そのような可能性が消滅したら，ギスギスした社会にならないであろうか。加えて，プライバシーの問題は監視の問題とも直結している。互いが互いを監視し合う（『サイコパス』で言えば，「あいつは潜在犯かもしれない」と監視し合う）社会になってしまわないであろうか。

　また，心理状態と言われているものの正体も気になる。「心」は人間の肉体に内蔵されていると考えている人は多いかもしれない（なので，ある個人を解析すれば心理状態を読めるという発想になる）。しかし，本文中にて繰り返して述べたように，人間の「心」は文化に規定される（この点は杉万が分かりやすく説明している。杉万の言う「かや」ないしは「集合流」が文化に相当する）。人間の肉体に「心」が内蔵されているのではなく，文化と「肉体」（あるいは，「運動」）との関係の中に「心」は存在する。したがって，『サイコパス』で描かれたような道具で測定される心理状態は，本当に心理状態と言えるのであろうか。むしろ，生理状態（たとえば，発汗の程度や，顔筋の動き）を心理状態と呼んでいるだけなのではないか。そうなると，『サイコパス』のように，犯罪者っぽい動きをしただけ「犯罪者」とされ，犯罪者のことを想像すると犯罪者の動きに近づいてしまう恐れがあることから，犯罪者のことを想像しなくなる。それはただの排外主義ではなかろうか。

　情報社会は大いなる恩恵をもたらしている。これからもさらなる情報化が加速するであろう。しかし，情報社会と「心」との関係については立ち止まって考えなければならない課題である。

よる家庭内暴力事件の認知件数も，平成 24 年から毎年最多を更新し続け，2018 年は 3,365 件（前年比 12.3％増）であった。なお，児童虐待の加害者は実母が多く，少年による家庭内暴力事件の被害対象も母親が多い。先に，ひとり親世帯は少ないと書いたが，布柴によれば，近年は離婚によるひとり親家族の増加が著しく，また，日本の母子家庭の相対的貧困率[6]が OECD 諸国の中でも極めて高く，女性は離婚をすると 2 組に 1 組強が相対的貧困に陥ってしまう。これらを合わせて考えると，日本においては，後に説明する家族システムにおける負担の多くが母親とその子どもに押しつけられていることが分かる。また，DV の 2020 年度の相談件数（速報値）も，19 万 30 件となり，2019 年度の相談件数の約 1.6 倍にのぼり，過去最多であった。

　このようなことがなぜ起きてしまうのであろうか。要因についての研究は少なからず行われ

---

6)　相対的貧困率とは，OECD の定義によると，等価可処分所得（収入から税金・社会保険料等を除いた収入を世帯員の平方根で割った所得）の中央値の 50％にあたるところを貧困線と呼び，貧困線に満たない世帯の割合を示す指標である。

ている。たとえば，虐待に関して世代間連鎖があると言われたりする。しかし，野口や岩波によれば，まだその点は確定しておらず，研究の端緒段階にあるらしい。ただし，これまで繰り返し論じてきたように，私たちの行為は家族を含む集団，そして文化によって規定されている。要因にだけ着目するのではなく，その要因の背景にある文化も併せて考えなければ，悲しき結末を避ける手立てを考えることはできないであろう。

　このような支援を考える際に必要な視点が，家族全体を1つのシステムとして捉える「家族システム論」である。個別の対象だけでなく，全体として家族を見るというシステム論的な視点は，生態学的システム論とも共通している。たとえば，子どもの問題行動が起こったとき，母親あるいは父親のしつけが悪かったと見てしまうのが，個別の対象だけを見てしまう例である。親の養育態度が子どもの非行に及ぼす影響という研究もその典型である。このような見方

コラム 11　地球温暖化の解決に向けて

　地球温暖化問題とは，地球の平均気温がこれまでと比べて上昇し，自然，社会，経済的に様々な悪影響を及ぼす問題である（地球温暖化については気象庁のポータルサイトを参照してほしい）。私たちが生きていくうえでは様々なエネルギーを産出する必要があるが，そのエネルギー産出の負の側面の1つが地球温暖化である。解決に向けては地球全体で取り組まなければならない大きな問題である。しかし，その解決を阻む課題の1つとして「囚人のジレンマ」問題をどのように克服するかがある。

　「囚人のジレンマ」とは，表8-1で示すように，お互いに協力する方が協力しないよりも良い結果を得られる。しかし，各人から見ると協力するよりも協力しない方が良い結果を得られる。このような悩ましい状況を表すのが「囚人のジレンマ」である。地球温暖化対策にあてはめると，国Aからすれば，地球温暖化対策をする（協力）にはコストがかかるため，ほかの国々（国B，国C…）が対策をするのであれば，自国は対策をしない（非協力）方が苦労なく便益を享受できる。しかし，ほかの国々からすれば，自分たちだけ負担を強いられるのは嫌であろう。そして，すべての国が対策をしなくなれば地球温暖化は進む。このような「囚人のジレンマ」状況において，いかに「協力」を引き出すかが，地球温暖化対策を達成するうえではカギとなるわけである。

表8-1　2者の場合の「囚人のジレンマ」

		囚人B	
		黙秘（協力）	自白（非協力）
囚人A	黙秘（協力）	（3年，3年）	（15年，1年）
	自白（非協力）	（1年，15年）	（10年，10年）

（注：（囚人Aの刑期，囚人Bの刑期）を表している）。

　では，「協力」を引き出すために，どうすれば良いのか。すぐに思いつく方法の1つとしては，「協力」しなかった国に罰を与えるという罰則の方法である。たとえば，ルールを破った場合は罰金を払うとする。しかし，ルールを破ったことを誰（どの国）が監視するのか，誰（どの国）が罰金を徴収するのか，徴収した罰金はどのように使用するのか，罰金の支払いを守らなかった場合はどうするのか，というように，そのような罰則を適切に執行する際にもジレンマ状況が生じ（これを二次的ジレンマと呼ぶ），結果として罰則を作り運営すること自体が全体のデメリットになる可能性もある。加えて，監視のような罰則の本質的な問題として，他者を信頼できなくなり，相互不信の連鎖が生じてしまうという大きな問題もある。「囚人のジレンマ」を解決するうえで，「相手も協力してくれる」という信頼は重要であり，罰則によって信頼が欠けてしまっては元も子もない。「囚人のジレンマ」は一筋縄ではいかないのである。

　地球温暖化問題には単純な解決策はなく，どうすれば解決できるかを考えるしかない。しかし，問題が大きすぎて想像が及ばない場合もあろう。想像できないことは考えることもできない。であれば，想像できるように体験するしかない。飢餓から環境汚染まで様々な地球規模のリスク問題を単純なかたちで体験できる仮想世界ゲームが広瀬によって作られている。一人ではできず，クラス単位の規模（約40人）を要するけれども，身近な問題として考えることができるであろう。大学生であれば，ぜひ，社会心理学の担当教員に話を持っていってみてほしい。多くの教員は喜んで対応してくれる。と思う。

ではなく，母親と子どものコミュニケーションや関係性，父親と子どものそれら，両親のそれらというように，全体構造の中で家族を捉え，コミュニケーションや関係性の悪循環に家族の機能不全を見て取るのである（**図8-7**）。もちろん，この際に家族だけ見てしまっては，生態学的システム論でいうマイクロシステムしか見ていないことになる。家族システムに注意しながらも，学校システム，職場システム，地域システム，友人システムなど，メゾシステム，エクソシステム，マクロシステムに相等する部分にも目を向けなければならない。

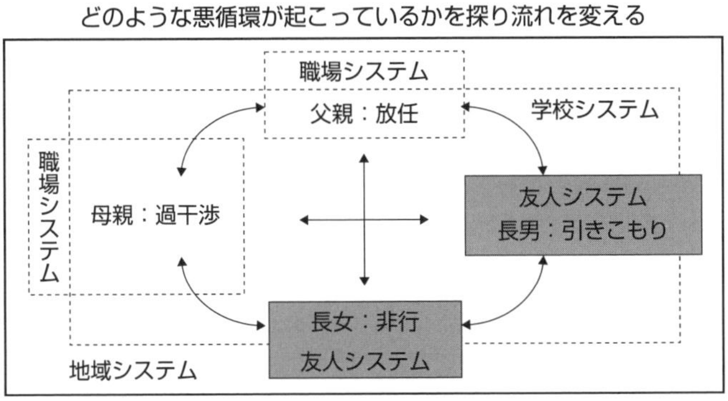

どのような悪循環が起こっているかを探り流れを変える

図8-7　システムとして問題を捉えるイメージ図。

　最後に簡単にまとめておこう。私たちは家族，集団，地域，国家，文化圏など，多様なかたちの文化の網の目の中に埋め込まれて生活している。私たちの日常的実践は常に文化的実践であり，些細な行動も新しい文化をつくる一歩である。望ましい文化もあれば望ましくない文化もある。少なくとも誰かを傷つける文化は望ましくないであろう。ただし，「同じ」とは何かが文化に応じて異なったように，「傷つける」とは何かも文化に応じて異なるかもしれない。「心」を理解するためには，多様な文化を念頭におかなければならないし，その文化の中での（すなわち多様な網の目の中での）位置づけを捉えることが必要になる。すなわち，多様性（diversity）を重視することこそが「心」を理解する鍵である。

読書案内

相川 充（2009）．セレクション社会心理学20　新版 人づきあいの技術　サイエンス社
　　複雑な対人関係の中で生きる私たちに必要なソーシャルスキルについて，定義から具体例，測定方法，トレーニング方法に至るまで，国内外の様々な知見に基づき解説している。
大坊 郁夫（1998）．セレクション社会心理学14　しぐさのコミュニケーション──人は親しみをどう伝えあうか──　サイエンス社
　　人と人の伝え合いの手がかりを含む対人コミュニケーションの基礎に始まり，人が親しくなったり，円滑な対人関係を築いていくプロセスをコミュニケーション行動から解説している。
和田 実・増田 匡裕・柏尾 眞津子（2016）．対人関係の心理学──親密な対人関係の形成・発展・維持・崩壊──　北大路書房
　　対人関係の開始から崩壊に至るプロセスやそのプロセスに影響を与える要因，ライフサイクル，健康など多様な視点から対人関係を学ぶことができる。
上間 陽子（2017）．裸足で逃げる──沖縄の夜の街の少女たち──　太田出版
　　理論めいたことや，扇情的な記述はない。それでも本書は，家族とは何か，集団とは何かを圧倒的な筆致で問いかけてくる。
尾見 康博（2019）．日本の部活──文化と心理・行動を読み解く──　ちとせプレス
　　日常的実践こそが文化である。部活を題材に，心理学には珍しい（しかし，重要な）かたちでそのことを解き明かした稀有な書。

第9章
健　　康
[SDGs: 3, 17／公認心理師: 16]

日向野智子

　健康は，私たちが幸せに生きていくうえで，なくてはならないものである。おいしいものを食べることも，誰かと共に楽しむことも，趣味や仕事に没頭することも，どれも健康であるほど得やすくなる。2019年12月ころから，世界中で新型コロナウイルス感染症（COVID-19）のパンデミックが起こった。驚異のウイルスに「感染しないこと」は，「健康でいること」につながる。コロナ禍を機に，多くの人が，健康の尊さをより強く認識したであろう。

　健康とは，単に「病気ではないこと」を意味するのではない。WHO（世界保健機関）によって発行された世界保健機関憲章（1948年4月7日発効）において，健康は次のように記されている。「健康とは，完全な肉体的，精神的及び社会的福祉の状態であり，單に疾病又は病弱の存在しないことではない（外務省訳）」。要するに，「健康とは，単に病気でない，虚弱でないということだけではなく，肉体的にも，精神的にも，そして社会的にも，すべてが満たされた状態」と言えるであろう。このような健康の考え方には，病気や虚弱ではないという消極的な健康の捉え方と，肉体的・精神的・社会的に良好であるという積極的な健康の捉え方の双方が存在している。したがって，病気や虚弱ではないとしても，肉体的・精神的・社会的に良好な状態であると個人が思えなければ，健康とは言いがたい。逆に，病気や虚弱だとしても，個人の価値観に照らして，肉体的・精神的・社会的によりよく満たされているならば，健康だと言える。肉体的にも，精神的にも，社会的にも，良好で満たされた状態にある，つまりwell-beingを得ることが，病気の有無にかかわらず，私たちが健康に「よりよく生きる」ための秘訣と言える。

　この章では「健康」について考える。文部科学省・厚生労働省の定める公認心理師になるために習熟を要する科目の1つに「16健康・医療心理学」がある。健康・医療心理学では，①ストレスと心身の疾病との関係，②医療現場における心理社会的課題および必要な支援，③保健活動がおこなわれている現場における心理社会的課題および必要な支援，④災害時に必要な心理に関する支援について，学びを深めることが求められる。①の「ストレスと心身の疾病との関係」は，「健康心理学」の領域である。健康心理学においては，心身の健康に影響を及ぼすストレス発生のメカニズムやストレスへの対処を中心に研究がなされてきた。現代は，ストレス社会と言われるほどである。時として，ストレスは私たちのwell-beingを脅かし，病気になってしまうこともある。心や行動のあり様が体に影響して病気になったり，体の状態に心が影響を受けたりするように，心と体は密接な心身相関の関係にある。ストレスと疾病との関連では，生物・心理・社会の3つの側面から人間を捉え，総合的に疾病の発症を理解しようとする生物－心理－社会モデルの観点が重視されている。健康心理学やストレス研究によって得られた知見は，私たちの健康増進と疾病の予防に大いに役立つ。本章では，ストレスと心身の疾病との関係を中心に，健康にまつわる問題について概説する。

1 ストレスの捉え方

　「ストレス」ときけば，それはどのようなものであるか，多くの人が感覚的に理解できるで

あろう。友人が，失恋によって大きなストレスを抱えているとする。失恋は友人の情緒を不安定にし，食欲不振や不眠を引き起こしている。友人の様子を見れば，失恋が痛手となり，ストレスの渦中にいることは容易に理解できる。失恋は，友人の心理的・身体的な反応を引き起こす原因であり，友人の心理的・身体的ダメージは，失恋によって引き起こされた反応である。ストレッサーとは，心身に何らかの反応を生じさせるきっかけとなる刺激・出来事であり，失恋そのものである。これに対してストレス反応とは，失恋（ストレッサー）によって生じた情緒不安や食欲不振，不眠などの反応・変化を指す。ストレッサーによって引き起こされるストレス反応は，心理的・身体的なものだけでなく，友人や異性との接触を避けたり仕事への意欲が減退したり，社会的な影響として表れることもある。科学的には，このような何らかの刺激に対する変化・反応までの一連の過程を含めてストレスと捉えている。

2 生理学的なストレス研究

■ ［1］ セリエの汎適応症候群

　医学者・生理学者の H. セリエは，性ホルモンやホルマリンの注入，寒さや暑さ，外傷を負わせるなど，生体にダメージを与える多くの動物実験をおこなった。その結果，生体が有害な刺激（ストレッサー）にさらされると，胸腺とリンパ腺の萎縮，胃と十二指腸の潰瘍，副腎皮質の肥大の三大兆候を特徴とする，非特異的な生理的症状が現れたという。非特異的とは，特定の刺激に対して特定の症状（特異的症状）が見られるのではなく，どのような有害刺激であっても，三大兆候を特徴とする症状（非特異的症状）が見られることを意味する。このような三大兆候が見られる症状は，セリエによって汎適応症候群または一般適応症候群（GAS）と名づけられた。汎適応症候群は，ストレッサーに適応するために，警告反応期，抵抗期，疲弊期という3つの過程をたどる（第10章第2節参照）。

■ ［2］ キャノンの闘争逃走反応

　生理学者の W. B. キャノンは，脅威にさらされたときの生体内部に生じる自律神経系の変化に着目した。ネコがイヌに吠えたてられると，瞳孔を見開き，毛を逆立て，筋肉を緊張させて，体は危機に備える。生体内部では，血流に乗せて全身に糖と酸素を送るために心臓は大きく鼓動し，大量の酸素を取り入れ二酸化炭素を排出するために呼吸は早くなり，大量の血液が全身の筋肉に使われることから，消化器系の働きは緩やかになる。このような交感神経系の賦活化を伴う警急な生理的反応は，ネコがイヌから身を守るための防衛反応であると同時に，危機的状況への適応行動であり，闘争逃走反応と呼ばれる。

■ ［3］ ストレッサーに対する生理的反応と疾病

　セリエの汎適応症候群やキャノンの闘争逃走反応によって明らかにされたとおり，ストレッサーにさらされたとき，私たちの体内では，消化器系，内分泌系，循環器系，神経系，筋肉組織の状態が急変し，症状として現れる。満員電車での通勤，怪我や病気，受験，いじめなど，ストレッサーになる有害刺激と外面的な反応はそれぞれ異なるが，ヒトもストレッサーに直面すると，身体内部には汎適応症候群や闘争逃走反応の状態に陥る。生体はストレッサーの脅威に抵抗するものの，その脅威が長引けば，生体への負担も大きくなる。慢性的なストレッサーによる内分泌系，循環器系，神経系などの過活動状態は，心身にとって過剰な負担になるため，それらの組織や免疫機能などが不調になり，病気や死に至ることもある。

3 心理社会的なストレス研究

■ [1] ストレッサーからみたストレス研究

心理社会的要因からストレッサーを捉え，疾病との関係を明らかにした代表的な研究として，T. H. ホームズと R. H. レイのライフイベント研究，R. S. ラザラスのデイリーハッスルが挙げられる。日々の暮らしの中で，私たちは様々なストレッサーに遭遇する。同じ出来事であってもストレッサーの強度は個人の捉え方によって異なるが，人生においてそう何度も経験しないようなライフイベントは，多くの人にとってストレッサーになりうる出来事と言える。これに対し，日々の生活の中で繰り返し経験するような日常的ないらだちごともストレッサーになり，デイリーハッスルと呼ばれている。

1) ホームズとレイのライフイベント理論

ホームズとレイは，臨床経験から導き出されたライフイベントを収集し，43 項目からなる社会的再適応評価尺度（SRRS）を作成した（**表 9-1**）。基準値として結婚を 50，伴侶との死別を最大の 100 とし，それぞれのライフイベントには，生活変化得点（LCU）が割り当てられている。この LCU 得点は，ライフイベントに遭遇してから平常を取り戻すまでの再適応にかかる労力を表す。ところでネガティブなライフイベントだけが，ストレッサーになるのではない。結婚や就職など，人生の節目となる喜ばしい出来事でもストレッサーになり，再適応の努力を要することは注目すべき点である。レイによると，半年間に LCU 得点の加算点が 300 を超えた人の 8 割近くが，何らかの精神的疾病を発したという。同得点が 200〜299 点では 5 割ほど，150〜159 点では 4 割弱の発症率だったことから，LCU の加算点が大きいほどストレッサーの強度も強く，疾病や不適応を起こしやすいことが分かる。

表 9-1　社会的再適応評価尺度

ライフイベント	LCU	ライフイベント	LCU
1. 配偶者の死	100	23. 子どもが家を離れる	29
2. 離婚	73	24. 親族とのトラブル	29
3. 夫婦の別居	65	25. 優れた業績の達成	28
4. 刑務所などでの拘留	63	26. 妻の就職や離職	26
5. 家族の死	63	27. 入学や卒業	26
6. 自身のけがや病気	53	28. 生活環境の変化	25
7. 結婚	50	29. 個人的習慣の見直し	24
8. 職業の解雇	47	30. 上司とのトラブル	23
9. 夫婦の和解	45	31. 勤務時間や条件の変化	20
10. 退職	45	32. 転居	20
11. 家族の健康上の変化	44	33. 転校	20
12. 妊娠	40	34. レクリエーションの変化	19
13. 性的困難	39	35. 教会活動の変化	19
14. 家族の増加	39	36. 社会活動の変化	18
15. 仕事上の再適応	39	37. 1 万ドル以下の負債	17
16. 経済状況の変化	38	38. 睡眠習慣の変化	16
17. 親友の死	37	39. 家族団欒の変化	15
18. 仕事上の配置換え	36	40. 食習慣の変化	15
19. 配偶者との口論の変化	35	41. 休暇	13
20. 1 万ドル以上の負債	31	42. クリスマス	12
21. 抵当権や貸付金の喪失	30	43. 軽微な違反行為	11
22. 仕事上の責任の変化	29		

（Holmes & Rahe, 1967 による）

2) ラザラスのデイリーハッスル

死別や結婚のようなライフイベントに対し，電車の遅延や失くしもの，日々の忙しさや急な予定変更，友人や恋人との些細なケンカ，マイペース過ぎる知人とのやりとりなど，身の回りには，腹ただしく，葛藤や困惑を引き起こすような，大小様々ないらだちごとが生じる（第10章参照）。ラザラスは，このようなデイリーハッスルが，私たちの心身の健康に及ぼす影響に着目した。ライフイベントに比べ，デイリーハッスルに遭遇する回数は多いことから，ストレッサーとしての総合的な影響力は，ライフイベントよりもデイリーハッスルの積み重ねの方が強いと言われている。また，デイリーハッスルも，ストレス反応としての精神症状と関連することが明らかにされている。

■ [2] ラザラスとフォークマンによる心理学的ストレス研究

重大なライフイベントやデイリーハッスルの積み重ねが，心身の健康に影響を及ぼすことは明らかである。しかし，人間関係のつまずきや仕事の失敗などにより，ひどく気落ちし自信をなくしてしまう人がいる一方で，それほど気にせず，ストレス反応らしき反応が見られない人もいる。失恋や離婚においても，いつまでも引きずる人もいれば，ほどなくして生き生きと別の人生を歩み始める人もいる。このような違いは，なぜ生じるのだろうか。それは，客観的には同じ出来事であっても，その出来事の受け止め方や対応の仕方が人によって異なるからである。そのために，出来事が心身に及ぼす影響も人によって異なる。R. S. ラザラスと S. フォークマンは，このような出来事の受け止め方がストレス反応に及ぼす影響について，心理社会的モデルを提唱している（第10章参照）。ここでは，このモデルに関連するストレッサーとストレス反応，認知的評価，コーピング，コーピング資源について概説する。

1) ストレッサーとストレス反応

個人のストレッサーに対する認識（感じ方，捉え方，考え方）は，ストレス反応に大きな影響を及ぼす。たとえば，日ごろの発想を買われてイベントの企画を任されたとする。同じ出来事・状況でも，ある人にとってはよい刺激（快刺激：eustress）であり，別のある人にとっては苦痛（distress）になることもある。イベント企画を任されたことは望ましいことではなく，自分には荷が重いと感じるならば，それは個人を脅かす出来事や状況などの刺激であり，ストレッサーとして認識される。ストレス反応は人によって強弱があり，ストレッサーに対しストレス反応がどの程度表れるかについても，個人の認知的評価が大きく関わる。出来事をストレッサーだと認識すること自体が，精神的・身体的ストレス反応の原因になる。**表9-2** は，スト

表9-2　様々なストレッサーとストレス反応

	ストレッサーの例	ストレス反応の例
生理－化学的	騒音，異臭，暑さや寒さ，体に合わない衣服や座席，痛み，かゆみ，怪我，病気，薬物の副反応，マスク着用，ウイルスや細菌	心理的：イライラ，焦燥感，緊張，不安，悲しみ，怒り，無力感，抑うつ，無気力，インターネットやお酒，薬物，恋人などへの依存
対人的	孤独，不和，無視，ケンカ，失恋，価値観の相違，ハラスメント，集団行動	身体的：心拍数や血圧の上昇，発汗，倦怠感，喫煙の増加，暴飲暴食，食欲不振，下痢，胃痛，不眠，頭痛，肩こり，めまい，集中力や記憶力の低下，性欲減退
社会的	貧困や失業，社会的信頼の喪失，受験・事業などの失敗，車の渋滞や満員電車，遠隔授業や在宅勤務，ソーシャルディスタンス，イベントや学校行事等の社会的機会の延期・中止	社会的：他者とのトラブルや接触回避，活動への興味・関心の減退，ひきこもり，いじめ

（日向野，2011 を改変）

レッサーとストレス反応との例を示している。ストレッサーは様々であるが，どのようなストレッサーであってもどのストレス反応も生じうる。

2）認知的評価

　ラザラスとフォークマンによると，ストレッサーとストレス反応との関連は，出来事とその人との関係によって決定される。彼らは，出来事に対するストレス反応の違いを生み出す要因として，個人が出来事をどのように捉えるのかという認知的評価に着目している。人は何らかの出来事に直面したとき，その出来事が自分にとってストレスフルなもの（ストレッサーと同義）であるのか，それとも無害なものであるかについて，一次的評価をおこなう。この一次的

コラム 12　感染症と心

　学校へ行けなくなったコロナ禍において，子どもたちの自殺率の増加が問題になった。文部科学省によると，令和 2 年の児童・生徒の自殺率は，前年比 1.25 倍の 499 人であった。緊急事態宣言が発出された 5 月以降，2016 年から 2019 年の各年に比べて，自殺率が高くなっている。自殺者数の最も多かった 8 月（2020 年 64 人）は，前年比 1.91 倍であった。感染症という先の見通しが立たないなかで，学校に通うという当たり前の権利が奪われることは，青少年が他者とのかかわりを通して自己を確立していく健全な自己の発達の機会を奪うことになる。また，他者とのかかわりのなかで自分の気持ちや考えを整理するためにも，他者とのコミュニケーションは重要である。そのようなコミュニケーションは，LINE や Instagram などでは難しく，対面だからこそ得られるものであろう。社会人については，非正規雇用の女性の自殺率の増加も懸念されている。コロナ禍で突如職を失い，日々の生活に困窮し，将来を悲観する辛さははかりしれない。

　未知のウイルスがもたらす感染への不安や社会的状況，行動制限などの閉塞感は，コントロール不可能なストレッサーと言える。自分ではどうすることもできないと思うほど，ストレッサーの脅威は増し，ストレス反応を増幅させてしまう。図 9-1 のとおり，ストレッサーの脅威を低く考える人たちは，事態をコントロールできてもできなくてもストレス症状の強さに大差はない。しかし，ストレッサーの脅威を高く考える人たちの場合，ストレッサーをコントロールできると思う人はストレス症状が軽く，コントロールできないと思う人はストレス症状が重い。このように，ものごとの捉え方は，ストレス反応を軽くも重くもする。しかし，感染症の拡大や脅威，登校や家族との面会を禁じられるなど，新型コロナウイルス感染症による日常生活への影響は，個人の力ではコントロールし難いものである。それゆえ，ストレッサーの脅威を高く捉えやすい状況であり，心身に大きなダメージをあたえると言えよう。

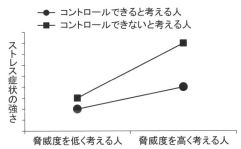

図 9-1　認知的評価とストレス反応との関係 （坂野，1995）。

　厚生労働省が 2020 年 9 月に 15 歳以上を対象として実施した「新型コロナウイルス感染症に係るメンタルヘルスに関する調査」では，何らかの方法で，不安やストレスを発散・解消できた人は 46.3%と多いものの，20.7%は発散・解消できておらず，5 人に 1 人がストレスを抱え続けていたことが報告されている。日本財団が 2021 年におこなった「18 歳意識調査第 35 回 – コロナ禍とストレス」によると，「ストレスを感じた時の対処法」については，「そのことから気をそらすために，趣味や他の活動にとりかかる」（35.1%），「気分をよくするためにお菓子やご飯を食べる」（30.8%）などの情動焦点型コーピングが多く見られた。コロナ禍において，こうしたコーピングの実行は，ささやかながらもストレス反応の低減に役立つのであろう。

評価において，事態はストレスフルだと評価された場合は，具体的にどのように対処すればその状況を解決できるのか，二次的評価がおこなわれる。この二次的評価で選択されたストレッサーへの対処方略（コーピング）を実行し，うまく対処できれば，出来事の脅威は低減される。しかし，うまくいかない場合は，どのような方法ならば状況にうまく適応できるのか，認知的再評価がなされ，それに応じた対処行動が実行される。

3）コーピング

　ストレッサーに直面したとき，それを何とかしようとする対処行動は，コーピングと呼ばれる。コーピングは，ストレッサーをうまく除去できたか否かという結果にかかわらず，私たちが，ストレッサーを除去しようと何らかの対処努力をしたならば，それらはすべてコーピングと見なされる。

　認知的評価に応じたコーピングは，ストレッサーの脅威の低減を目的になされる認知的，行動的なコーピングである。コーピングは，問題焦点型コーピングと情動焦点型コーピングに大別される。

　問題焦点型コーピング　　直面したストレスフルな状況や，障害になっている問題そのものを積極的に解決・改善しようとするコーピングである。転勤について恋人の理解がなかなか得られない場合，少し間を置いてみたり，説明の仕方を変えたり，友人に仲介してもらったりして，何とか理解を得ようとする。

　情動焦点型コーピング　　ストレスフルな状況によって生じた不快感情を，低減したり，コントロールしたりすることを目的としている。どれだけ説明しても理解を得られない場合，説得をあきらめたり，友達に話を聞いてもらって気を紛らわせたり，仕事に集中してそのことを考えないようにしたりする。

　コーピングをおこなった後，状況について再び認知的評価がなされ，現在のストレッサーの評価や新たなコーピングの選択がなされることになる。基本的には，まずは問題そのものの解決（問題焦点型コーピング）を試みる。その際，コーピングがうまくいかないようであれば，さらに別の問題焦点型コーピングやイライラや不安を鎮めようと情動焦点型コーピングがなされやすくなる。情動焦点型コーピングは，一時的に不快な気分を鎮めることに役立つが，根本的なストレッサーの除去，すなわち問題解決にはならない。このような過程を繰り返してもストレスフルな状況が変わらない場合は，状況に対する不適応の結果として，何らかのストレス反応を生じる可能性が高くなる。DVや虐待などにおいては，繰り返されるコーピングの失敗が学習性無力感につながることもあり，深刻な影響をもたらす。

4）コーピング資源としてのソーシャル・サポート

　コーピングの選択と実行には，その人の個人的・社会的・経済的なコーピング資源が影響する。具体的には，自尊感情や自己効力感，問題解決スキル，ソーシャル・サポート，ソーシャル・スキル（円滑な対人関係を築くための学習可能で総合的な能力），健康，楽観主義的見方，知識，経済的資源などが挙げられる。

　ソーシャル・サポートは，コーピングに大きな影響を及ぼす社会的資源である。ソーシャル・サポートとは，他者から得られる有形（資金や物品など），無形（時間や愛情，同意など）の援助のことである。レポート期限間際にパソコンが壊れてしまったとしよう。その場合，貸してくれる，直し方を教えてくれる，パソコンがなくても何とかなる方法を一緒に考えてくれる，いずれも，友人から得られる様々なソーシャル・サポートである。これらのサポートが得られたならば，自分一人ではたどり着けなかった方法も選択可能になり，問題焦点型コーピン

グを実行しやすくなるであろう。また，動揺が落ち着くようケアしてくれる友人がいれば，情動焦点型コーピングによって気持ちを落ち着けた後で，具体的な問題焦点型コーピングを実行できるかもしれない。ソーシャル・サポートは，出来事に対する私たちの適応を促進する重要な要因であり，コーピングだけでなく，出来事をストレスフルと捉えるか否かの認知的評価にも影響を及ぼす。

4 ストレスと疾病

■ [1] ストレスと疾病の関係
　極度に緊張しているときにお腹が痛くなるように，一時的なストレッサーに対するストレス反応もあるが，ストレッサーに対処できず，それにさらされ続けると，心の問題はときに身体的症状や病気となって現れ，私たちをさらに悩ませる。人間関係や職務上の重責，過労など，心理的・社会的な問題が重くのしかかると，眠りが浅くなったり，肌荒れがひどくなったり，発熱したりと，いつの間にか体の調子まで悪くなることがある。「病は気から」とは，病気は気の持ちようで，重くも軽くもなることを表す慣用句である。心と治癒との関わりを表わす言葉かもしれないが，古くから伝えられるこの言葉は，心と体は連動するという心身相関であることを教えてくれる。

■ [2] 心 身 症
　日本心身医学会によると，心身症とは，「身体疾患の中で，その発症や経過に心理社会的な因子が密接に関与し，器質的ないし機能的障害が認められる病態」を言う。つまり，私たちは様々な身体的疾患に罹るが，その発症過程に心理社会的な問題が関わっており，その症状は単一ではなく複合的に見られるような場合を心身症と捉える。
　表9-3に，代表的な心身症の疾病を示した。これらの疾病は，純粋に身体疾患であるが，中には，心理社会的な過程を経て身体疾患を発症した心身症として診断されるケースがある。ストレスに起因する心身症の疾病は様々である。本人の体質やパーソナリティ，周囲との関係性や環境によって，ストレッサーによるダメージや，ストレス反応としての身体症状や回復力は異なることから，すべての人が心身症を発症するわけではない。

表9-3　主な心身症

呼吸器領域	気管支喘息，神経性咳嗽，過換気症候群，慢性閉塞性肺疾患
循環器領域	本態性高血圧，本態低血圧，起立性調節能障害，虚血性心疾患，不整脈
消化器領域	食道機能異常（食道アカラシアなど），機能性胃腸症，胃十二指腸潰瘍，神経性嘔吐，過敏性腸症候群，炎症性腸疾患（潰瘍性大腸炎，クローン病），慢性膵炎
内分泌代謝領域	バセドウ病，糖尿病，メタボリックシンドローム，肥満症，摂食障害
膠原病領域	関節リウマチ，線維筋痛症
神経領域	頭痛，ジストニア，チック，めまい，自律神経失調症
外科領域	頻回手術症，腸管癒着症，術後ダンピング
整形外科領域	腰痛症，肩こり
泌尿器領域	排尿障害（心因性頻尿，夜尿症など），勃起障害
婦人科領域	月経異常，更年期障害
耳鼻咽喉領域	メニエール症候群，突発性難聴，アレルギー性鼻炎
皮膚領域	アトピー性皮膚炎，円形脱毛症，多汗症
歯科口腔領域	顎関節症，舌痛症，知覚異常
小児科領域	気管支喘息，過換気症候群，起立性調節障害，機能性胃腸症，過敏性腸症候群，夜尿症，心因性発熱

（石川・星，2013をもとに作成）

　心身症の治療では，身体症状そのものに対する医学的治療だけでなく，何がストレッサーに
なったのかを見極めることが肝心である。そのうえで，誰もがストレスに感じるようなことで
あり，除去することが可能なストレッサーであれば，環境を変えたり，ストレッサーになって
いるものごとや人物から離れたりすることによって，心身症は改善しやすくなる。しかし，本
人のパーソナリティ，ストレッサーの脅威やストレス反応を強めるような認知傾向，不適切な
コーピングなどが見られる場合には，これらを適応的な方向へ修正できるか否かが，心身症改
善の手がかりになる。

　心身症には，精神障害に伴う身体症状は含まれない。精神障害（精神疾患）の代表的なもの
は以下のとおりである。①妄想や幻覚が特徴的な症状である統合失調症，②うつ病や躁病，そ
れらが繰り返し認められる双極性障害などの気分障害，③一時的に脳の一部が過剰に興奮する
ことによりけいれんや意識を失うなどの発作が見られるてんかん，④アルコールや薬物，ギャ
ンブルなどの依存症，⑤交通事故や脳血管障害などの病気により，脳へのダメージが原因とな
り認知や行動に生じる障害である高次脳機能障害。これらの精神障害に付随する身体症状は，
心身症とは異なるものである。

■ ［3］ 心身症に関わるストレス誘発要因

1）タイプA行動パターン

　スレッサーの影響を受けやすく，ストレス反応を起こしやすい個人特性の1つとして，タイ
プA行動パターンが挙げられる。これは，虚血性心疾患（冠動脈の閉塞や狭窄などにより心筋
への血流が阻害され，心臓に障害が起こる疾患）を特徴とする病気との関連が深い行動パター
ンとされている。心疾患は，日本における病因死亡率として，癌に続く第2位となる疾患であ
る。高血圧，高コレストロール血症，喫煙，糖尿病，肥満などとともに，タイプA行動パター
ンも冠動脈疾患（虚血性心疾患において起こる症状：代表的なものに心筋梗塞や狭心症）の危
険因子とされている。冠動脈疾患で入院した患者に，日頃の生活や行動を調査したところ，①
目標への強い努力，②強い競争心，③時間的切迫感，④敵意性や攻撃性，怒りの強さ，⑤大き
な声で早口でしゃべるなどの特徴が見られた。M.フリードマンとR.H.ローゼンマンは，これ
らの特徴をもつ行動様式をタイプA行動パターンと名づけた。タイプA行動パターンの人は，
仕事や予定を詰め込む，休息をとらないなど，ストレス状況をつくりやすい。その結果，過労
や生活リズムの乱れ，健康に対する自信過剰な思い込みなどを抱えやすく，交感神経系が常に
興奮した状態になり，自律神経系の変調をきたすことによって，心身の健康を損ねやすくなる。

　しかし，近年では，タイプA行動パターンに見られる行動様式のうち，「怒り」と「敵意」が
健康に対するリスク因子であることが明らかにされており，タイプA行動パターンから個別の
リスク因子へ関心が移りつつある。

2）アレキシサイミアとアレキシソミア

　心身症の患者に見られる特徴として，アレキシサイミア（失感情症または失感情言語症）と
アレキシソミア（失体感症）が挙げられる。アレキシサイミアは感情面の言語化の制限を主と
しており，①想像力が乏しく自分の感情を言語化することの困難，②情動を感じて言語化する
ことの困難，③事実関係を述べられるが，その際の自分の感情を表現することの困難，④面接
者とコミュニケーションすることの困難を抱えるという特徴をもつ。また，アレキシソミアは
身体面の変化に対する気づきに乏しいという特徴をもつ。アレキシソミアは，空腹や疲労など，
自分自身の心身の健康を守り維持するための身体症状の変化に気づきにくく，無理をしている
ことにも気づかず，体調を崩しやすくなる。こうした傾向が，心身症の発生に関与していると
考えられている。

■ [4] 精神的な不調，疾病

1）う つ 病

　ストレスに関わる精神的な不調・疾病の代表として，うつ病が挙げられる。うつ病は，気分の変動によって日常生活に支障をきたす気分障害である。日本の生涯罹患率は 6 ％であり，この割合で生涯のうちにうつ病を発症することが分かっている。WHO によれば，年間 80 万人がうつ病によって自殺していることから，看護にあたる家族や身近な人々にとっても精神的負担は大きく，うつ病は本人だけでなく周囲の人々の well-being も脅かす。

　うつ病では，感情面（ゆううつ，悲哀，さみしさ，不安，焦燥，自己の無価値感など），活動面（意欲，活動性，興味の低下や自殺企図など），思考面（判断力や決断力の低下や思考の停止，自殺念慮や絶望，自責など）などに症状が現れ，様々な苦悩を体験する。精神面ばかりでなく身体的な反応として，倦怠感，睡眠障害，食欲や性欲の低下，頭痛や胃腸系の不調など自律神経系の症状が現れやすくなる。これらの症状から，患者は，心身の健康を維持するためのセルフケア（食事や入浴等の衛生，睡眠など）や通学や通勤，他者との交流など，社会的な生活に支障をきたし，生活上の不適応に陥ってしまう。死別による悲嘆の反応でも同様の症状が見られるが，うつ病は，死別による反応とは区別される。DSM-5 によると，抑うつ気分または，ほとんどすべての活動に対する興味または喜びの喪失のいずれかが，2 週間以上持続している場合に，うつ病と診断される。夏よりも日照の少なくなる冬に症状が悪化しやすく，出産や更年期などのホルモンバランスやライフイベントにおける変化の大きい女性は，うつ病を発症しやすい。日本うつ病学会によると，うつ病の発症過程は多様であり，生物学的，遺伝的，心理社会的要因が関連し合っているという。ストレッサーに対する認知傾向やコーピングが適切でない場合，うつ病の発症リスクが高くなる。また，表 9-1 に示したライフイベントの中には喜ばしい出来事や環境の変化なども含まれるが，これらによってもうつ病を発症することがある。

　うつ病の治療では，心の休養を第一としたうえで，苦痛の緩和，身の安全の確保，自己価値の向上，社会への再適応などを目指す。薬物療法のほか，ネガティブで非合理的な思考の強い患者には，適応的な思考に変化させるための認知行動療法や自分自身の認知に対する気づきを高めるマインドフルネスなど，対人的な問題をかかえる患者には，適応的な対人的行動のレパートリーを増やすためのソーシャルスキルトレーニングなどをおこなう。

2）燃えつき症候群（バーンアウト）

　職務上の目的達成のために，感情を適切にコントロールしながらおこなう労働は，感情労働と呼ばれる。感情労働を主とする対人援助職従事者（看護師や福祉職など）に生じやすい精神的健康の状態として燃えつき症候群が挙げられる。これは，職業性ストレッサーに起因するストレス反応であり，職業性ストレスにおける極度の心身の疲労と感情の枯渇状態を指す。特徴的な症状として，無関心，思いやりの喪失，仕事への嫌悪が現れる。燃えつき症候群は，長時間労働に従事している場合や仕事に対する責任感が強く献身的に仕事をする人が罹りやすい。

3）PTSD

　戦争や事件，犯罪，災害など，日常生活におけるストレッサーを超えたつらい体験は，深刻な精神的ダメージを与える。生命が脅かされるほどの体験や殺人の目撃，レイプなどの過酷で強烈なストレッサーの体験（身近な人に生じた出来事を見聞きすることも含む）が，長期間にわたり精神的に影響を及ぼすような体験は，心的外傷（トラウマ）体験と呼ばれる。心的外傷を負うと，①解離（目の前で起こったこと，体験したことを現実のものとは思えない感覚，感覚の麻痺など），②再体験（心的外傷になった出来事を繰り返し思い出す，意思にかかわらず思い出される侵入症状やフラッシュバックなど），③回避（心的外傷自体あるいはそれに関わ

りの深い出来事や記憶，思考，感情を避けようとする），④認知と気分の陰性変化（ポジティブな気分や幸福を感じられなくなる，否定的でネガティブな考えや気分，活動への意欲低下，孤独感など），⑤覚醒亢進（不安や恐れ，イライラ，過剰な警戒心の高まり，睡眠障害や集中困難など）のような精神症状が見られることがある。アメリカ精神医学会の診断基準であるDSM-5によれば，これらの症状が1か月以上持続し，著しい苦痛や日常生活への適応に支障をきたしている場合は，PTSD（心的外傷後ストレス障害）と診断される。

コラム 13　災害支援

　1995年1月17日，マグニチュード7.3を記録した阪神・淡路大震災が起こった。この震災は，多くのボランティアが活動する契機になり，ボランティア元年とも呼ばれている。その後も，戦後最も広域に甚大な被害を被った東日本大震災（2011年3月11日発生）など，各地で多くの事故・災害が発生するなか，災害時にはボランティアセンターが立ち上がり，医療や福祉，心理の専門職，力仕事等の人手，物資の提供など，災害支援の現場における各種連携がなされるようになってきた。災害派遣医療チーム（DMAT）や災害派遣精神医療チーム（DPAT）なども，近年，認知されるようになった言葉である。

　予測不可能であり，コントロールし難いほどストレッサーの脅威が増すことを述べたが，大事故や大きな自然災害は，まさにそのケースにあたる。家族や親しい人を突然失ったり安否が分からなかったり，大切な家を失ったりしたとき，人々が負う心身のダメージは計り知れない。また，家族や家屋が無事だったとしても，甚大な被害を受けた人を前に負い目を感じる被災者も多い。特に，自然災害によって地域一帯が被害を受けた場合は，被害の程度が可視化されやすく，被害の程度にかかわらず，住民の多くが心身に不調をきたしやすくなる。

　このような災害時の支援は，精神保健活動と心理社会的支援の双方から成り立つ（図9-2）。精神保健活動は，病状や症状に応じたメンタルヘルスへの治療的介入である。一方，心理社会的支援は，被災者の物理的・心理的・社会的なニーズへの要請にこたえることによって，被災した人の心理的安全を確保し，精神的回復力（レジリエンス）

図9-2　災害時の心のケアに必要な要素とその考え方（森光，2021）。

を高め，well-beingの改善・促進を目指す過程である。このような精神科医療や心理社会的支援のチームは「心のケアチーム」と呼ばれ，同チームによる支援は「心のケア」と呼ばれる。災害時には様々なストレス反応が生じるが，多くの場合，時間が経つにつれてストレス反応は緩和されていく。しかし，災害時に適切なサポートを得られないとストレス反応は強く，長引きやすい。ソーシャル・サポートの欠如は，災害後のPTSD発症要因であることも分かっており，支援を求める被災者に対し，適時に支援をおこなえるか否かは，被災者の回復プロセスに大きな影響を及ぼす。

　サイコロジカル・ファーストエイド（PFA，心理的応急処置）とは，災害やテロなどに被災した直後の人たちを支援するために考案された支持的な介入方法である。「災害時のこころケア　サイコロジカル・ファーストエイド実施の手引き」（兵庫県こころのケアセンター訳）によると，PFAは，トラウマ的出来事によって引き起こされる初期の苦痛を軽減すること，短期・長期的な適応機能と対処行動を促進することを目的とする。WHO版のPFAでは，「見る・聞く・つなぐ」を原則としている。実際に，被災者の状況を見て，何を必要としているか，何に困っているかなどのニーズを聞き，それを適切な支援のできるところへつなぐのである。S. E. ホブフォルらは，心的外傷を負うような緊急時の介入原則として，①安全・安心感，②落ち着き，③自己効力感およびコミュニティの効力感，④周囲とのつながり，⑤希望の促進を挙げている。これらの原則のもと，PFA実行者は被災者に対し，決めつけず，おしつけず，共感的な態度で実際に役立つサービスや情報を提供することにより，被災者だけでなく被災者をとりまく地域全体の回復を促すことを目指す。

5 健康からみたストレス

　ストレスが心身の健康に及ぼす影響について述べてきたが，一方で，健康がストレスに及ぼす影響も見られる。健康な人は，ストレスをどのように乗り越えるのであろうか。健康とは，単に病気でない，虚弱でないということではなく，肉体的にも，精神的にも，そして社会的にも，すべてが満たされた状態として捉えることができると冒頭で述べた。すなわち，健康とは，私たちがよりよく生きるための基盤である。このような健康には，身体的，精神的，情緒的，社会的の4つの局面があり，相互に機能して，ストレスの様々な局面に影響を及ぼす（**表9-4**）。すなわち，ストレスは健康に影響を及ぼすだけでなく，健康もまたストレスに影響を及ぼす。ストレスに適切に対処するためには，健康でいることも大切である。

表9-4　健康度の指標と健康がストレスに及ぼす影響

	健康度の指標	健康度の高い人の特徴
身体的健康	体が思うように機能しているか否か。身体的健康とは病気ではないということではない。	ストレッサーに対処するための行動を起こすエネルギーがある。
精神的健康	自分の価値観や信念，信仰に基づいて人生を送っているか否か。合理的・適応的に問題を解決することができるか否か。	ストレッサーの強さや性質を冷静に判断し，適切な解決方法を見出す可能性が高い。困難な状況にも耐えることができる。
情緒的健康	自分の気持ちを知り，その気持ちを表現したり，コントロールしたりできるか否か。	感情的になりすぎず，自分の気持ちを上手に表現し，ストレスを解消することができる。
社会的健康	幅広い人間関係，いろいろな人とのつながりをもっているか否か。多くの人からのソーシャル・サポートがあるか否か。	ストレス状況を共に過ごしてくれる人，サポートをしてくれる人がいる。

（中野，2016 をもとに作成）

6 おわりに：ストレスの緩和，ストレス耐性の強化と SDGs

　本章では，ストレスをメインに，心身症や精神的な疾患について述べてきた。本章の内容は，SDGs における目標3「すべての人に健康と福祉を」に関連している。ターゲット3.4「2030 年までに，非感染性疾患による若年死亡率を，予防や治療を通じて3分の1減少させ，精神保健および福祉を促進する」は，ストレスを少しでも緩和する方法を得られれば，強いストレスから生じる心身症やうつ病，適応障害などへの進行をいくらかでも予防できるかもしれない。すわなち，ストレス対処の試みは，何らかの強いストレスに起因する非感染性疾患による若年死亡率の低下につながるとも考えられる。また，ストレス反応は依存症や自傷行為につながることもある。ターゲット3.5「薬物乱用やアルコールの有害な摂取を含む，物質乱用の防止・治療を強化する」についても，ストレス反応の低減は寄与するであろう。

　SDGs17「パートナーシップで目標を達成しよう」では，先進国か後進国か，人種，性別，専門性，立場などの様々な違いがあるなか，資金や技術，能力開発や体制面などにおいてパートナーシップを築くためには，価値観や目的の異なる相手とコミュニケーションを重ねる必要がある。その過程では心理的な緊張を伴い，多くのストレスを抱えやすくなる。自分自身の物ごとの見方がストレッサーやストレス反応を強くも弱くもする。これを理解し，適切なコーピングをおこなうことは，協調や協働を促し，パートナーシップを築く一助になると期待したい。

読書案内

クーパー，C. L.・デューイ，P.　大塚　泰正・岩崎　健二・高橋　修・京谷　美奈子・鈴木　綾子（訳）（2006）．
　　ストレスの心理学──その歴史と展望──　北大路書房
　　　ストレス研究の歴史的流れを追いながら，本章で解説した生理的ストレス研究やライフイベント研究，ラザラ
　　スの心理学的ストレス研究などについて，理解を深める一冊である。
大竹　恵子（編著）（2016）．保健と健康の心理学　ポジティブヘルスの実現　ナカニシヤ出版
　　　健康心理学の基礎をはじめとし，ストレスやうつ病と健康との関連，健康と生活習慣や医療，健康への予防的
　　アプローチなど，分かりやすく解説してくれる入門書である。

第10章
心理的適応と，その支援
[SDGs: 3, 5, 10／公認心理師: 15, 22]

西山　薫

　「適応」は，日常生活を過ごすなかでも，よく使われる言葉である。私たちが適応できている，と感じるのはどういった時であろうか。友人や家族といった周囲の人とのやり取りがうまくやれている，職場や学校などの所属集団の中で何らかの役割を果たせている，あるいは経済的にも安定しているなど，様々の場面が想像されるが，いずれも何がしかの心の安定や充足感を感じられるような状況と言えるであろう。心理的適応は，物理的・環境的条件に対応できているばかりではなく，その人の価値観や目標も含め主観的な満足感や幸福感の状態を表している。本章では，まず心理学的な意味での適応とはどのような状態なのか，個人が環境の間で調整を図ろうとする仕組みを，適応と順応の対比や，内面的な適応と外面的は適応という概念を紹介し，理解を深めたい。

　また，心理学的な適応・不適応のメカニズムの理解に，ストレス研究において得られてきた知見は有効である。ストレス概念を，初めて人間の生体反応の理解に適用したのはセリエであるが，一見ネガティブに捉えられがちなストレス反応が，実は生体の適応への努力であることを明らかにして，その後の心理的ストレス理論が発展する先駆けとなった。現在，ラザラスに代表される心理社会的ストレス発生過程モデルは，精神的健康が維持される，あるいは阻害される仕組みをよく説明してくれるものである。ここでは，研究の端緒となったセリエの生理学的ストレス理論に始まり，人生上の生活事象（ライフイベント）という視点を考案したホームズとレイの研究，また現在，ストレス研究においてはある程度の共通理解に至ったラザラスによるストレス発生過程モデルについて，それぞれ述べる。

　臨床心理学的支援は，不適応状態の回復を図るための治療的な介入である。また，それのみならず，より積極的に適応の維持や促進も目標としている。各心理療法が依って立つ諸理論や人間観は，それぞれに特徴的な人間理解をもたらす。その視点から，適応・不適応はどのように捉えられてきたのだろうか。3つの主流と言われる，精神分析療法，来談者中心療法，行動療法を取り上げて，治療観と技法を解説する。

　心理学的なアプローチは，個々人の内面に目を向け，尊重し支援しようとするものである。人は個体として生物的・心理的存在であると同時に，社会的，文化的な存在でもある。生きる時代や環境，社会的な立場，また経済的，政治的状況等の側面は，その人の生活に多大な影響を及ぼすのだと言える。問題への介入，支援に関わり，医学的治療が生物学的治療モデルに限界を感じて，生物－心理－社会モデルへと移行したように，精神衛生や臨床心理，福祉の領域においても，このモデルに表される観点から支援が目指されるようになった。オールビーは，精神的・情緒的障害といった精神衛生上の問題発生に対し，影響を及ぼす生物・心理・環境的要因を重要視した一人である。彼が提唱した「精神衛生問題発生のための予防等式」を，人と環境の関係を総合的に理解する手がかりとして，この章の最後に取り上げる。

1 適応とは

■ [1] 適応と順応

　適応とは，生体が生活する環境に適するようにその形態的，生理学的にも変化していくこと，あるいはその過程である。生物学的には，順応，順化とも言われ，これらはしばしば類似した概念として扱われている。しかし，心理学的には，適応は順応とは区別され，環境からの働きかけに応じるだけの反応ではないという点が強調される。心理的適応とは，人が環境からの要請に応えると同時に，自らの欲求・要望も満たされて調和した状況であること，その両者のバランスがその人にとって良好に機能していることとされる。順応という個人の反応が，従来，生理的・生物的側面への注目であったことも相まって〈慣れる〉という意味あいが強いのに対し，心理的適応は，個人が環境へ〈意識的に働きかける〉という，より能動的な反応であり行動である。

　適応が，このような個人と環境の有機的な調整機能であると考えると，ある条件下における適応が果たされるまでには何らかの段階がありそうである。岡田は，生徒の学校適応感における質的変容とも言える過程を考察していて興味深い。生徒が入学という新しい環境において，不安定な状況に置かれたところから，生活の過ごし方に慣れ心理的にも安定していくのだが，その一方で，不満も感じるようになる段階がありうるとし，「単に環境に合わせて順応するだけでは適応的とは言えず，その環境を享受できているか（楽しめているか）が重要になる」と述べている。そして，「学校への心理的適応感」は，学校生活への順応と学校生活の享受の二側面から捉えられるということを明らかにし，さらにその2つは相反する関係でなく両立可能であると示唆している。上述したように，順応はある意味，環境からの要請に受動的，従順な反応である。しかし，私たちもたとえば就職や引っ越しなど，新しい環境に置かれた体験を振り返ってみると，まずはその環境をよく知り，受け入れられそうな振る舞いを模索したはずである。そしてどうにか馴染んできたと感じられた時，少し安心を覚えるのではないかと思うのである。しかしそれにとどまらず，徐々に本来の好みや志向性といった個性も表現して働きかけていくことで，より生活しやすい環境がもたらされるのだと考えられる。

■ [2] 内的適応と外的適応のバランス

　前項では，心理的適応は個人と環境の間における調整過程であると述べたが，北村は，適応を「内的適応」と「外的適応」という2つの側面から整理している。内的適応とは，幸福感や満足感を経験して心的状態が安定していることであり，個人の内界で経験される主観的・情緒的な感覚としての適応と言える。一方，外的適応は，個人が所属する社会的，文化的環境に対する適応である。生活する場面や周囲の人との関係において生じる反応や対処によってその適応度が推し量れるところから，より具体的で客観的な行動としての適応と言えよう。

　あらためて，心理的適応をこの二側面から捉え直すと，それはこの二側面が程よく調和状態にあることと見なすことができる。程よく調和的ではない状態とは，つまり「不適応」状態である。北村は，不適切な適応の1つとして，外的な適応努力が内的な適応感を犠牲にしてでもなされている状態，それによって内的な適応に不調をもたらしてしまう状態を挙げて，これを「過剰適応」と呼んだ。過剰適応が就労者のバーンアウトや子どもの学校不適応といった心理的問題の一因として注目されるようになり，過剰適応研究は，日本において比較的特有のテーマとしてさかんにおこなわれている。当時は，北村が指摘したように，外的適応の過剰さが強く問題視されたが，次第に外的適応の過剰さと内的適応の低下の両面をもって過剰適応を捉えるようになってきた。この考え方によれば過剰適応は「環境からの要求や期待に個人が完全に

コラム 14　LGBT（Q）

　LGBT（Q）とは，レズビアン（女性同性愛者），ゲイ（男性同性愛者），バイセクシュアル（両性愛者），トランスジェンダー（身体的性と心が不一致の人），クイア（Queer），あるいはクエスチョニング（Questioning）の頭文字を取った言葉で，性的マイノリティの総称として用いられることもある。2つのQは，それぞれ背景や意味合いが異なるが，自身の性や好きになる性が明確でない・わからない・1つに決まるものではないというように定まっていない性の在り方（セクシュアリティ）である。日本におけるLGBTQの割合は，想定約3％〜10％であるが（2018〜2020年），想定幅が広いのは，調査内容の性質上，対象者が回答に困難を覚えたり，また調査形式や対象年齢層が異なったりなどが影響するためとされている。

　私たちのセクシュアリティは，身体的な性，自身が認識する性，恋愛や性愛の感情の向く方向という側面で表わすことができる。最近では「SOGI（性指向と性の自認）」という表現も認知されるようになった。性指向とは，どの性を好きになるかという指向性であり，性自認とは，自分がどのような性を認識しているかである。SOGIは，すべての人々が持つ「特性」であって，たとえば異性愛者とは「身体的性と性自認が一致し，また性指向がその異性に向いた状態」の人と説明できる。SOGIの観点からすれば，異性愛も様々なセクシュアリティの中の1つの在り方である。

　性的マイノリティに関し，精神医学の領域では「異性愛ではないもの」は異端，異常と捉えて，治療を要する精神的な病と考えてきた歴史がある。同性愛はパーソナリティの障害とされてきたが，1990年頃までには疾病ではなく1つの正常な性であると正式に認知された。少し遅れてトランスジェンダー（正確にはトランスセクシュアル）は，「性同一性障害（GID）」とされていたものが，近年になり，精神障害の分類から除外されるに至って「性別違和」（DSM-5，2013），「性別不合」（ICD-11，2022発効予定）の呼称となった。特にICD-11では「性の健康に関する状態」の下位項目になり，障害ではないこと，性の健康を保証するうえでは治療が必要になる場合もある状態という捉え方へ変遷した。

　性を男女二分とする考え方，また異性愛中心の社会的枠組みによって，性的マイノリティは社会的スティグマを付され偏見や差別を受けてきた。心理学領域では，このようなストレス状況下の精神的健康に関して研究が蓄積されつつある。LGBのストレスはマイノリティ集団特有のストレスとLGBへのアイデンティティストレスの両方であること，異性愛者以上に対人的ストレスが高く，家族からのサポートは得にくいことが分かった。トランスジェンダーに関しては未だ知見が少ないが，GID（「障害」）として認識度が高まったものの，現状の社会的枠組みでは性自認への適切な理解は得られにくく，依然として適応上の問題は未解決であることが示されている。精神的健康の回復や維持に関わる重要な保護的要因は，第一は周囲からの理解と受容である。複数の調査で，当事者との交流やメディアを通じ情報に多く触れている者が性的マイノリティへの抵抗感が低いことが示され，適切な知識と理解が受容の鍵であることが分かる。発達早期からの性の心理教育は，当事者への理解のみならず，SOGIに関する正しい知識によって性の在り方の多様性を知り，自分とは異なる相手や価値観を認めて受け入れる態度を可能にする。また，子ども時代から自らの性に疑問や違和感を抱いている場合もあるとされ，発達の早期から自己理解を促す手がかりともなる。第二には，サポート集団の存在である。当事者コミュニティは，互いのポジティブな認識を深めて自己受容を進めることができるサポーティブな集団となる。しかし，特性を隠蔽せず社会生活を送ることを望む場合，カミングアウトは1つの手段であるものの，身近な人に受け入れ態勢がない場合，かえってこれまでの関係を失いかねないという危険が伴う。最近になって「アライ（Ally）」の存在が注目されている。アライとはもともとは仲間，盟友を指し，転じて「性的マイノリティではないが，理解を示し寄り添い応援する（支える）人」を指すようになった。アライであるという表明および活動は，当事者への支援であると同時に，対社会的にも性的マイノリティの認知度を高めて，適切な理解と受容がある社会，つまりは生活しやすい環境づくりに貢献する架け橋として期待され始めている。

参考図書

針間　克己・平田　俊明（編著）（2014）．セクシュアル・マイノリティへの心理的支援——同性愛，性同一性障害を理解する　岩崎学術出版社

石田　仁（2019）．はじめて学ぶLGBT——基礎からトレンドまで　ナツメ社

近い形で従おうとすることであり，内的な欲求を無理に抑圧してでも，外的な期待や要求に応える努力をすること」(石津) と定義される。過剰適応という特性を捉えるために種々の測定尺度が開発されているが，上述の石津による過剰適応尺度では，外的適応の側面は，「他者配慮」「期待に沿う努力」「人から良く思われたい欲求」，内的適応は，「自己抑制」「自己不全感」(これが過剰になれば〈内的不適応〉へ至る) であり，それぞれの因子から 2 つの側面の特徴が，よく読み取れる。

　ところで，この内的適応と外的適応は，相補的に上昇と低下が連動するのであろうか。実際には，外的適応が高くとも内的適応が低いと言えない人もいる。また逆も然りで，外的に不適応を呈していても必ずしも内的な適応状態にない場合もありえよう。近年の研究の流れでは，二側面の調和を一次元上で捉えるのには限界があり，それぞれの組み合せがどのような状況を発生させるのかという検証が試みられている。またさらには，内的・外的という二分類でなく，個人内界の適応を〈本来感〉と捉え直して，あらためて〈過剰適応な傾向〉との関係を明らかにしようとする立場もある (たとえば，益子)。過剰適応研究は，青年期の不適応の理解に貢献をもたらしたが，特に内的な主観的幸福感や満足感に注目して，環境との調和を考察しようとするため，よりよい適応を模索する予防的見地からの研究としても期待されている。

2 適応とストレス

■ ストレス理論における適応，不適応

　適応とは人と環境の調整機能であると述べたが，これをプロセスという側面から説明すると，ある環境的条件に対して，①何らかの欲求や動機づけが発生し，②それらを妨げる障壁があった場合には反応を起こして，③その問題の解決を図る，という努力の過程と言うことができる。しかし，この②，③の過程が常に成功するとは限らない。失敗した場合には欲求が阻止されたフラストレーション状態，つまり不適応状態に陥ることになる。この一連の努力 (なかでも，不幸にもその結果が失敗に終わった場合) のプロセスは，ストレス理論におけるストレッサーからストレス反応へというストレス発生モデルがよく照合し，示唆を与えてくれる。

　ストレス心理学の祖とも言われる H. セリエは，それ以前の時代にも物理学・工学系で用いられていた「ストレス」という用語を医学や心理学領域に取り入れ，生物学的ストレス理論を構築した。セリエによればストレスとは「様々な外的刺激が加わった際に生じる生体内の歪みの状態」である。外界からの侵襲 (ストレッサー) は，生体に対して交感神経の興奮，副腎皮質の肥大，胸腺・リンパ組織の萎縮，胃腸管の潰瘍といった変化を生じさせるが，セリエは，これらをストレッサーの種類に関係なく生じる非特異的ストレス反応であるとして，「汎適応症候群 (GAS)」と名づけた。GAS は 3 段階の時間的経過をたどる。警告反応期ではストレッサーを受けた間もなく抵抗力が一時低下するショック相があり，その後反ショック相に移る。抵抗期は生体が常時以上に抵抗力を発揮し適応ができている時期である。しかし疲弊期は，ストレッサーが長期間に及んで適応エネルギーが限界となる時期で，副腎皮質萎縮，胃潰瘍などを発症，死に至る場合もあるとされる。セリエ学説の最大の特徴は，この生体の一連の刺激 - 反応の経過を「適応のメカニズム」と捉えた点にある。ストレス反応とは，生体がおしなべて，本来のホメオスタシス (恒常性の維持) 機能を働かせ再適応を図ろうとする仕組みである，という考えである。セリエは主に物理的・生理的ストレッサーを想定したが，この研究を発端に，「心理的ストレス」研究が拡張した。

　T. H. ホームズと R. H. レイは，人が日常生活で経験する出来事，ライフイベントを心理的ストレッサーとして取り上げて健康との関連性を明らかにした。彼らが開発した「社会的再適応評価尺度 (SRRS)」は，多くの人にとって重要と考えられる結婚を基準 (50) に，死別，離婚，

仕事上の変化，新しい出会いといった人生上の出来事に重みづけしたリストである（**表9-1**参照）。相対的な得点（生活変化得点）が高いほど，さらに複数のライフイベントが重複するほど健康状態が悪化することが明らかになり，このことから心理社会的なストレス研究は一層さかんになった。しかし，SRRSの特に上位に位置するライフイベントは，日常的に頻繁には体験しないものが多いのも事実である。それよりも，日々身の回りに発生する些細な出来事の方が，普段の私たちに様々な体験をさせて健康状態に影響を及ぼすのではないか。また，ストレスフルなライフイベントを体験した人すべてが，同様にダメージを受けるわけではないという，個々人のストレスの感じ方の違いに関する問題提起がなされるようになった。

　R. S. ラザラスとS. フォークマンは，日常的に起きる苛立ち事の累積の方が，健康度との関連が深いと考えた。出来事は日常生活混乱と日常生活高揚の二側面である。ラザラスは，人のストレス反応は，これらストレッサーに対して一義的に生じるものではないとして個人の判断過程を重視した。提唱した「心理社会的ストレスの発生過程モデル」（**図10-1**）では，出来事に直面してその事態が，まず脅威的であるか否か（一次的評価），また脅威性に対して対処可能かどうか（二次的評価）が評定される。一次的評価で，そもそも脅威ではないと判断された場合，または脅威的と判断しても二次的評価で対処が可能と見積もることができた場合には，ストレス反応の発生には至らないが，脅威的であり，しかも対処が不可能と判断された場合，ストレス反応が生じる可能性は最大になる。実際には，脅威性や対処可能性の判断は必ずしも段

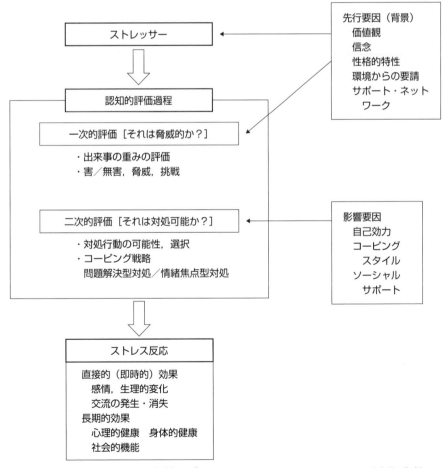

図10-1　心理社会的ストレス発生過程モデル（Lazarus & Folkman, 1984; Lazarus, 1990 を参考に作成）。

階的には進まず, 時にほぼ同時であったり, 可逆的であったりするとも考えられている。また, 対処可能性を判断するためには, 自分が取り得る対策（対処＝コーピング）を具体的にイメージしはじめるので, 既に対処段階へ移行しているとも言われている。この心理社会的ストレスの発生過程には, 保護的な, あるいは危険な要因が, 随所で様々に関与している。図 10-1 に示したように, ストレッサー発生以前に, 背景として個人的な素養（価値観や信念, 性格的特性等）, 環境的には慢性的な要請やソーシャルサポート・ネットワークが存在している。認知的評価の過程に対しては, どれくらい行動できそうかという自己効力感や, コーピングのレパートリーとそれを遂行するスキルが, また期待できるソーシャルサポート源の存在が, それぞれ影響を及ぼす。

「ストレスは適応のメカニズムである」とし, そしてそれは生体に非特異的反応であるとしたセリエのストレス理論は画期的であったが, それ以降, より個々人の心理的社会的側面を考慮した研究によって, 私たちの心身の健康状態の理解が進み, ストレス反応への対策や, 発生の予防策を講じられるようになったのである。

3 臨床心理学的支援方法からみた適応, 不適応

生活上の適応, あるいは不適応とはどういった状態を指すのか, またその発生の段階はどのように解明されてきたのか, これらは心理的適応の維持や促進, 不適応の予防のためには欠かせない理解である。かつ, 何らかの調整の不具合によって不適応状態に陥っている場合には, これらの示唆を踏まえながら適応状態へ向けた支援が必要となる場合がある。心理学的支援には様々なアプローチがあるが, 人間の成長や適応状態をどのように捉えているのかという治療観は, どのように支援するのかの礎となるものである。

■ [1] 人間性心理学における人間の成長

来談者中心療法の創始者である C. R. ロジャーズは, 人間性心理学の立場をとる一人である。人間性心理学では, 個々の人を尊重されるべき独自の存在として見なし, 主体性, 創造性, 自己実現といった人間の肯定的側面を強調する。人間が単純な欲求充足のみでなく, より高次の価値や成長への欲求を持っていると考える。

ロジャーズの人間観は, それをまさに現しているものである。人間は, 誰もが自己実現しようとする存在であって, 成長し前進し実存的選択をするように, 本質的に方向づけられている。人間の基礎的な性質は肯定的・積極的であって, 好ましい条件下であれば, 潜在的な可能性を最大限に発達させようとすると仮定するのである。彼によれば, 適応・不適応の状態とは, 自己一致, 自己不一致によって理解できる。全体的パーソナリティは,「自己構造」と「経験」から構成されている（図 10-2）。自己構造は, 個人の特性や自己に調和する価値も取り入れた,「自分はこのようである」と認識された自己像であり, 経験は, 感覚, 知覚を通じて個人が体験

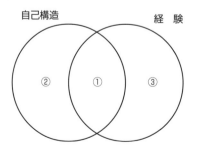

図 10-2　全体的パーソナリティ（Rogers, 1951）。

するすべての事象で流動的に変化するものである。2つの円が重なる①の領域では，真の自己である自己構造と，感覚的感情的経験から得られた事象が調和（一致）している。①が広いほど，自己構造が経験を十分に意識化して取り入れられていることを表している。自己不一致とは，②と③の領域が広がり，自己構造が経験を認めず受け入れられない状態であり，この状態においては不安や葛藤，緊張を伴い，神経症症状といった不適応状態がもたらされることになる。

　ロジャーズは人間の理想像を「十分に機能する人間」と言った。そして，その前提となる〈成長する潜在的能力〉が備わるためには，「好ましい条件」があるとした。それは，1つは「自己一致」の状態にあること，また，どのような条件も付けずありのままに認められるという「無条件の肯定的関心（厚意）」を経験していること，そして自分自身が自分の価値を大切にできるという「自己尊重」である。しかし，人が成長し生活するなかで，これらの条件が常に，程よく満たされるとは限らない。つまりそのために呈される不適応状態がある。カウンセラーは，人が潜在的に持つであろう自己実現傾向を信頼しながら，クライエントが経験を自分のものとして取り入れ，個人および個人と他とともに調和して生活できることを目指して寄り添うのである。ロジャーズが提唱するカウンセラーに必要な3つの条件は，上述の「好ましい条件」をカウンセリングの場でこそ具現化しようとするものであることが分かる。それは，

　　①カウンセラー自身が自己一致しており，自分に正直で純粋であること，
　　②クライエントに対して，無条件の肯定的関心を体験すること，受容できること，
　　③共感的理解を体験すること

である。カウンセラーがこの条件を達成したときに，自己不一致の状態にあるクライエントに有益な変化，建設的なパーソナリティの変容が起きることになる。

　来談者中心療法が主張するこの治療的環境は，ほぼすべての心理的支援の基盤と言われるほどに重要で基本的である。ただ，対象者の潜在能力の主体的発揮を待つ点で，日常不適応のレベルや神経症レベルに特に適用性があるとされる。問題がより深刻・重篤なレベルでは，加えて積極的で構造的なサポートも必要とされる。

■ [2] 精神分析理論による適応の機制

　意識，無意識という精神内界の仕組みに注目する精神分析理論と，それに根拠を置く精神分析療法はS.フロイトがその創始者である。フロイトは，ヒステリー症状を主とする神経症を治療する過程で，何らかの深い感情を伴う過去の経験を思い出し，意識化して開放することで症状が消失することを発見した。人が自覚しえない無意識下の精神的過程が神経症の形成に強く関わっていることが分かって，無意識を巡る精神的仕組みの探究が始まり，ここから精神分析理論が発展した。つまり，精神分析的な心理療法は，不適応症状に対する治療の成功を手がかりとして，そこから理論の構築がされたことになる。

　フロイトは，パーソナリティの構造を「意識」，「前意識」，「無意識」の3つの局所と，さらに「自我」，「超自我」，「イド（エス）」の3つの領域から説明した（図14-1参照）。外界を知覚しているのは意識の領域であるが，イド，自我と超自我の大部分は無意識領域にある。イドは，リビドーに代表されるような生命的，性的欲求，本能的エネルギーに満ちており快楽原則に従う。一方超自我は，両親からの躾や社会的な要請を取り込み内面化されたもので，道徳的規範や良心である。自我は，イド，超自我，また外界からのそれぞれの欲求の間で調整役を果たす。諸々の欲求を許される形で実現し，心の安定を図る存在である（現実原則）。しかし，強度な外界からの要求や，超自我からの圧力，湧き上がるイドの欲求に対して，その調整がいつも成功するとは限らず，自我が脅かされる事態には，強い不安にさらされることになる。この不安を解消しようとして働くのが「防衛機制」である。代表的な防衛機制には，抑圧，反動形成，投

射，退行がある。防衛機制は自我が調整を成功させようとして無意識的におこなう，いわば適応機制であるが，あまりに多用されたり，現実にそぐわない用いられ方が固定化されたりすると，防衛は失敗して症状に置きかえられて表面化する場合がある。これがフロイトによって発見された神経症症状である。

　精神分析療法における適応への支援は，無意識下で起きている自覚できない過程を意識化できること，防衛機制の適応的あるいは不適応的な仕組みを明らかにして，不自然で習慣化した防衛機制を解放することが目標となる。なお，フロイトにはじまる精神分析学の初期の考え方では，自我は意識・無意識の領域において，不安への対処を請けおう受動的な意味合いが強かった。しかしその後，フロイトの理論を受け継ぎ，自我のより能動的な機能を探究していく自我心理学が進展している。この立場における自我は，イドと超自我，外界の間の葛藤の解消役とは別に，適応のためのエネルギーを持つ積極的な機能を持つと捉えられ，心理療法においてはこの自我の機能を強化することによって，心理的な健康を図ることができると考えられている。

■ [3] 行動理論，行動療法における人間の行動変容

　行動療法は，精神分析療法，来談者中心療法と並んで主要な心理療法に位置づけられている。フロイトやロジャーズが，臨床実践の蓄積からその理論と技法を構築してきたのに対し，行動療法は，行動科学・学習理論分野での実証的知見を根拠にしながら，神経症など不適応行動の変容について臨床実践を発展させてきた。『行動療法と神経症』を著した H. J. アイゼンクによれば，行動療法とは「現代の学習理論の原理に基づいて，人間の行動や情動を変容する治療技法」である。

　学習理論に基づくというのは「人の行動は学習される」という明瞭な原則である。不適応行動は，①これまでに機会がなく学習されなかった（未学習），②学習されたが，その状況には相応しくない誤った学習がなされた（誤学習），と理解される。そして，不適切であればその発生を減じて（消去），再学習することができると考えるのである。行動の原因を過去の経験に求めたり，意識・無意識という精神的過程を分析，解釈するのではなく，行動が習得される仕組みを分析し，それをクライエントと支援者が分析し解釈（解明）する。この過程は，特に協働作業と呼ばれ重視されている。治療者という専門家が解釈を伝えるのとは異なり，ともに取り組み同じ視点から共有するのである。行動療法の最終ゴールは，クライエントの「セルフコントロール」の力である。その人が自身の行動や思考のパターンを理解し，日常生活においてもセルフマネジメントが可能になることが最大の目標となる。

　行動療法は，神経症の治療を発端として不適応行動の解消を扱ってきた経緯があるが，このように〈除去〉だけを目指した消極的な介入ではない。しかし種々の心理的症状の改善に効果をもたらしたのは事実である。学習理論の基本は条件づけであるが，生理的・情緒的反応はレスポンデント条件づけ，また随意的な行動はオペラント条件づけにより説明がされる。前者では，不安や恐怖症状をリラックス感など快の反応に置きかえる「系統的脱感作法」が代表的治療法である。後者では，生起する行動に計画的に選んだ報酬（正の強化）を伴わせることで，行動の形成を図るシェーピング法など，治療目標とする行動に合わせて様々な技法がある（**表10-1**）。

　近年，抑うつへ顕著な効果をもたらすとして，認知行動療法が広く知られるようになった。A. バンデューラが提唱した，人が直接体験を通じなくとも学習が成立するという「観察学習」は，従来の外界刺激 – 反応の図式に，認知的過程を取り入れた理論である（社会的学習理論）。人が，刺激に単に反応するのではなく解釈して，固有の行動をするのだという彼の言葉は，認知を再構成することで行動は変容できるという認知行動療法の発展につながるものであった。

認知を扱うという発想は，クライエントが自己の個性的な内面に気づき主体的に扱えるという点で，上述したセルフコントロール，セルフマネジメントをより可能にすると言えるのである。

表 10-1　行動療法の背景理論と主な治療技法，適用例

背景理論	主な治療技法	適用例
レスポンデント条件づけ （古典的条件づけ）	系統的脱感作法 自律訓練法 漸進的筋リラクセーション法 暴露反応妨害法 バイオフィードバック法	不安障害，パニック障害 強迫性障害
オペラント条件づけ （道具的条件づけ）	トークンエコノミー法 シェーピング法	不登校，発達障害 行動の形成・修正 スキルの獲得
社会的学習理論	モデリング法 ソーシャルスキルトレーニング 自己教示訓練	行動の形成・修正 スキルの獲得
認知理論 　ベックの認知の歪み理論 　エリスの ABC 図式	認知再構成法 論理情動行動療法	うつ病，不安障害 パニック障害 強迫性障害

4 生物-心理-社会モデル：全人格的理解と統合的な支援のために

　心理学的な支援においては，主としてその対象者を中心に据え，その人の内面的な固有性に注目しながら問題の解決を図る。もちろん，時には重要な他者やかかわりが大きい環境についても働きかけをおこなうが，あくまでもその人の心理的な側面を共有し，洞察の深まりに寄り添う姿勢が主となる。一方，社会福祉的な支援では，同じように対象者の内面も尊重するが，周囲の人的資源や制度など社会的資源も積極的に視野に入れ，環境調整をも図っていく。このようなアプローチの違いは，どちらが優れているかといった問題ではなく，それぞれの領域に専門性があり，それらを活かして多側面から発生した障害へ援助をおこなうことができる，ということを表している。ただし，人の健康上の問題を考えた場合，まずは医学的援助（医療）が重要視されるのは自然な流れとも言えるであろう。たとえば感染症の発生においては，原因となるウィルスを解明し，効果的な治療薬を開発することは，ある意味で最も優先される対策である。これは，人間の生物的・生理的な側面への支援である。20 世紀末になって，当時の医療が生物学的側面に偏重しているという主張がされるようになった。心理的・社会的側面についても同様に，重要視し，人を包括的に捉えて支援をする必要があるとする主張である。G. H. エンゲルが提唱した「生物-心理-社会モデル」（図 10-3）は，そのような風潮を反映したモデルである。生物的側面は，遺伝的素因や，脳・神経系などの器質的な面であり，専門家は医師，看護師に代表される医療スタッフである。心理的側面は，感情，信念，行動，また個々人に主観的に生じるストレスであり，専門家は公認心理師，臨床心理士等の心理職である。社会的側面では，社会的に構成された組織・政治的な制度，その地の文化や，社会としてのサポートがあり，専門家として福祉士がいる。現代社会では，発生する障害や問題はますます複雑化しているが，それはつまり，一人の人においてこれらの各要素が複雑に絡み合っている状態と理解することができる。問題の解決に向けては，各専門家がその分野において優れた援助をおこなうことはもちろんであるが，同時にこの生物・心理・社会という統合的視点を意識しながら，互いの連携を図ることが大切である。

　G. W. オールビーもまた，このモデルと同様に，医療，特に精神医療への多大な傾倒を指摘

コラム 15　いのちの電話

　日本ではこの 20 年程の間に，いのちの電話，こころの健康相談といった，様々な電話によるライフラインが普及した。「いのちの電話」は，英国ロンドンで開始された「サマリタンズ」の活動が端緒である。日本ではドイツ人宣教師によって電話による相談活動が提案され，1971 年 10 月 1 日，日本で初めての電話相談「いのちの電話」が開始する。1977 年には全国的な組織化のために「日本いのちの電話連盟」が結成される。そもそも電話を用いた相談のニーズがあるのか，またその有用性に対する批判も少なくなかったが，追ってその後の普及は進み，2020 年現在で連盟加盟センターは 50 数か所に及び，相談員は約 6,000 人の規模となっている（「日本いのちの電話連盟」ホームページ）。

　日本では，1998 年以降，自殺者が急増し，年に 3 万人を超える事態になり，自殺予防・対策が急務の情勢となった。電話相談に関しては，厚労省が 1989 年，児童相談所に「親子 110 番」，1990 年，全国の精神保健福祉センターに「こころの電話」の設置を通達している。また厚労省補助事業として 2001 年より「自殺予防いのちの電話」が開設されたが，自殺対策基本法（2006），自殺総合対策大綱（2007）に準拠して「自殺予防週間」（毎年 9 月 10 日〜16 日），「自殺対策強化月間」（毎年 3 月）が設定され，この期間には特に，全国規模でいのちを支える電話相談活動が展開されるようになった。いのちの電話相談連盟では，当初より「自殺予防いのちの電話」活動に参加し，2007 年以降は毎月 10 日にこのダイヤルを常設している。現在では民間団体と行政の政策とが組織的な連携を図り，1 つのアクセスから多数の相談先へつながれるような配慮を凝らして，ネットワークの強化を図っている。たとえば「こころの健康相談統一ダイヤル」（厚労省，2007〜）は，都道府県および政令都市が行う「心の健康電話相談」等の公的電話相談に全国共通の電話番号（ナビダイヤル）を設定しており，この電話番号 1 つで相談者の地域の相談窓口へとつながるシステムである（0570-064-556：おこなおう - まもろうよ - こころ）。同時に，社会福祉法人，非営利団体活動法人，対人専門職の職能団体（日本精神保健福祉士協会・日本精神科看護協会・日本公認心理師協会等）も，各自の電話相談活動と併せ，自殺予防週間・自殺対策強化月間での協力や，行政とは別途に「自殺予防いのちの電話」を設置するなどして，重層的に協力体制を敷いている。なお，相談内容種別による窓口（DV 被害，女性専用，10〜20 代専用等）の設置や，また災害や事件などの非常時に対応して窓口が設置されるケースも増加した。2020 年以後に発生したコロナ禍においては，コロナ感染症関連の悩みに特化した電話相談や SNS 相談が迅速に設置され，非常に多くの利用実績が報告されている。

　電話相談の特質としては，1 つには必要とする場合には誰もが，何処からでもアクセスできる点であり，特に緊急時や危機的な状況にはその効用は大きく，電話相談の最大のメリットである（即時性，随時性）。また受付の時間帯であれば自らが希望する時に，そして名前等を開示せずに相談することができる（匿名性，かけ手主導）。相談は原則として一回で，継続することはないため，かける際の心理的負担が軽く，その都度新たな気持ちで話せる面がある（一回性）。その他，声に限られた対話のため対面の不安を軽減し率直な表明がしやすいなど，利点は多い。ただし，相談内容によっては，その緊急度・重大さから継続した相談や他機関への紹介が必要と思われる場合もあって，支援側としてはこれらの利点がデメリットともなりえてしまう。こころの電話相談の多くは，従来非専門家であるボランティアによって支えられてきた。近年では，傾聴と受け止めを目標とした一般的な電話相談と，問題解決のための専門的な支援も踏まえた専門家による電話相談とを設置し，状況に合わせ連携を取る体制も図られている。

　深刻な心の悩みに寄り添い，社会的な孤独，孤立を防ぐ支援者として，ゲートキーパー（「命の門番」）の役割が重要視されている。自殺の危険サインに気づき適切なかかわりを図れる人であり「気づき」「傾聴」「つなぎ」「見守り」が大切な要素である。内閣府自殺対策推進室では，ゲートキーパーとしての意識高揚に努めるなかで，専門性の有無にかかわらず，あらゆる人が異なる役割を持っていること，それぞれの立場からできる支援があることを紹介し，「いのち」を支える活動を啓発している。

参考図書

村瀬 嘉代子・津川 律子（2005）．電話相談の考え方とその実践　金剛出版

高塚 雄介・福山 清蔵・佐藤 誠（2020）．改訂版 電話相談の実際　双文社

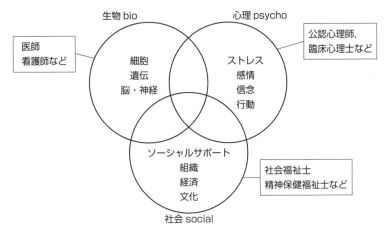

図 10-3　生物 - 心理 - 社会モデル（Engel, 1977 を参考に作成）。

し，人の器質的側面と同時に（あるいはそれ以上に），環境の改善や人間能力の開発こそが重要であると主張した。精神医学の研究が，疾病の原因追求や治療法，薬の開発に大きな労力と資金を費やしており，また政策的にも精神的・情緒的障害者のための収容施設を増やすという対策に終始していると強く批判している。貧困，人種やジェンダー的差別，失業などの原因は，生物学的な欠陥によるものではなく，社会的マイノリティという社会的な問題のためであることや，そこから生じるストレスが自尊心の育みを阻害し続けることを指摘した。一方で，失業などの脅威の少ない社会環境づくりや，若者が苦境の中でも人生に対処できる人間的能力の育成が，そもそもの問題発生に根本的な貢献をもたらすとしている。そして，これら解明した諸要因の関係を表したのが「精神衛生問題発生の予防等式」である（図 10-4）。分子にあるのは，人が生得的に備える器質的要因と，環境から受けるストレスで，これらは「危険因子」である。分母は，対処スキル（あるいは，もう少し広く人間的な資質や能力），自尊感情，そして対人関係や社会的な組織からのソーシャルサポートである。これらは「予防因子」となる。問題発生の率を下げるためには，分子にある危険因子を最小にし，分母を最大にするという戦略が必要である。オールビーは，これら生物的・心理的・社会的要因の関わりを説明し，バランスを図りながら精神衛生上の問題に対処するという，包括的な視点を主張したのである。

図 10-4　精神衛生問題発生の予防等式（Albee, 1982）。

　発生した障害への対策ではなく，発生の予防こそが最重要とするオールビーの主張は，30 数年も前のものであるが，不適応の克服のみならず，より良い生き方（well-being）を目指そうとする現代の主張に，ほぼ共通している。社会環境的な変革と，私たち個人の成長の双方が相まって，心理的な適応感がもたらされるのだと言えよう。

読書案内
下山 晴彦（編）(2009)．よくわかる臨床心理学 ［改訂新版］　ミネルヴァ書房

エビデンス・ベイスト・アプローチを基底に臨床心理学全容の概説から歴史，アセスメント，介入について解説。流派を超えた中立的な視点から構成され，臨床心理学，心理療法に興味を持つ初心者が，まず最初に接して欲しい入門書。紹介文献も豊富である。

中野 敬子（2016）．ストレス・マネジメント入門［第 2 版］——自己診断と対処法を学ぶ——　金剛出版
多くのストレス自己診断法とストレス対処法が，詳細な解説とともにまとめられており，ストレス発生過程の知識と，自分のストレス状態を把握しストレスをマネジメントしていく技術を学ぶことができる。

氏家 寛・成田 善弘（1999）．臨床心理学 1　カウンセリングと精神療法——心理治療——　培風館
心理臨床に造形の深い精神科医と心理学者 2 人が編著者。主流学派の紹介にやや偏重があるが，主な心理療法の理論・歴史・効用と限界が，それぞれ大変的確に，かつコンパクトに解説されている良書。

第11章
福祉，障害
[SDGs: 1, 3, 8, 10, 11, 16／公認心理師: 13, 17]

柿原久仁佳

福祉の理念は，SDGs の 1「貧困をなくそう」，3「すべての人に健康と福祉を」，10「人や国の不平等をなくそう」，16「平和と公正をすべての人に」という目標にもあるように，社会におけるすべての人がよりよく生きることができるよう目指すものであり，その対象は，子どもから高齢者までと幅広い。そして，子どもを支援する際には，子どもへのかかわりだけでなく，子どもの養育者や子どもの生活環境に対する支援も必要となる。それは高齢者や障害者を支援する際も同様であり，福祉の現場においては，人と人のつながりや多職種間の連携が欠かせない。本章においては，児童虐待，子育て，高齢者，そして障害という福祉の現場における実際とその支援について述べるとともに，困難を抱えている人自身が自分をエンパワーメントするための心理教育について，また福祉の領域で活躍している心理職とその役割について紹介する。

1 福祉心理学とは

　福祉と聞いてどのようなイメージを浮かべるだろうか。高齢者や障害者への支援を思い浮かべる人もいるであろうし，生活に困窮している人への支援を思い浮かべる人もいるであろう。

　そのように支援を要する人（いわゆる社会的弱者）を対象とする狭義の意味と，すべての人がよりよく生きることができるよう目指すという広義の意味がある。

　このように，福祉とは，すべての人がすべての人がよりよく生きることができるよう目指すという「幸せな生活」を理念としながら，現実問題として，社会的弱者を中心に，社会制度としてすべての構成員に福祉を保障する仕組みとその実践と言える。

　福祉が社会のすべての構成員を対象とすると言われても，自分とは関係がないと考える人もいるかもしれない。しかし，保育所を例にあげてみると，1989 年には 42.3％であった共働き世帯が 30 年後の 2019 年には 66.2％と増加し，子どもを保育所に預けて働いている家庭も増えている。児童福祉法 39 条において「保育所は，保育を必要とする乳児・幼児を日々保護者の下から通わせて保育を行うことを目的とする施設」と記されており，そこで働く保育士についても児童福祉法で定義されている。保育所のように誰もがこうした福祉サービスを受ける可能性があり，身近なものであると言えるのではないだろうか。

　そして，福祉に関わる様々な問題を心理学にもとづいて支援し，研究していく学問を福祉心理学という。援助を求める声を待つのではなく，積極的に働きかける支援（アウトリーチ）が求められている現在，福祉は公認心理師が働く領域の 1 つでもあり，他領域の関係機関との連携も求められるため，どの領域においても心理職として他者にかかわる場合には福祉心理学の知識が必要不可欠である。本章においては，様々な現場における福祉心理学の実際について紹介していく。

2 福祉心理学の実際：子どもの支援

■ ［1］児童虐待

「児童」といわれると，小学生をイメージする場合が多いであろうが，児童福祉法第 4 条に
おいては，児童を満 18 歳に満たない者と定義している。たとえば，児童虐待という言葉は広
く知られているが，この「児童」も児童福祉法における児童を指し，被害を受けているのは小
学生だけではない。

日本では 2000 年に児童虐待の防止等に関する法律（児童虐待防止法）が施行され，児童虐
待を保護者による児童（18 歳未満の子ども）への①身体的虐待（殴る，激しく揺さぶるなどの
暴行を加えること），②性的虐待（子どもにわいせつな行為をしたり，させたりすること），③
ネグレクト（食事を与えない，長時間放置するなど，保護者としての監護を著しく怠ること），
④心理的虐待（子どもに対して脅したり，目の前で家族に暴力をふるうなど児童に著しい心理
的外傷を与える言動を行うこと）の 4 種類と定義して禁止している（**表 11-1**）。

表 11-1　児童虐待の分類

身体的虐待	殴る，蹴る，叩く，投げ落とす，激しく揺さぶる，やけどを負わせる，溺れさせる，首を絞める，縄などにより一室に拘束する　など
性的虐待	子どもへの性的行為，性的行為を見せる，性器を触るまたは触らせる，ポルノグラフィの被写体にする　など
ネグレクト	家に閉じ込める，食事を与えない，ひどく不潔にする，自動車の中に放置する，重い病気になっても病院に連れて行かない　など
心理的虐待	言葉による脅し，無視，きょうだい間での差別的扱い，子どもの目の前で家族に対して暴力をふるう（ドメスティック・バイオレンス），きょうだいに虐待行為をおこなう　など

（厚生労働省　児童虐待の定義より）

また，2004 年に改正された児童虐待防止法においては，すべての人に対して，児童虐待を受
けたと思われる子どもを発見したら，児童相談所などに通告することを義務づけている。実際
に虐待を受けているのか分からないような状況であっても，**図 11-1** にある「189」にダイヤル
すると，無料で近くの児童相談所に連絡することができ，匿名であっても通告することができ
るようになっている。

図 11-1　児童相談所虐待対応ダイヤル（厚生労働省　児童相談所虐待対応相談ダイヤル「189」について）。

　児童虐待相談対応件数は年々増えており，2012年度までは身体的虐待の割合が最も多かったが，2013年度からは心理的虐待の割合が大幅に増えている。虐待に至るリスク要因としては，養育者側の要因，子ども側の要因，その他の要因と様々であり，それらが複雑に重なることもある。しかし，どのような背景の虐待であっても子どもの心に大きな影響を与えるものであり，早期対応は当然として，予防につながる取り組みが必要である。

■ [2] 児童相談所

　児童相談所とは，すべての子どもが心身ともに健やかに育つことができるように子どもやその家庭などを援助することを目的とした児童福祉の中核的専門機関であり，各都道府県や政令指定都市に設置が義務づけられている。基本的機能としては，児童福祉法で定められている次の4つの機能がある。①市町村支援機能（市町村による児童家庭相談への必要な援助を行う），②相談機能（専門的な知識および技術を必要とするような相談に対応する），③一時保護機能（必要に応じて子どもを家庭から離して一時保護することができる），④措置機能（ニーズの判定やサービスの内容などを決定して福祉サービスを供給する）

■ [3] 児童養護施設

　様々な事情により家庭で保護者による養育を受けられない子どもを，保護者に代わり社会が養育することを「社会的養護」といい，里親など養育者の家庭で養育する「家庭養護」と児童福祉施設による「施設養護」に分かれる。現在はより家庭に近い形での生活が送れるよう，里親などの家庭養護が増えている。施設養護は，乳児院や児童養護施設などの施設があり，乳児院と児童養護施設は，何らかの事情（保護者の病気，虐待を受けたなど）で家庭において生活することが困難となった子どもが生活する施設である。

■ [4] 貧　　困

　近年は子どもの貧困について注目されるようになってきている。日本で問題となっているのは相対的貧困と呼ばれるもので，人がある社会の中で生活する際に，その社会における普通の習慣や行為を行うことができないことを指している（第7章第5節 p.78；第8章第8節 p.97）。
　2014年に子どもの貧困対策の推進に関する法律が施行（2019年改正）され，同法に基づいて作成された「子どもの貧困対策に関する大綱」により，子どもの貧困対策が推進されている。貧困は，経済的な貧困だけでなく，子どもの社会関係や心理的側面に影響を及ぼし得る問題であると考えられる。

3 福祉心理学の実際：子育て支援

　2016年母子保健法改正により，子育て世代包括支援センターが法定化され，2019年の同法の改正により，出産後も安心して子育てができるよう支援する産後ケアの支援体制が確保された。このように，ここ数年の間に子育てを支援する環境は大きく変化しつつある。その背景には，合計特殊出生率[1]が1989年に1.57にまで下がったことをきっかけに重視されるようになった少子化への対策が日本において喫緊の課題となっていることが考えられる。合計特殊出生

---

1)　1人の女性が生涯に産む子どもの平均的な人数。15歳から49歳までの女性を出産期と想定して算出した年齢ごとの出生率を合算したもの。期間合計特殊出生率とコーホート合計特殊出生率がある。ただしその年の出産の動向が将来も続くとした場合の数値であって，経済状況の悪化や災害などの要件が重なれば下降変動することはもちろんである。日本の人口を将来にわたって維持するには2.07の出生率が必要になるという。

率で見ると，最も低かった 2005 年（1.26）から回復して 2012 年からは 1.40 台を維持していたが，2019 年には 1.36 と低水準に戻っている。これまで国としては，様々な対策を講じてきているものの，それが成果として見えてこないのが現状と言えるであろう。

　こうした少子化社会の中での子育てにはどのような問題があるだろうか。子ども同士の交流が減るだけでなく，ある調査によると，1980 年の段階では育児経験が「まったくない」という母親が 41％だったのに対し，2003 年の調査では 56％と増加していた。このように乳幼児をまったく知らないまま親になる母親が増えていくことは，母親の子育てに対する不安に直結することが想像できる。近年の動向や，今後は父親に対しての調査も必要であると考えられるが，こうした養育者の不安を解消し，安心して子育てできるようサポートしていく役割を担っているのが子育て世代包括支援センターである。妊娠期からの切れ目のない支援を重視し，早期から子育てを支援することで虐待の予防にもつながる。

　このように行政による支援が充実しつつあるが，家庭内はどのように変化しているであろうか。**図 11-2** の内閣府による 2020 年度少子化社会に関する国際意識調査報告書によると，2015 年の時点では「夫は外で働き，妻は家庭を守るべきである」という考え方に対して，57.2％が賛成，39.1％が反対であったが，2020 年では，賛成 42.1％，反対 56.9％と逆転している。育児についての社会における意識は変化しつつあると言えるであろう。

　地域の人による支援も重要である。地域の中で，子どもを預けられる人や，子どものことを気にかけて声をかけてくれる人がいると，父親母親ともに QOL（生活の質）が高い，という調査結果もあり，地域で一体となった子育て環境を整備していくことが望まれる。

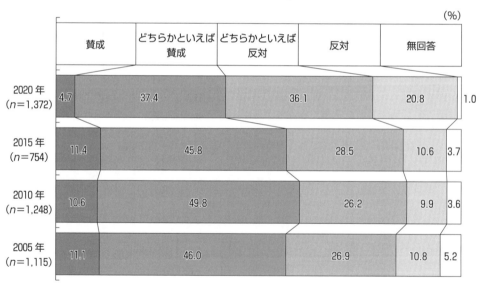

図 11-2　夫は外で働き，妻は家庭を守るべきである」という考え方（内閣府　2020 年度少子化社会に関する国際意識調査報告書）。

4 福祉心理学の実際：高齢者への支援

■ [1] 高齢者の福祉

　総務省統計局によると，**表 11-2** にあるように 2020 年 9 月 15 日現在，日本の 65 歳以上の人口（3,617 万人）が総人口（1 億 2,586 万人）に占める割合は 28.7％となっており，**図 11-3** のように，高齢者人口の割合は増加の一途をたどっている。2035 年には 35％を超えると見込ま

コラム 16　児童虐待と子育て

　児童虐待において被害を受けた子どもに非がないことは当然のことであるが，加害者のみが責められるものなのであろうか。2004 年に公開された是枝裕和監督による映画『誰も知らない』は実際にあった事件をもとに製作されたという。この映画では，父親が違うきょうだいたちが，母親に置き去りにされたなか，生きていくというネグレクトの状況が描写されている。大学生に観てもらったところ，育児を放棄し自分の人生を優先して生きる母親に対して，腹立たしさを感じた学生が多かったようである。また，児童虐待に関わる報道が流れる日も少なくない。何の罪のない子どもが被害を受けることに対して，「自分ならそんなひどいことは絶対にしない」と思う人も多いであろう。

　しかし，子育て支援の現場においては，「虐待する人の気持ちがわかります」という声を聞くことがある。子どもを預ける人もいない，一人で育児と家事をこなし，誰にも助けを求められない環境のなか，子どもが思うように動いてくれないことでイライラしてしまう，というのである。自分自身のことは後回しにし，子育てで疲れている状況であっても，「これくらい普通だと思っていました。皆ができていることをなぜ私はできないのだろうと，自分自身が嫌になり，子どもを怒鳴ってばかりいました」というように自分を責める養育者に出会うことも少なくない。

　また，中には生得的な育てにくさを抱えている子どももいる。たとえば，夜中ずっと泣き続けてなかなか寝てくれない，というような場合には，養育者も睡眠不足になってしまう。近所に迷惑をかけているのではないか，自分の育て方が悪いのではないかと自分を責めてしまうなか，子どもに手を出してしまう，というように，子どもの育てにくさは虐待のリスクを高める。自分自身を責めるだけでなく，パートナーや家族からも否定的な言葉をかけられる環境であれば，そのリスクはさらに高まるであろう。

　このように育児不安を抱えている養育者や育てにくい子どもを育てている養育者をサポートしていくためにはどのしたらよいだろうか。子どもを育てることは，その家庭だけの問題ではなく，周りにいる人々が，自分ごととして考えられることが大切である。

　筆者が 2021 年に子育て世代 600 名を対象に調査したところ，声をかけられて嬉しかったこととして下記の内容が挙げられていた。

> 「よく頑張ってるね」　などと養育者を褒める言葉
> 「かわいいね」「いい子に育ってるね」　などと子どもを褒める言葉
> 「子育て大変でしょう」　などと子育ての大変さに共感したり，労ったりする言葉
> 「大変だと思うけれど，頑張って」　などと子育てを応援する言葉

　こうした言葉は，家族や身近な人からの言葉だけでなく，近所の人や見知らぬ人からかけられた言葉も多く含まれている。地域から子育てを応援されていると感じている養育者はそうでない養育者よりも育児を肯定的に感じることも示されている。行政による支援，専門家による支援も重要であるが，地域から子育てを応援される社会の実現を期待したい。

れており，1950 年には人口の 5 ％程度であったが，その割合で見ると 7 倍にもなると予想されているのである。

表 11-2　年齢区分別人口および割合

	総人口	15 歳未満	15〜64 歳	65 歳以上
人口（万人）	12586	1504	7465	3617
総人口に占める割合（%）	100.0	11.9	59.3	28.7

（2020 年 9 月 15 日現在。総務省統計局　年齢 3 区分別人口及び割合を改変）

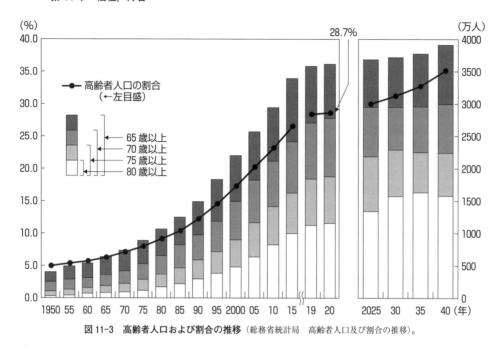

図 11-3　**高齢者人口および割合の推移**（総務省統計局　高齢者人口及び割合の推移）。

　高齢者の心身の健康の保持や生活の安定のために必要な措置を講じることにより高齢者の福祉を図ることを目的とした法律が老人福祉法である。老人福祉法では，老人居宅介護等事業や老人デイサービス事業などの「老人居宅生活支援事業」や，デイサービスセンターや特別養護老人ホームなどの「老人福祉施設」について定義されている。

　厚生労働省は，団塊世代が 75 歳以上となる 2025 年には介護や医療の需要が増加すると見込み，2025 年を目途に，高齢者の尊厳の保持と自立生活の支援の目的のもとで，可能な限り住み慣れた地域で，自分らしい暮らしを人生の最期まで続けることができるよう，地域の包括的な支援・サービス提供体制（地域包括システム）の構築を推進している。実際に，60 歳以上の人が，最期を迎えたい場所はどこかと問われて，約半数（51.0%）の人が「自宅」と回答している。

　このように施設から在宅へという社会的な流れのなかで，地域包括ケア実現に向けた中核的な機関として市町村が設置しているのが地域包括支援センターである。ここでは地域の高齢者の様々な相談を幅広く受け入れ，包括的に支援することを目的としている。

■［2］認知症への支援

　認知症は様々な原因により，認知機能が低下し，日常生活を送ることに支障がある状態のことである（第 7 章コラム 8 参照 p. 77）。2012 年は 65 歳以上の高齢者の 7 人に 1 人が認知症であったが，2025 年には約 5 人に 1 人が認知症になるという推計があり，認知症への対応および支援は急務である。

　厚生労働省が 2019 年に発表した認知症施策推進大綱では，認知症はだれもがなりうるものであり，認知症の発症を遅らせ，認知症になっても希望を持って日常生活を過ごせる社会を目指し，「共生」と「予防」を車の両輪として施策を推進していくことを基本的な考え方とし，認知症の人の視点に立って，認知症の人やその家族の意見を踏まえて施策を推進するとしている。

■［3］高齢者虐待

2006 年に施行された「高齢者に対する虐待の防止，高齢者の養護者に対する支援等に関する

法律」（高齢者虐待防止法）では高齢者虐待を，養護者による虐待と養介護施設従事者等による虐待の2つに分け，それぞれ①身体的虐待，②介護・世話の放棄・放任，③心理的虐待，④性的虐待，⑤経済的虐待の5種類と定義している。①から④は児童虐待の分類に近いが，高齢者虐待防止法では，⑤の経済的虐待が加わる。これは，当該高齢者の財産を不当に処分することとその他高齢者から不当に財産上の利益を得ることであり，高齢者本人の希望に反して財産を使用したり，または理由なく財産を使用させなくしたりするというものである。

　高齢者虐待の相談・通報件数は年々増加しており，**表11-3**にあるように，2019年の調査では身体的虐待が最も多く次いで心理的虐待が多い。入所系施設における被虐待高齢者の要介護度が高く重度になるほど，「身体的虐待」の割合が高まる傾向が見られている。虐待に至る発生要因は様々であるが，虐待をした人の「介護疲れ・介護ストレス」が要因となる割合は比較的高く，養護者への支援がより必要とされている。

表 11-3　高齢者虐待の種別

	身体的虐待	介護等放棄	心理的虐待	性的虐待	経済的虐待
人数	11,702	3,421	6,874	56	2,997
割合（%）	67.1	19.6	39.4	0.3	17.2

（厚生労働省　2019（令和元）年度「高齢者虐待の防止，高齢者の養護者に対する支援等に関する法律」に基づく対応状況等に関する調査結果より）

5 福祉心理学の実際：障害

■ [1] 障害に関わる法律

　1970年に公布された障害者基本法は，障害者支援に関わる法律や制度の基本的な理念を示したものである。2011年に改正し，障害者とは「身体障害・知的障害・精神障害（発達障害を含む）その他の心身の機能の障害がある者であって，障害及び社会的障壁により継続的に日常生活又は社会生活に相当な制限を受ける状態にあるもの」と定義され，発達障害が障害者基本法の対象となることが明文化された。

　2012年に制定された障害者総合支援法（障害者の日常生活及び社会生活を総合的に支援するための法律）は，障害（身体障害，知的障害，精神障害，難病）の有無にかかわらず，すべての人が相互に尊重し合いながら共生していける社会を目指している。

　障害者差別解消法（障害を理由とする差別の解消の推進に関する法律）は2013年に制定され，障害を理由とした差別の解消を目的とした法律である。たとえば，視覚障害を理由にバイキング形式のレストランへの入店を断ることは差別にあたり，食べたいものを確認してスタッフが食べ物をテーブルに運ぶなど，合理的な配慮をすることで，食事を楽しんでもらうことができる。こうした様々な法律が制定されることで，障害者にかかわる環境が少しずつ整備されつつある。

■ [2] ICIDH から ICF へ

　2001年にWHO（世界保健機関）総会においてICF（国際生活機能分類）が採択された。それまでのWHO国際障害分類（ICIDH）が，機能の障害が能力の障害に，そして社会的不利につながるという考え方（たとえば，事故で足を動かせなくなり，歩くことができなくなる。そのため，買い物に行けなくなる）であったのに対し，ICFでは，障害だけでなく妊娠・ストレスなどの健康状態を含み，環境因子・個人因子も影響するものであるとしている（たとえば，事故によって歩くことができなっても，車いすを使ったり，家族のサポートを受けながら買い

物に行くことが可能な場合もあれば，車いすが使いづらい道であったり，頼れる人が一人もいない状況では，買い物に行くことができない）。このように ICF は障害の有無にかかわらず，その人が抱える困難さやその背景を整理し，解決していくことに活用される。

■ [3] 発達障害

　近年，発達障害という言葉は以前よりも社会に浸透しつつある。発達障害に対する支援が必要とされる理由としては，困っていることが目に見えにくいことが挙げられる。骨折などは困難を抱えていることが見た目で分かるが，発達障害の場合は，それが外見からは分かりづらい。また，本人の問題，家庭の問題だと誤解されてしまうことも多いため，適切な理解と支援が必要となるのである。

　発達障害の医療的診断基準としては，アメリカ精神医学会 精神疾患の診断・統計マニュアル（DSM-5）などが利用されている。成育歴などを含む問診や行動観察，検査などから得られた情報をもとに診断されていくが，成長とともに状態が変わることもあるため，専門機関やその診断時期によって，診断名が異なることもある。そのため，診断名も重要であるが，診断名にとらわれることなく，どのようなことに困っているのか，一人ひとりの特性に目を向けることが大切である。本章においては発達障害の中でも代表的な，自閉スペクトラム症（ASD）と注意欠如・多動症（ADHD）について紹介する。これらは症状面においても，社会生活で問題になる行動においても，類似性が大きく，併存していることもある。

　自閉スペクトラム症（ASD）　ASD の原因としては，脳機能の障害と言われているが，特定されていない。以前は，育て方の問題と言われたこともあるが，現在は否定されている。ASD の特性としては，**表 11-4** にあるように，他者の気持ちを読み取ることが難しいというような対人コミュニケーションの苦手さや，同じことを繰り返すなどの行動様式がある。

　スペクトラムというのは「連続体」という意味であり，ASD の特性が強い人から弱い人まで連続的である。どこからが特性が強い，弱いという線引きができるものでもなく，連続していると考えた方が理解しやすい。

表 11-4　ASD の特性

社会的コミュニケーション・対人相互関係の障害	行動，興味，活動の限定された反復的な行動様式
・対人的距離がうまくとれない ・相手の感情や場の雰囲気を感じ取ることが苦手 ・非言語的コミュニケーションが苦手 ・人間関係を発展させ維持することが苦手 　　　　　　　　　　　　　　など	・常同的，反復的な行動や話し方 ・同一性への固執，習慣へのこだわり ・対象への異常な，限定された興味 ・感覚刺激に対する過敏さまたは鈍感さ 　　　　　　　　　　　　　　など

（DSM-5 をもとに作成）

　ASD の人は，「心の理論」が機能していないと言われている。心の理論とは，他者の行動の背後にある意図や信念などを理解・推測する心の働きのことであり，心の理論が形成されているかを調べる課題として，次にある「サリーとアンの課題」が有名である（第7章第3節参照 p.73）。

　実際にはイラストでサリーとアンの行動を示しながら尋ねるが，サリーはアンがボールをカゴに隠したことを知らないはずなので，「自分の箱を探す」が正答である。「カゴの中を探す」と答えた場合には心の理論が獲得されていないと考えられる。ASD の場合，心の理論の獲得に困難があると考えられ，なかにはサリーとアンの課題は通過しても，実際の子ども同士のかかわりのなかでは相手の気持ちを推測できずにうまくいかない子どももいるため，一人ひとりの状態について周りがよく理解していくことが必要である。

サリーとアンの課題

① サリーとアンが部屋で一緒に遊んでいました。サリーは箱を，アンはカゴを持っています。
② サリーが遊んでいたボールを自分の箱にしまって，部屋の外に出ました。
③ アンは，サリーが使っていたボールを自分のカゴに隠してしまいました。
④ 部屋に戻ってきたサリーはまたボールで遊ぼうと思いました。
⑤ サリーは最初にどこを探すと思いますか？

　ASD の人は，急な予定変更が苦手であったり，他者と協力して作業することが苦手であったりと苦手なこともあるが，長所に目を向けると，ルールを守ったり，1 つのことに集中できたり，まじめで努力家であったりと良いところも多い。長所を活かしていけるように周囲による適切なサポートが必要である。

　注意欠如・多動症（ADHD）　　原因は ASD と同様，「家庭の問題」と誤解されることがあるが，脳機能の障害と言われており，特定されていない。

　図 11-4 にあるように，注意を持続することが難しい不注意優勢型，落ち着きがなく考える前に行動してしまう多動性および衝動性優勢型，両者の特性を併せ持つ混合型がある。保育や教育現場においては，ADHD という言葉は浸透しているものの，多動というイメージがもたれやすく，不注意優勢型の場合は，「怠けている」「やる気がない」と誤解されてしまうことがある。

図 11-4　ADHD の特性（DSM-5 をもとに作成）。

　学校や職場での予想される姿としては，「落ち着きがなくじっと座っていられない」「他者が話している最中に話し出す」「注意されたことをすぐ忘れてしまう」「物をなくしてしまう」「片付けられない」などがあり，本人の良いところよりもそうした「苦手なところ」が目につきやすい。そのため，「困った子」「困った人」と見られてしまうことがある。しかし，フットワークが軽く，豊富な経験があったりと，良いところも多くあるため，ASD 同様，本人の良いところをのばしていくことが望ましい。苦手なことに取り組む場合には，スモールステップ（少しずつ目標を大きくしていく）で取り組めるよう，特性に合わせて支援していく必要がある。ADHD と診断されると薬物療法が行われることも多いが，薬と並行して，こうした丁寧な支援が求められる。

　二次障害　　二次障害を引き起こさないようにすることが，発達障害の支援において重要なポイントである。二次障害は，一次的な障害（ASD，ADHD の特性など）により生きづらさをかかえたり，適切な環境ではなかったために引き起こされる様々な障害のことである。不登校やひきこもり，その他の精神疾患など様々であるが，その背後には一次的な障害があることを

コラム 17　発達障害への支援：感覚過敏・あいまいさ

　ASD の人が抱える困難さは目に見えにくいため，理解されづらいことが多い。ここでは，感覚過敏とあいまいさについて紹介する。感覚刺激に対する特徴としては，以下が挙げられる。

- 特定の音・触感・味・におい等に対する極端な過敏反応
  （トイレの流水音，服のラベル　等）
- 痛み，熱さ，冷たさへの無関心さ
  （暑い日に，真冬のような服装をする　等）
- 過度に匂いをかいだり，触れたりする
  （すべてのものの匂いをかぐ　等）
- 光や動きを見ることに熱中する
  （回転するものをじっと見ている　等）

　上記のような感覚への敏感さ・鈍感さというのは，程度の差はあれ，「大きな音は苦手」「この匂いは嫌だ」というように，多くの人が感じるものである。そのため，苦痛を感じている人がいても，「私も苦手だけれど，我慢しようよ。そのうち慣れるから」「これくらいなら耐えられるでしょう。それくらいで嫌だなんておかしいよ」などというように共感してもらいにくくなってしまう。どのようなことが苦手なのか，どのように工夫すればよいのか，我慢を強いるのではなく，お互いに嫌な思いをすることがないよう理解し合えることが望ましい。

　事例

　授業の一環で，農家の手伝いを体験した A さん。野菜の重さを計る係を担当していたが，土が手につくたびに手を洗いに行っていたため，周りからはやる気がないと思われていた。様子を見ていた担任が声をかけ，A さんが手袋を使うようにしたところ，土の感触が気にならなくなり，手を洗いに行くことなく作業を進めることができた。

　「あと少し待って」「もうちょっと片づけて」というような指示はよく聞くものであるが，「あと少し」「もうちょっと」というあいまいな表現だと理解されにくいことがある。そのような場合には，「あと 5 分待って」「落ちているものがないように片づけて」などと具体的に伝えることが必要である。また，言葉を聞いただけでは理解することが難しそうであれば，目に見える形にして伝えるよう工夫する。こうした支援をしていくために，相手が ASD かどうかということではなく，どこに困難さを抱えているのかを知ることが重要である。相手がどのようなことで困っていて，どうしたらスムーズに伝えられるか考えることは，障害の有無に関係なく，人と人が心地良いコミュニケーションをとるために大切なことであろう。

　事例

　大学生の B さんは，ある授業の担当教員に相談するため研究室を訪ねたところ，先客がいた。「もうちょっとしてから来て」と言われたため，3 分後に再度研究室をノックすると，まだ面談が終わっていなかった。「もうちょっとしてから来るように言われたので来ました」という B さんに，教員はあと 15 分後に来るように伝えると，B さんは安心して，15 分後に相談することができた。

念頭におきながら，適切なアプローチを検討していく必要がある。すぐに暴言を吐き，暴力的で扱いづらく「困った人だ」，と思っていた人が，実は，皆が何を言っているのかまったく分からなく不安を抱えていたという「困っている人」であるかもしれない。

　児童虐待と発達障害　子どもが癇癪ばかり起こしていたり，なかなか泣き止まなかったら，養育者も不安になってしまう。想像していた子育てとは異なり，虐待につながることもある。このように，発達障害の存在は虐待の高リスクになり，逆に，児童虐待を受けた子どもが発達障害と同様の症状を見せることもある。

■［4］障害者虐待

　2012年に障害者虐待の防止，障害者の養護者に対する支援等に関する法律（障害者虐待防止法）が施行された。養護者による虐待，障害者福祉施設従事者等による虐待，使用者による虐待に分け，それぞれ，①身体的虐待，②放棄・放置，③心理的虐待，④性的虐待，⑤経済的虐待の5種類と定義している。この①から⑤は高齢者虐待防止法と同じである。

　障害者虐待の相談・通報件数も年々増加しており，2018年の調査では，養護者による虐待・障害者福祉施設従事者等による虐待ともに身体的虐待が最も多く，次いで心理的虐待の順となっている。

■［5］就労支援

　法定雇用率　　障害者に関わる法律が整備されつつあるなか，就労支援における状況も変化している。1960年に制定された障害者の雇用の促進等に関する法律（障害者雇用促進法）は，幾度もの改正を経て，2021年3月には，法定雇用率（労働者のうち障害者の割合）が民間企業において2.3％，国や地方公共団体等では2.6％，都道府県等の教育委員会では2.5％に引き上げられた。雇用率を達成できない事業主に対しては，障害者雇用納付金を求められ，逆により多くの障害者を雇用している事業主には，報奨金が支給される。

　就労への流れ　　自分で就職先を探して就職する場合もあるが，ハローワークや障害者就業・生活支援センターなどの就労支援機関で支援を受けながら準備をしていくことで，安定した就労につながると考えられる。具体的には，どのようなことが得意で，どのようなことが苦手なのか，面接や実際の作業等を通してアセスメントし，自分自身についての理解を深めながら，自分に合った仕事を見つけていけるよう支援する。就職先が決まったら，仕事がスムーズにできるよう就労支援機関が雇用者と調整し，実際に就職してからも，働きやすい環境となるよう支援していく。

　その支援の方法は様々であるが，その1つである職場適応援助者（ジョブコーチ）支援事業とは，ジョブコーチが職場に出向き，対象者の障害特性を踏まえた専門的な支援をおこなうことである。最初はジョブコーチによる支援であっても，それが職場内での支援へとスムーズに移行し，対象者が職場で適応していけるよう支援していくことが目的である。しかし，働ければどこでもよいということではない。SDGsの目標8「働きがいも経済成長も」においては，障害がある人にとっても働きがいのある人間らしい仕事ができるようにすることが達成目標の1つとなっている。障害の有無にかかわらず，生きがいをもって働くことは，人がよりよく生きていくことにつながっていくであろう。

6 心理教育

　他者を支援する際，心理教育が有効となる場合がある。心理教育とは，困難を抱えている人々に心理学を活用した対処法を伝え，よりよく生きるためのエンパワーメントをするためのプログラムを提供することである。医療の領域において，心理教育は，統合失調症の患者の家族を支援する方法として認識されていたが，次第に，患者本人も対象とし，統合失調症以外にも適用されるようになってきた。また，教育領域における心理教育も，様々な困難（非行，不登校など）を抱える子どもへの支援法として発展してきている。さらに，近年では，本章でこれまで触れてきた社会的な支援を必要とする場において，心理教育の必要性が認められるようになっている。

　虐待の被害を受ける子どもが「自分が悪い」と誤った認識をもってしまったり，発達障害をかかえる人が，他者との関係がうまくいかないときに自分を責めてしまったりするような場合

に，適切な心理教育プログラムを受けることで，自分自身をエンパワーメントしていけるよう支援していく。

　心理教育は，このように日常的なプログラムとして実施されることもあるが，緊急時に必要となる場合がある。たとえば，学校において危機的な出来事を体験した際に，ストレス反応やその対処法についての情報提供をおこなうことで，自分自身で対処する力をもち，ストレスを軽減させる働きがある。また，保護者を対象に情報を提供することは，保護者自身の不安を沈静化し，子どもたちを落ち着いて受け止める体制をつくるために欠かせないプログラムである。このような学校における心理教育は，スクールカウンセラーが担うことが多く，何かあった時にどのような支援体制がとれるのか，関係機関との連携を含めて日ごろから準備しておくことが望ましい。

　心理教育は，困難な状況であっても，よりよく生きていくために人が学ぶことの大切さを示しているが，これは人がよりよく生きていくことを目指す福祉の理念と合致するものである。

7　心理職の役割

　福祉の領域において想定される心理職は多岐にわたる。たとえば，児童虐待に関わる心理職としては，児童相談所の児童心理司，児童養護施設，乳児院，児童自立支援施設などの児童福祉施設における心理療法担当職員の他，スクールカウンセラー，自治体の心理職，小児科をはじめとする病院の心理職，家庭裁判所調査官などの司法における心理職などが想定される。

　それぞれの職務内容は異なるが，たとえば，児童相談所に勤める児童心理司の役割は，被虐待児など課題をかかえる子どもの心理療法や，子どもを取り巻く環境への働きかけ，そして，面談や心理検査を通して心理診断をすることが挙げられる。児童養護施設で働く心理職は心理療法担当職員と呼ばれており，心理学に基づく理論や技法をもちいてプレイセラピーなどの心理療法をおこなう。病院で実施されるカウンセリングのように，外から相談者が来るわけではなく，生活空間をともにしていくため，子どもの生活場面を観察しながら子どもがより安心して生活できるよう検討してくことができるのも，児童福祉施設における心理職の特徴である。

　また，どの心理職も，対象となる人のみへの働きかけだけでなく，家庭や学校・職場への支援や連携が必要である。学校ではSSW（スクールソーシャルワーカー）の必要性が認識されるようになり，行政機関を含め多職種間のスムーズな連携が欠かせない。しかし，支援の対象となる人は幅広く，すべての領域において心理職が活用されているとは言い難い。その領域においてこれまで活躍してきた専門職とともに，対象となる人がよりよく生きていけるよう心理職として支援していける体制が構築されていくことを期待したい。

読書案内

ヨンチャン（原作・漫画）竹村　勇作（原作）（2020-）．リエゾン――子どものこころ診療所　講談社
　　さまざまな課題をかかえる家庭とそれを支える児童精神科医の話である。発達障害の子どもやその家族が実際にどのようなことで困っているのか，どのようにサポートしていくことが望ましいのか，具体的な描写から理解しやすい。
岩波　明（2017）．発達障害　文春新書　文藝春秋
　　発達障害とは何かという丁寧な解説から，支援の基本を分かりやすく教えてくれている。アンデルセンなど誰もが聞いたことのある人物についてや，実際の事例が紹介され，発達障害に関する理解が深まる本である。
青山　さくら（著）川松　亮（編）（2020）．ジソウのお仕事――50の物語で考える子ども虐待と児童相談所　フェミックス
　　児童相談所で働く児童福祉司の作者による物語。実際の体験をもとに構成された50の物語からは，さまざまな苦悩を抱えている家庭やそれを支援しようとする「ジソウ」の職員の実際の姿が描かれている。
長谷川　和夫・猪熊　律子（2019）．ボクはやっと認知症のことがわかった　自らも認知症になった専門医が，

日本人に伝えたい遺言　KADOKAWA

認知症について学んだ人なら，長谷川式簡易知能評価スケールを知らぬ人はいないだろう。その開発者である作者が，認知症について，そしてその対応についてやさしく解説している本である。

第12章
犯罪，司法
[SDGs: 1, 11, 16／公認心理師: 19]

岩見広一

　私たちは，ふだんあまり意識してないかもしれないが，決して一人で生きてきたわけではない。この世に生を受けてから死に至るまで，様々な他者とのかかわりや助け合いを通して，日々を過ごしているのである。他者とは自分以外の人を指し，家族，学校・仕事，余暇・レジャーなど日常生活で接する多くの人々である。私たちが生きる「社会」とは，自分と他者がともに安全・安心に暮らしていくことを目指すためにつくられた仕組みである。社会の安全・安心の希求と実現は，well-being や SDGs（本章では特に目標16）の考え方に沿うものである。

　その仕組みを脅かす存在には，自然災害，疫病，戦争など，自然現象から人為的なものまで様々なものがある。その中には，犯罪や非行といった人為的な「行動」も含まれる。

　犯罪は，私たちの社会（国や地域によっても異なる）が禁止行為と定めた，刑罰法令に違反した行為である。非行は，犯罪に該当する行為等を20歳未満の人がおこなった場合である。犯罪や非行に至る人は，自分と他者がともに生きていることを軽視していた，忘れていた，学習する機会に乏しかった，などの状態にあったと思われる。そして，行為によって被害に遭われた方やその家族・知人，その行為に至る場面を目撃してしまった方，行為に及んだ人の家族・知人にも大きな影響を及ぼすであろうことにも注意は向いていない状態である。

　犯罪や非行に対応するための，私たちの「社会」における一連の仕組みが，「司法」である。司法に関わる機関を広く捉えれば，警察，児童相談所，検察庁，裁判所，少年鑑別所（法務少年支援センター），刑務所，婦人補導院，少年院，少年刑務所，保護観察所，児童福祉施設，病院，大学等と多岐にわたる。犯罪や非行の予防という観点では，地域社会や民間の支援団体による活動も含まれよう。効率的，効果的な犯罪や非行への対応は，これら幅広い多職種連携によって成り立っている。最終的には，犯罪や非行の被害者が自分の生活を取り戻し，加害者は再び犯罪や非行に関係することなく，それぞれが「社会」で再び適応していけるよう，私たちの「社会」はあたたかく見守り，支援していく必要がある。

　心理学を学んだ人々が，司法や司法と関わりのある医療・福祉・教育などの関連分野において，その知識や技能を生かせる場は，上記のように幅広い。人生100年時代と言われる現代社会においては，地域における防犯活動においてもその知識や技能を活かせる場を増やしていくことも必要である。そして，公認心理師を始めとする心理職には，責任ある専門家の立場から，これらの分野での活躍が求められていると言えよう。

　本書は，心理学概論であり，犯罪，司法の専門書ではない。そのため，本章では犯罪，司法に関するトピックスのうち，最近の日本における犯罪・非行の主な実態，日本では比較的新しい取り組みである裁判員裁判の課題を取り上げ，心理教育的な観点から触れることにする。本章で取り上げたトピックスや取り上げなかったトピックスについて，さらに詳しく知りたい読者の方々は，犯罪，司法の専門書で調べていただき，今後に向けての研究，実務，日々の生活に必要な行動につなげていただきたい。

1　現在の犯罪の動向とその対応

　2020 年から，日本では COVID-19（新型コロナウイルス）が猛威を振るい，私たちの社会はそれに振り回され続けている。いわゆるコロナ禍では，政府や自治体による緊急事態宣言やまん延防止措置などの公的作用によって，国民の日常行動はかなり制限された。多くの国民の外出が控えられ，在宅時間が長くなり，人流が低下した。こうした大きな社会情勢の変化は，犯罪発生にどのような影響を与えるのだろうか。実際，それを示したデータが少しずつ始めている。森・岡本は，関西地区における第 1 回目の緊急事態宣言期間中の自転車盗の発生への影響について調査した。まず，宣言発出前の時系列解析によって自転車盗発生数の予測式を作成した。予測式の数値は，宣言発出がなかった場合の想定値である。この予測発生数よりも，宣言発出後の発生が低下すれば，宣言発出は自転車盗に影響を与えたという仮説である。調査の結果，宣言期間は自転車盗の発生が宣言発出前の予測式よりも大きく減少していたことが明らかになった。自転車盗だけでなく，様々な犯罪がコロナ禍の影響で変化した可能性があるため，今後のさらなる研究が期待される。

■ [1]　現状の犯罪発生実態の理解

　私たちの身の回りで起きている犯罪や非行についての実態を知りたいと思った際には，日本においては，警察庁や法務省などの公式統計を調べるのが一番の近道である。公的機関が認知した非行や犯罪であるが，それらの実態を理解することは，私たちが被害に遭わないためには，あるいは，私たちが非行や犯罪に走らないためにはどうすればよいのかを考えるうえで大いに参考になる。

　結論から先に言うと，現在の犯罪は，昔から比べれば減少している。そのように言われても，テレビやインターネット・ニュースでは，殺人事件などの凶悪事件の報道を日々目にしている。今の日本は犯罪が横行していると感じている人は，稀に発生する凶悪事件などの同じ事件の報道を連日耳目にするなどの影響を受けているにすぎないのかもしれない。中谷内は，人の心は一般化された統計や科学的知見などの情報よりも，個別事例の情報のほうに影響されるという二重過程理論による説明を紹介している。つまり，日本の年間の殺人事件の認知件数は昔から横ばいであり，諸外国に比べて極めて少ないという事実よりも，1 つの凄惨な殺人事件の報道に対して，人々の心は影響されるのである。

　図 12-1 は，日本の刑法犯認知件数と検挙率の変化を示したものである。刑法犯とは，主に刑法で処罰対象となる犯罪を指している。

　このグラフは警察機関が把握した数である。犯罪には刑法犯だけではなく，交通法令違反，特別法犯（代表例は，覚醒剤取締法違反や迷惑防止条例違反）もある。刑法犯は，犯罪の認知と検挙の比較ができるため，治安のバロメータとして参考にされることが多い。刑法犯認知件数を示す棒グラフは，終戦後間もなくしてから始まっており，現在が統計史上，最も刑法犯認知件数が少ないと言える。

　現在は犯罪が一貫して減っている一方，検挙率は上昇傾向の時期であることが理解できる。検挙率は検挙件数を認知件数で割った数値を％で示したものである。認知件数の減り具合に比べ，検挙件数の減りは少ないことが理解できる。特に，殺人，強盗，強制性交等，強制わいせつ，放火，略取誘拐及び人身売買といった重要犯罪の認知件数は減少傾向である一方，検挙率は上昇傾向あるいは安定して高い状況にある。また，侵入窃盗，万引き，自動車や自転車の窃盗，ひったくりの認知件数も最近は減少傾向が続いている。こうした犯罪減少の背景について，警察庁は，社会情勢の変化，官民一体の総合的な犯罪対策の推進，防犯機器の普及を理由に挙

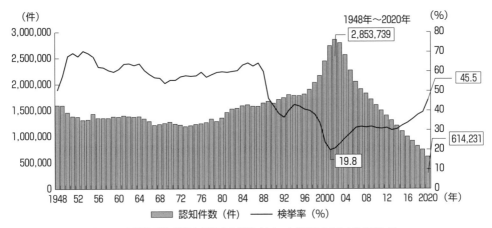

図12-1　刑法犯認知件数と検挙率の推移（令和3年版警察白書から筆者が作成）。

げている。

　犯罪の総数は減っているものの，個別の犯罪について見ていくと，高い水準で認知されている犯罪もある。その一例は，特殊詐欺である。また，法律の整備や改正によって，警察への相談などを含む取扱件数が高水準で維持，あるいは増加しているものもある。それらは，ストーカー事案，配偶者からの暴力事案，児童虐待事案である。ここでは，高水準で発生を認知している「特殊詐欺に対する心理学の取り組み」について紹介する。

■ [2] 特殊詐欺に対する心理学の取り組み

　特殊詐欺の代表的なものとして，オレオレ詐欺が有名であるが，電子メールやインターネットを介しておこなわれる架空請求詐欺も特殊詐欺に含まれる。電子メールやインターネットを介しておこなわれる詐欺は，サイバー犯罪としてもカウントされる。現代は，情報通信技術などのテクノロジーが発達した高齢化社会である。半世紀前の情報通信手段は，自宅の電話や公衆電話しかなかった。今世紀初頭である20年前は，情報端末の主流はガラケーと呼ばれる携帯電話やパソコンに置き換わった。今では高機能スマホやタブレットが主流となり，いつでもどこでも，私たちが知りたいことは，その場で調べられる時代に変化した。現在の若い方々は，物心ついた時には，今の時代を生きており，身近な存在として情報通信端末を利用している。

　しかしながら，高齢者の方々は，必ずしもこうした最近の情報通信技術を利用しているとは限らない。自宅の電話が主となっている方々も多い。また，高齢者に限らず，私たちが安全・安心に情報通信技術を使いこなしているかといえば，必ずしもそうとは限らない。こうした隙を突いた身近な犯罪の代表格が，オレオレ詐欺を始めとする特殊詐欺であり，サイバー犯罪と言える。

　図12-2は，警察庁の統計による2020年までの特殊詐欺の認知件数と被害金額の変化を示したグラフである。特殊詐欺は一時期減少したことはあるものの，その後上昇に転じ，ここ数年は減ってはいるものの，対策の継続が指摘されている犯罪となっている。

　特殊詐欺に対しては，心理学の立場では予防の観点から研究がなされている。島田は，特殊詐欺は，被害者個人が財産を失い，悲嘆や後悔，人間不信に陥り，生活基盤を損なうなどの悪影響だけでなく，受け子役を犯罪に手を染めさせ，収益が他の犯罪に悪用され，地下経済を潤すなどの社会への悪影響を及ぼすため，その予防の必要性を説いている。

　伊原と島田は，親族を騙ったオレオレ詐欺における既遂と未遂を分ける要因を分析した。その結果，初回電話で詐欺に気づく場合の多くは本人であるが，2回以上電話で対応してしまった場合，本人が詐欺に気づく割合は低くなり，親族，近隣住民，金融機関職員などの他者の介

コラム 18　プロファイリング

　プロファイリングと聞いて，皆さんはどのようなものを想像されるだろうか？　小説やドラマのように，犯人の心理を読み解いて，「犯人は○○さんですね」と言い当てるものであれば，すごい技であるが，心理学にそれを期待するのは見当違いかもしれない。

　プロファイリングとは，犯人の行動から，犯人のタイプを推定して，捜査対象範囲を絞り込む捜査支援技術である。研究分野では，「犯罪者プロファイリング」と呼ばれている。犯人のタイプを絞り込む技術であるため，プロファイリングで犯人を特定することはできない。つまり，プロファイリングの結果は，被疑者を逮捕できる直接的な証拠にはならないし，してはならないのである。これが効用の限界である。犯罪捜査に関わる司法関係者は，この効用限界を理解しているので，少なくとも日本では，プロファイリングの結果で被疑者の逮捕状を請求した事例はない。ただし，岩見・財津が例を示しているように，プロファイリングの結果を活用して，捜査員が被疑者を逮捕した事例はたくさんある。

　日本では，1990 年代半ばから警察機関で研究がスタートし，2000 年から警察の第一線で試行が始まった。その後，徐々に全国に裾野を広げ，2010 年代には全国での活用件数が増えた。1990 年代後半から 2010 年頃までの時期は，刑法犯認知件数が急増して戦後のピークを迎えた時期と重なる。プロファイリングは治安悪化への対抗策として導入された背景がある。

　日本のプロファイリングは，主に連続事件への適用と結果の検証によって発展してきた。事件に関する情報を精査し，過去の解決事件情報を参考にして，同一犯の事件を絞り込み，犯人像を推定し，活動領域や今後の犯行に関する時間や場所などを推定する。

　活動領域や今後の犯行を推測する分析は，地理的プロファイリングと呼ばれており，日本で最もよくおこなわれてきた。活動領域を求める方法には，研究初期は，犯行地点の分布から円などを描く幾何学領域モデルが用いられていた。その後，犯行分布の中心点から犯人の拠点の可能性がある場所を推定する空間分布法，犯人の拠点から離れるほど犯行頻度が減る傾向を応用した確率距離法が登場した。萩野谷・倉石・花山・小林・細川・杉本は，各方法を比較した結果，確率距離法が最も高精度であると評価している。最近，倉石と楠見は，日本の犯罪捜査における地理的プロファイリングの精度について，様々な方法を総合的に評価している。研修歴のある警察心理職の実務者 5 名が実施した 36 事例の推定結果について，統計的分析との比較によって正確性や有効性が調査された。実務者がおこなう統計的アルゴリズムに依らない事例分析が分析結果に与える影響も調査されている。統計的な検定の結果，犯行分布からの幾何学領域モデルによる推定領域と実務者による推定領域は，推定精度は同レベルであるが，実務者による推定領域のほうがより絞り込まれていた。また，空間分布法と確率距離法によって，実務者の推定領域と同じ面積になる領域での推定精度の統計的な検定で比較したところ，実務者の精度のほうが高かった。さらに，実務者による事例分析は，幾何学領域モデルによる推定領域を，さらに絞り込むために利用されていた。

　日本の警察におけるプロファイリングは，心理職は研究と実務，そして実務者を養成する研修を担当している。一方，実務者の多くは，犯罪情報を分析する様々な捜査支援を担当する警察官が担っており，心理学の専門知識を持っているとは限らない。プロファイリングにおける心理学の役割は，犯罪行動から犯人のタイプを推定するエビデンスを蓄積する研究の継続と，研究知見の捜査現場へのフィードバックとなる。現在の犯罪捜査では，防犯カメラ映像や情報通信等のデジタル証拠の収集が非常に重要である。それゆえ，プロファイリングには，デジタル証拠の活用を前提にした技術の向上という難しい課題が求められていると言えよう。

入によって気づいていた。相手の声が少し変だと思っても，息子や孫と思い込んでしまう「正常性バイアス」が働いていると指摘されている。また，初回電話が午前中にかかってきた場合のほうが，午後や夜間にかかってきた場合よりも既遂率が高く，電話を受ける時間が長くなるほど，本人が気づくよりも，騙しにかける時間を与え，犯人側のシナリオに陥る「フレーミング」が生じてしまうことが明らかにされている。親族を騙ったオレオレ詐欺では，子どもや孫が仕事を失うという脅威をちらつかせ，自分がお金を出すことでそれを回避できると考えさせることで，お金などを渡す行動に走らせるという，「防護動機理論」の悪用が指摘されている。

　電話による特殊詐欺の被害実態の分析から，国民に対する広報を知っていても騙されているため，「気をつけましょう」「詐欺の意識を高めましょう」などの広報活動だけでは，被害阻止

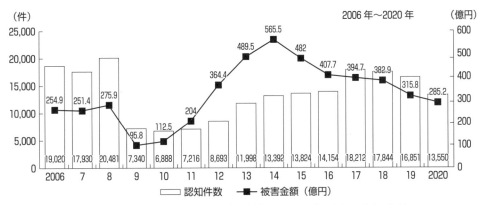

図 12-2　特殊詐欺の認知件数と被害金額の推移（令和 3 年版警察白書から筆者が作成）。

に必ずしも結びつかないことが明らかとなっている。分析結果から，被害を阻止するためには，電話がかかってきた時に自分で気づけるか，騙されていることに家族が気づけるか，騙されていることに金融機関が気づけるかの 3 つの機会を制する重要性が説かれている。

　電話がかかってきた時に自分で気づけるかには，被害者の性別や年齢，家族関係，性格や意思決定の仕方，認知能力と関連があることが明らかにされている。そのため，自分で気づくことが困難なハイリスク特徴を有する人々に対する迷惑電話防止機能付き電話の整備など，行政的な対策も進められている。次の機会である家族による阻止には，同居家族の存在や別居家族との連絡頻度の多さが関連し，日常生活における家族の絆が強さの重要性が指摘されている。最終機会である金融機関での阻止には，振込理由を尋ねる，詐欺の資料を示すなどの阻止率は低く，警察官を呼ぶ，親族に連絡するなどの踏み込んだ対応で阻止率が高くなることが明らかになっている。

2　現在の非行の動向とその対応

　日本における非行は，20 歳未満の少年による刑罰法令に該当する行為などを指す。少年法においては，少年は人格形成の途中にあるため，少年個人の人格に着目した保護処分あるいは国による監護という特別な対応をするよう定めている。そのため，少年法では，非行に及んだ少年は「犯罪少年」「触法少年」「ぐ犯少年」の 3 つに分類され，それぞれ扱いが異なっている。

　刑罰法令に触れる行為に及んだ 14 歳以上 20 歳未満の少年が，犯罪少年に分類される。警察などによって犯罪少年が検挙された場合，原則として検察官に引き継がれる。

　刑罰法令に触れる行為に及んだ 14 歳未満の少年は，触法少年に分類される。また，刑罰法令に触れる行為には至っていないが，それに結びつく問題行動が認められ，保護を要する可能性が高い 20 歳未満の少年は，ぐ犯少年に分類される。触法少年とぐ犯少年は，検察官に送致されず，児童相談所や家庭裁判所へ連絡され，引き継がれる。

　触法少年は，刑法が年齢の制約で刑罰を適用しないことを定めており，原則として児童相談所で扱われ，福祉的な対応となる。犯罪少年は，家庭裁判所において審判される。審判結果が保護処分の場合，保護観察所あるいは少年院においての処遇となる。

　なお，2022 年 4 月 1 日から改正少年法が施行され，新たに 18，19 歳の少年を「特定少年」とし，17 歳以下の少年とは異なる特例が定められた。全件が家庭裁判所において検察官送致（逆送）や保護処分等が決定される。逆送の場合，20 歳以上の者と原則同じ扱いとなり，起訴された場合は実名報道も解禁となる。

　図 12-3 は，戦後から 2019 年までの少年による刑法犯等の検挙人員と少年人口比の推移であ

る。少年人口比とは，10 歳以上の少年 10 万人当たりの少年の検挙人員である。戦後からの推移を見ると，少年の検挙人員には波があり，昭和時代に 1951 年の第 1 波，1964 年の第 2 波，戦後最多である 1983 年の第 3 波が認められる。平成時代からは減少傾向が続いており，2012 年から 2019 年まで年々戦後最少を更新し続けている状況にある。少年人口比も同様に減少し続けている。現在の日本は，刑法等に触れる非行に及ぶ少年が，非常に少ない時期であると言える。

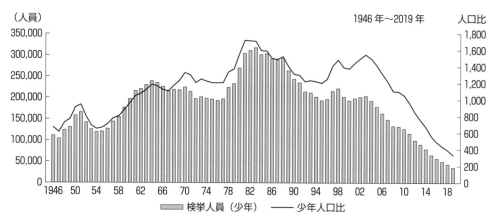

図 12-3　少年による刑法犯等検挙人員と少年人口比の推移（令和 2 年版犯罪白書から筆者が作成）。

　近藤は，1998 年の検挙人員のピークを第 4 波と位置づけている。この時期は，社会的に大きな注目を集めた，特異・凶悪な少年事件が続発した。1997 年の神戸児童連続殺傷事件，2000 年の豊川市主婦殺人事件，西鉄バスジャック事件，大分一家 6 人殺傷事件などである。また，オヤジ狩りや中高年齢の女性を対象としたひったくりや路上強盗事件も多発した。この時代は，刑法犯認知件数が急増した時期であり，体感治安が悪化し始めた時期でもあった。第 4 波に伴う少年刑事司法機関の方針が大きく変わり，適切なかたちで構築し直された成果が，近年の少年による刑法犯等の検挙人員の減少につながったという見方もできる。

　非行が少ない現在において，少年による家庭内暴力が最近増えつつある状況にある。図 12-4 は，1988 年以降の少年による家庭内暴力の認知件数を示している。有職少年や無職少年の件数は非常に少ない状態で推移しているが，学生・生徒の件数が 1990 年代から徐々に増えていき，2012 年以降急増し続けており，2019 年には 3,596 件に達している。このうち，家庭内暴力の主

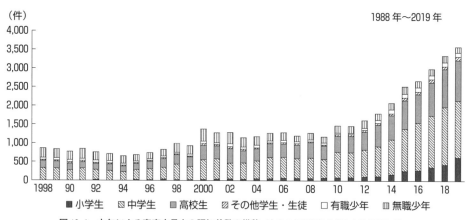

図 12-4　少年による家庭内暴力の認知件数の推移（令和 2 年版犯罪白書から筆者が作成）。

は，中学生や高校生であるが，近年は小学生によるものが増えてきているのが特徴である。

　藤岡は，発達の視点から非行に及ぶ少年について，**表 12-1** に示す３つのタイプに分類している。すべての非行少年がいずれかに必ず当てはまるわけではないが，非行防止の観点からも簡潔に示されているので紹介する。

表 12-1　発達の視点から見た非行少年のタイプ

早発型（伝統型）	小学校入学前後のかなり早い時期から，万引きなどの窃盗を起点に非行が始まる。両親も自分のことや日々の暮らしで精一杯の様子で，子どものしつけに目を配る余裕がない。貧困や差別など，家庭が地域から疎外されていることも多い。現在では，児童自立支援施設などに送致されていることが多いと考えられている。早期に保護されて，安定した暮らしと愛情と関心，しつけを提供することで，通常の発達過程を取り戻し，非行を手放していくことが期待できる。大人になる時期に，進学や就職などの機会を社会が提供できることが重要である。
集団型	中学２年生前後で非行が表れ，一人ではなく，仲間と一緒になると気が大きくなって，周囲につられて，夜遊び，喫煙，怠学などからスタートする。やがて，恐喝や交通関係事犯，喧嘩，窃盗などに移行する。一人ではなく，集団でおこない，仲間に自慢することも多い。10 代後半から成人を目前にすると，仕事に励んだり，恋人と過ごしたりする時間のほうが多くなり，生活の仕方が変化して，自分の目標や行き先が見えてきて，落ち着いていくことが多い。成人に近づくにつれ，自ら社会に適応していく方向を見つけていくタイプ。一対一だと基本的に素直であり，社会適応性は元々悪くない。生活指導の先生，保護司など人生の先輩からの教えやしつけ，比較的短期間の集中的な施設内処遇によって，大人になることを促すことが有効である。
非社会型（現代型）	生活基盤としつけの提供という従来の取り組みでは改善が難しいタイプ。ごく普通の家庭で育ち，保護者は社会で受け入れられる生活と価値観を持ち，子どもへの関心も高い。子ども自身は学業やスポーツで目標を達成しようと努力しており，「よい子」になろうと人からの評価を気にしている。典型的には，性非行という形で表出することが多い。思春期を迎え，親よりも友人関係，異性関係が重要度を増す時期につまずく。学業等に劣っていないぶん，プライドが高く，人に弱みを見せられない。人に聞いたり，相談したりすることが苦手なタイプ。性のことは相談しにくく，メディアの影響をうのみにして，一人で焦りを募らせていく。異性の気持ちを聞いて，自身の欲求を伝えて，相互に満足のいく親密な関係を築くことが難しい。反社会的と言うよりは，コミュニケーションに難を抱える非社会的なタイプ。自己統制できるような治療教育的な介入が必要とされている。

（藤岡，2017 から筆者が表を作成）

　藤岡によれば，現代の犯罪心理学では，認知行動療法の考えを踏まえ，犯罪は学習された行動と考えている。つまり，人は「犯罪者」ではなく，「犯罪行動をもつ人」と見られ，犯罪行動は捨てることができるものと解されている。環境や状況の中で，個人としての欲求充足を図る際に，自身の行動を統制し，周囲との欲求の葛藤を調整し，自分も人も傷つけない，充実した，責任ある生き方をする力を身につけていくことが目指されている。犯罪行動をもつ人は，十分な力を習得できていないか，不適切な学習をしてしまった結果であり，新たな生き方を学習できると見なされている。

　龍島が指摘するように，昭和時代の日本の少年は身近に非行を見聞きして，自分でも非行を経験して育ち，成人するとあまり犯罪に手を染めなくなる道筋で成長してきた。近年の少年は非行を見聞きすることもなく，自分も非行を経験しないで成人する時代に生きていると言える。日本の非行は，統計的な推移を見ると増加している時期があり，時の社会情勢によって変化してきた。今後の社会情勢の変化によって，非行が増えないことを祈りたい。

3 裁判員裁判

　筆者も含め，読者の方々もリアルタイムで見たことはないが，かつての日本には，国民が裁判に加わる陪審法に基づいた裁判が 15 年間おこなわれていた。当時，参加できた資格のある国民が生存していれば，現在 108 歳以上となるため，その体験を語れる方はいないと思われる。法務省によれば，陪審法は 1923 年（大正年間）に公布，1928 年（昭和初期）に制度による裁判が開始され，1943 年（第二次世界大戦末期）に停止された。陪審法による裁判が行おこなわれていたのは，日本の政党政治が軍国主義の台頭によって終焉を迎え，軍国教育がさかんになり，国民の多くが戦争に参加し，連合国による日本国土への空襲が激化する直前までの時期とリンクする。こうした状況下で大正年間に発想された国民参加の裁判の運用は厳しくなり，再び，司法領域の専門家による裁判に戻ったのである。

■ [1] 裁判員裁判の導入過程

　20 世紀末の日本では，21 世紀の司法の在り方について国が審議を始めた。現在の裁判員裁判が導入されたのは，21 世紀の司法の在り方について議論をまとめた司法制度改革審議会意見書の勧告によるものである。そこでは，①国民の期待に応える司法制度へ変えていくこと，②それを支える裁判官，検察官，弁護士を育てること，③国民も訴訟手続きに参加し，司法への信頼を高めること，の 3 つが柱となっていた。裁判員裁判は，国民参加によって司法への信頼を高めることが目的であった。

　現在の日本に導入されている裁判員裁判は，陪審法ではなく，裁判員の参加する刑事裁判に関する法律（裁判員法）に則って実施されている。2009 年からスタートし，10 年を過ぎてはいるが，比較的新しい制度である。司法と関わりのない国民のなかから裁判員に選ばれた人は，法律に従って裁判に関わることになる。

　裁判員裁判では，特定の刑事裁判の第一審で，裁判官 3 名とともに，選ばれた裁判員 6 名で，被告人が有罪か否か，有罪の場合にはどのような刑にするか（量刑）を決めなければならない。裁判員が関わる刑事事件は，死刑または無期の懲役・禁固にあたる罪に係る等の重大な事件である。殺人，強盗致死傷，強制性交等致死傷，現住建造物等放火，危険運転致死等が挙あげられる。

■ [2] 裁判員裁判の抱える問題点

　最高裁判所の調査によれば，これまでに約 14,000 件の裁判員裁判がおこなわれ，約 79,000 人が裁判員として参加している。裁判員裁判を終えた直後の感想では，裁判員の約 96％が裁判への参加がよい経験であったと回答しているという。その一方で，最高裁判所の別の調査では，裁判員候補者の辞退率は年々上昇し，出席率も低下しているのが現状である。辞退理由で多いのは，高齢や学生，病気，仕事，介護，精神的・経済的理由であった。また，制度開始以降，裁判員裁判への参加意欲がある人は 2 割に満たず，裁判員裁判への興味・関心のある人は 3 割弱であり，参加意欲の低下や関心の薄さに変化の兆しはない。

　裁判員裁判の導入に際しては，推進する意見と反対する意見があり，今でもそれは続いている。それらの詳細は法律関連の専門書に譲るが，双方の意見から，裁判員裁判において裁判員が経験する様々な出来事から生じる心理的な問題が指摘されている。

　今の裁判員裁判を改善して推進しようと活動している裁判員ネットの大城・坂上・福田は，裁判員経験者が，その後様々な心理的な負担を抱えているという。裁判員を経験したことで，被告人の人生に大きな影響を与えた判断が適切だったのか，被告人はその後どうなるのか，控

訴審で自分たちが決定した判決が否決されたなど，思い悩む裁判員経験者の姿がある。

　また，裁判員裁判について反対している織田によれば，裁判で証拠として提出された事件に関する凄惨な資料や証言を目の当たりにして体調不良を訴え，急性ストレス障害（ASD）を発症した裁判員経験者も存在する。ASD を発症したケースでは，裁判員裁判は憲法が禁じている「意に反する苦役」であるなどの理由で違憲であると，国家賠償を求めて裁判になった。結果として，敗訴しているが，裁判員裁判によって ASD を発症したことについては，裁判所は相当の因果関係を認めている。この裁判を契機に，その後の裁判員裁判では遺体写真を，イラストなどに変える試みがなされている。裁判員経験者への心理的ケアとして，裁判後にカウンセリングを受けるシステムは存在するが，無料で利用できる回数が制限されているのが実情で問題点となっている。また，裁判員には裁判の過程で知り得た評議内容と関係者の個人情報等を他者に漏らしてはならない守秘義務が課せられており，先ほど述べた裁判員経験者が思い悩む様々な事柄を一人で抱え込ませる要因の 1 つになっている。

　このように，裁判員裁判の導入は，国民参加によって司法への信頼を高めることにあったが，国民の参加意欲や関心は低いものであり，裁判に参加した裁判員は裁判中や裁判の後に心理的な負担を抱える問題も生じている。制度自体の是非もさることながら，裁判員経験者の抱える心理的問題を予防する心理教育やケアへの対応が急務であると言えよう。

■ [3] 裁判員候補者に対する十分な説明責任の必要性

現在の制度下における裁判員の選任方法について要約すると，表 12-2 の経過をたどる。

表 12-2　裁判員候補者に選ばれてから裁判員として裁判に立ち会うまでの流れ

① 裁判所から候補者へ「通知と調査票」が届く
② 裁判所から辞退しなかった候補者へ「呼出状と質問票」が届く
③ 辞退しなかった候補者は「選任手続期日」に裁判所へ行く
④ 候補者は裁判所で初めて事件の概要や被告人等の説明を受ける
⑤ 裁判官 3 名と書記官，検察官，弁護人の審査で最終候補者が絞られる
⑥ 最終候補者からくじで裁判員が決定される
⑦ 裁判員は，裁判官から裁判のルール説明を受けた後に宣誓する
⑧ 裁判員は裁判に立ち会う

　①の「通知と調査票」は，前年 11 月頃までに候補者へ届く。調査票を返送しなかった人は，辞退しなかったことになるため，翌年の裁判員候補者となる。辞退理由の選択肢は，裁判員法で細かく決められているが，裁判員としての意欲や関心の程度では辞退理由にできないため，この時点では意欲や関心が低い人が相当数含まれていると考えられる。

　②の「呼出状と質問票」が候補者へ届くのは，実際に裁判員裁判の第 1 回目日程が決まり，③の選任手続期日の 1 か月半前頃となる。かなり，裁判開始まで迫ってきた状況と言える。質問票は全員返送し，辞退理由がある人は裁判所へ電話や文書で連絡して候補者から取り消してもらう必要がある。ここでも，裁判員としての意欲や関心の程度を把握できる質問項目はない。

　③の選任手続期日は，午前中におこなわれることが多い。裁判所に着いてからは④から⑦までが一気に進み，場合によってはその日の午後から⑧の裁判への立ち合いまで進むこともある。

　このように，候補者が裁判員に選任され，裁判に立ち会うまでの時間的余裕はほとんど設けられていない。さらに，当日初対面した裁判官，書記官，検察官，弁護人といった司法の専門家たちと渡り合いながら，冷静な判断を次々に求められることになる。精緻化見込みモデルで説明すると，裁判員制度について事前に予習してきた候補者は，中心ルート[1]による認知処理

が可能であるため, 定型的なルール説明でも十分に理解してくれる可能性はある。しかし, 元々参加意欲や関心が低い消極的な候補者, アサーションや自己効力感が低い候補者は, 周辺ルートによる認知処理となる可能性があり, 後々, 裁判員の経験が悔悟や自責につながるおそれもあろう。

　裁判員となって生じる心理的な負担と問題を回避する 1 つの方法は, 裁判員候補者の段階で, 裁判員によって生じるデメリットの部分についても十分に説明したうえで, 候補者に参加の同意を得るインフォームド・コンセントの導入であろう。現在の制度では, 裁判員になる意思決定の任意性が, 候補者に与えられていない。最初の「通知と調査票」の段階で, 裁判員になることの意欲や制度への関心の程度を把握し, 選任手続期日では, 裁判官, 検察官, 弁護人の司法の専門家が, 候補者の抱えている不安を傾聴し, 心理的負担等のデメリットを含めたより丁寧な説明を経て, 裁判員になる意思とルールの理解度を確認したうえで, 最終候補者を絞り込むことが望ましいと思われる。

■ [4] 裁判員に対する官民連携による柔軟な心理的ケアとそれに伴う守秘義務緩和の必要性

　裁判員の経験によって発症することもある ASD は, 一過性の過剰なストレス反応で, 災害の直後に生じることがある。つまり, 裁判員の経験は, 人によっては災害レベルの経験に相当すると言える。ストレス・災害時こころの情報支援センターによれば, ASD は外傷後ストレス障害（PTSD）と類似した症候群であるが, PTSD よりも早期に生じ, 出来事の 2 日後から 4 週間以内に見られると言う。ASD は自然回復する可能性が高いと指摘される一方で, PTSD 発症を十分に予測するという指摘もあり, 見解は定まっていない。

　裁判員の経験によって生じる様々な心理的な問題の予防のために, 裁判員経験者へのアウトリーチ型の支援を充実させるとともに, 相談があった際に限り守秘義務の緩和を許可するなどの改善が望まれる。また, 裁判員経験者は全国に居住しているため, 制度や訓練を受けた高い倫理観を持ち, 裁判所から委託された公認心理師などを登用し, 遠隔心理支援などの技術を活用し, いつでもどこでも気軽に相談に乗ってもらえるシステムを構築していくことが急務でないだろうか。電話やインターネットで, 医療的支援や司法知識が必要かなど, 相談種別を選択し, それにあった相談先につなげられれば, 業務間連携もスムーズに展開していくのではないかと思われる。

4 むすび：犯罪予防の取り組み

　現在の日本における司法・犯罪心理学のホットなテーマは,「予防」である。犯罪の総数は少なくっているが, 一部の犯罪は猛威を振るっており, 国民に重大な損害を与え続けている。警察の立場からは, 犯罪の被害に遭わない, 犯罪の機会を封じる犯罪予防がテーマとなっている。一方, 刑事施設等を出所した人が再び犯罪に至る「再犯」が問題となっている。刑事施設や矯正保護の立場からは, 再び犯罪に手を染めさせない再犯予防がテーマとなっている。

　図 12-5 は, 刑法犯の検挙人員における初犯者と再犯者の推移と再犯罪者率の推移である。再犯者人員は 1996 年以降増加を続け, 2006 年をピークに緩やかに減り続け, 2019 年は 2006 年のピーク時から 37.0％減っている。一方, 初犯者人員は 2004 年をピークに, 再犯者人員を上回るペースで減少しており, 数値のうえでは再犯者率は上昇し続けている状況にある。

　前頁1）　中心ルートは, 自らが論理的な思考を重ねて判断して態度変容に至る径路で, 一方, 周辺ルートは, 周囲の人の意見や行動から判断して態度変容がもたらされるケースである。第 8 章第 1 節 p. 85 参照。

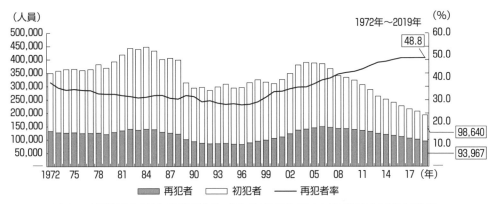

図12-5　刑法犯検挙人員中の再犯者人員・再犯者率の推移（令和2年版犯罪白書から筆者が作成）。

　犯罪予防や再犯予防の目的は，効果的な対策を基礎研究と介入実験によって明らかにし，対策を実施してその効果を検証し，有効な対策のみを実社会で活用していくことにある。警察や法務省による予防の取り組みには，心理職による犯罪や犯罪者の研究，抑止対策の効果検証研究が必要となる。これらに必要な研究方法は，エビデンス・ベイスト・プラクティス（EBP）である。原田は，公認心理師を始めとする心理職には，エビデンスの習得，創出，活用が求められていると訴えている。エビデンスは，刑事司法の世界では「証拠」を指すが，原田が言うエビデンスとは，EBPの手続きによって得られた実証研究による知識や技能である。EBPの詳細については専門書に任せるが，エビデンスの創出は研究活動であるため，すべての心理職が関われるわけではない。すべての心理職が関われるのは，エビデンスの習得と活用である。

　EBPの影響力は，警察と大学機関の共同による犯罪予防研究と実践，刑務所や保護観察所などの矯正分野の再犯予防研究と実践において見ることができる。犯罪認知に対処する警察と犯罪者の処遇に関与する法務省，さらに大学機関や民間団体，地域住民が連携して，潜在的な被害者や犯罪者を減らすエビデンスに基づく効果的な予防教育を進めている。

　近年は，警察機関がいくつかの犯罪情報をオープンデータとして公開している。司法，犯罪の分野での心理職を目指している人は，在学中にこれらの情報を利用して，EBPの研究方法を身につけておくことも可能であろう。研究機関で研究者として生きていく人にはEBPを用いた研究活動が求められ，現場の最前線で実務者とし活動していく人には，EBPを理解して活用することが求められるだろう。私たちの社会は，犯罪や非行の被害を回避し，犯罪や非行に走らないように暮らしやすく生きていける社会の実現を目指し，エビデンスに基づく効果的な対策を継続的に実行していく時代に入ったのである。

読書案内

川畑　直人・大島　剛・郷式　徹（監修）門本　泉（編著）（2020）．公認心理師の基本を学ぶテキスト19　司法・犯罪心理学——社会と個人の安全と共生をめざす——　ミネルヴァ書房
　　犯罪者がどのような経過をたどり，再び社会復帰していくのか。再び犯罪に手を染めさせないために，どのように支援しているのか。それらの現状の網羅的な理解におすすめである。
島田　貴仁（2021）．犯罪予防の社会心理学——被害リスクの分析とフィールド実験による介入——　ナカニシヤ出版
　　犯罪実態の統計分析の結果から考案した対処法を社会実験で検証し，効果的な対処法を社会還元していく過程を詳述。エビデンス・ベイスト・プラクティスのお手本としておすすめである。

第13章
産業，組織
[SDGs: 8, 9, 10, 12, 16, 17／公認心理師: 11, 20]

古谷嘉一郎

　産業・組織という言葉から，何を皆さんは想像するだろうか。誤解を恐れず，身近な言葉で言い換えるならば，仕事・会社になるだろう。本章ではこの産業・組織に関わる内容を説明する。具体的には，産業と組織の定義，働きがい，ワーク・モチベーション，リーダーシップについて説明する。これらはいずれも目で見て具体的に確かめることは難しいかもしれない。しかし，私たちがよりよい仕事をするために，ぜひ知っておいて欲しいものである。

　最初に，産業と組織の定義について考えてみる。つまり，産業とは何か，組織とは何かを考える。次に，組織の仕組みの基本について説明する。そして，SDGs にも紹介されている「働きがい」について考えてみる。働きがいという言葉は日頃何気なく耳にするものかもしれないが，具体的に考えてみると少し難しいかもしれない。そこで「働きがい」について具体的な定義を試みることにする。

　その後，働きがいに密接な関連を持つと考えられているワーク・モチベーションについて説明する。多くの学者がワーク・モチベーションについて，様々な考え方を発表している。限られた紙面ですべての考え方を詳細に説明することはできない。そのため，行動を引き起こす動機などに着目した内容理論として，欲求理論，動機づけ－衛生理論，X理論とY理論，内発的動機づけと外発的動機づけを紹介する。また，行動を引き起こす過程に注目した過程理論である，期待理論，目標達成理論，自己効力感理論を紹介する。いずれの理論もワーク・モチベーションを高めるための有益な知見を提供している。もしかするとこれら一連の理論の中には，納得いかないものがあるかもしれない。その際は，なぜそう思うのかを是非考えてみていただきたい。

　最後に，リーダーシップの説明をおこなう。まずリーダーシップの定義をおこなった後，リーダーシップのスタイルを紹介する。そして，リーダーシップ研究について概説する。まず，比較的多くの資料で説明される基本的なリーダーシップ論である，特性論的アプローチ，行動論的アプローチ，状況論適合的アプローチ，リーダーメンバー交換理論的アプローチ，変革型リーダーシップの5つを説明する。そして，近年のリーダーシップ論の新たな動きとして，サーバント・リーダーシップ，シェアド・リーダーシップを紹介する。最後にリーダーシップの開発について説明する。

　産業と組織は，その時代時代に合わせて，大小の差はあれども変化していく。その変化に対応するために，本章で紹介する知識を土台にして，実社会での実践に役立てていただきたいと思う。

1 産業と組織とは

　そもそも，産業とは，人が生きていくうえで必要なモノを生み出すことや，その必要なモノを提供する経済活動を指す。たとえば，米や野菜などの農作物を生産することや，それらを販売することである。また，ここで政府や行政がおこなう公営か，それとも民間企業がおこなう

民営であるかどうかは関わらない。さらに，いわゆるお金儲けをするか（営利），しないか（非営利）にも関わらない。また，単なる企業の活動だけではなく，医療，教育，宗教，防衛，治安維持といった活動も含む。

　次に，組織とは，共通の目標があり，その目標を達成するために協力して働く，何らかの手段やルールで行動を決められた複数の人々の行動や，コミュニケーションによって構成される仕組みを指す。たとえば，ある会社である商品をたくさん売ろう（目標）と考え，その会社のメンバーで市場調査をおこなったり，商品の改良をおこなったり，小売店に商品を置いてもらおうと努力したりすることや，そのメンバー同士で「○○ではこういう売り方がいい」というようなやり取りをおこなえる仕組みのことである。組織は，単に人が集まるだけでは成立しない。その会社の中でルールや目標があり，相互にコミュニケーションすることで成立するのである。

　共通の目標があり，それを達成するために協力して働く際には，分業や専門化がおこなわれる。分業とは，1つの仕事を小さい要素に分けることで，たとえば，バッグを作って売るメーカーを考えてみると，バッグのデザインを考える，生地を選択する，部品を作る，バッグを作る，バッグを売るというように仕事を役割分担することができる。これが分業である。また，専門化とは，仕事の専門性や仕事の効率を上げようと試みることである。分業した1つひとつの仕事について経験を積むことで，より専門的な技術や知識が身についてくる。

　分業には垂直方向の分業と水平方向の分業の2つがある（図13-1）。前者は，上司と部下といったタテのつながりを指す。職位や職階によって責任の範囲や所在が異なる。後者は，同僚や部門というヨコのつながりを指す。そのなかでも，総務，広報，営業というように仕事の種類ごとに分割されたものが機能別の分業である。また，新商品開発プロジェクトチームというようにプロジェクトや事業ごとに構造化されたものが事業部別の分業である。こういう形式的な構造をもつ集団をフォーマル・グループと言う。一方で，個人的な関係によってつくられて，形式的な構造がない集団のことをインフォーマル・グループと言う。

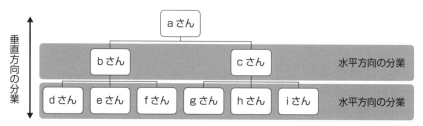

図 13-1　垂直方向の分業と水平方向の分業のイメージ図。

　個人に様々な特性，たとえばパーソナリティなどが存在するのと同様，組織にもその組織独自の特性が存在する。それが組織文化である。端的に言えば，組織メンバーに共有された価値観や信念，行動規範を指す。組織文化はいくつかのレベルに分かれている。まず第1に，観察可能な組織構造や具体的な手順である人工物に関する文化のレベルである。具体的には，職場のレイアウトやメンバーのコミュニケーション形態がそれである。第2のレベルは，標榜されている価値観で，これはその組織にある戦略，哲学といった組織メンバーに共有されている考え方を指す。そして，第3のレベルとして，背後に潜む基本的な仮定がある。これは，明示されていないものの，組織メンバーには「あたり前」のものとして存在している。また，この基本的仮定は，その組織にある真の文化でもある。たとえば「私たちの会社のメンバーは協力的に仕事して互いにとても仲がいい」と対外的に主張している会社があるとして，しかし，その会社に「自己中心的に仕事するのが当然であり，協力的に仕事をする必要はない」という価値

観が蔓延し，実際にメンバーがそうしている場合，「表を取り繕うこと」が重んじられる組織
文化が，その会社にはあると見出されるかもしれない。

2 働きがいとは何か

　「働きがいも経済成長も：包摂的かつ持続可能な経済成長およびすべての人々の完全かつ生
産的な雇用と働きがいのある人間らしい雇用を促進する」が，SDGs の 8 番目の目標にある。
そもそも SDGs とは「Sustainable Development Goals の略称を指し，2030 年までに持続可能
な開発をおこなうための国際目標」と説明されている。これらの目標は 17 の世界目標とそれ
に付随する 169 の達成基準から成り立っている。

　そして，その世界目標の中にある達成基準の 1 つに，「2030 年までに，若者や障害者を含む
すべての男性および女性の，完全かつ生産的で働きがいのある人間らしい雇用，ならびに同一
労働同一賃金を達成する」が設定されている。つまり，多様な人々が人間らしく充実した働き
がいのある仕事をし，同じ労働では同じ賃金をもらえるようにしようということなのだ。

　これを受け，SDGs が採択された 2015 年以降，最近になって「働きがい」に対する注目や施
策が増えてきた。たとえば，2018 年に時間外労働の上限規制と高度プロフェッショナル制度の
導入を軸とする「働き方改革関連法」が通常国会で成立した。また，日本の大手企業を中心に
構成される日本経済団体連合会（経団連）は，「働きがい，生産性向上を実現する働き方改革」
と銘打って議論をおこなっている。さらに，「働きがいのある会社ランキング」という調査も
実施されており，「働きがい」が注目されていることが分かる。

　働きがいとは，仕事へのやる気を増やす要素と考えることが適切である。したがって，働き
がいがある職場は，仕事へのやる気を増やす要素が多い職場であると考えることができる。よ
く似た言葉で，働きやすさがあるが，この働きやすさとは，働く環境の良さと考えるといいで
あろう。つまり，働きやすさがある程度整って初めて，働きがいを考えることができると言え
る。たとえば，職場の電灯がチカチカしていて，室内に悪臭が漂う職場で皆さんは仕事をした
いだろうか。また，そういった職場で，仕事へのやる気が起こるだろうか。おそらく起こらな
いだろう。働きやすさは，電灯や臭いといった衛生，環境的なものであるから，働きがいは，
働きやすさが整うことで初めて考えることができると言える。

　しかし，先人たちの研究を追っていくと，働きがいには，様々な考え方や定義がなされてい
ることが分かる。たとえば苦労をして達成や成長を感じることで得られるものという考えかた
がその 1 つである。浦上は「働くことに苦があるという認識を踏まえた表現であり，不満足感
や未充足感がどこかになければならない」と定義した。一方で，本橋の指摘によると，仕事に
対する満足である職務満足と，意味深い仕事の 2 つに働きがいを分けることもできるという。
前者の職務満足は経営学や組織心理学などでよく考えられてきた。また，金井と高橋は「自分
の仕事，あるいは仕事の経験を振り返ってみて生じる愉快な，あるいは肯定的な感情」を働き
がいと考えている。C. マイケルソンらは一方で働きがいを仕事の意味深さと捉えたうえで，
「その個人にとって合目的で意義を有する肯定的な仕事」と捉えた。つまり自分にとって意味
や意義のある仕事かどうかという考え方と言えるであろう。

　以上を踏まえると，働きがいはこうであるという明確な定義ができないことが分かる。その
ため，研究者がどのような研究をするかによって，定義される働きがいの意味が変わると考え
られる。たとえば，「働きがいがある職場だ」という考えを持つ人を増やすためにはどういっ
た要素が必要なのだろうかというような研究をする場合，先述した「職務満足」に主として注
目すればいいのかもしれないし，一方で，新入社員が入社して仕事をかさねていくうちに，
「働きがいがあったなあ」と振り返る場合は，「自分の仕事，あるいは仕事の経験を振り返って

みて生じる愉快な，あるいは肯定的な感情」に注目すればいいのかもしれない。

3 ワーク・モチベーション

　働きがいと密接に関連している心理学のテーマに，動機づけがある。C.C.ピンダーは，この動機づけを，人間の内部や外部から行動を駆り立てる活力の源泉であり，何をするのかという方向性，どの程度努力するのかという強度，どれくらい努力するのかという持続性を決めるものと考えた。そして，動機づけの研究は数多くなされてきている実態がある。なかでも働くことに焦点を当てた動機づけの研究は，ワーク・モチベーション研究と言われる。ワーク・モチベーションは，仕事における動機づけと考えることが適切であろう。ここでは，このワーク・モチベーションの理論について紹介する。

■［1］内容理論
　内容理論とは，行動を引き起こす動機や欲求について着目した理論体系を指す。特にここでは，仕事に着目した理論として，欲求理論，動機づけ–衛生理論，X理論とY理論，内発的動機づけと外発的動機づけを紹介する。
　D.C.マクレランドは，欲求理論において，人間の基本的欲求には達成欲求，権力欲求，親和欲求の3つがあることを主張した。達成欲求とは，一定の基準に対し，それを達成したいという欲求，権力欲求とは，他者に影響を及ぼしたいという欲求，親和欲求とは，他者と有効的な関係を結びたいという欲求である。これらの欲求のうち，どの欲求を強く持つかは人によって異なること，さらに，職務によって要求される欲求が異なることをマクレランドは指摘する。たとえば，企業経営者などには権力欲求が，人事部長などには，親和欲求が要求されることを述べた。
　F.I.ハーズバーグの動機づけ–衛生理論では，動機づけや職務満足を左右する要因として，動機づけ要因と衛生要因を考えた。動機づけ要因とは，達成，承認，仕事そのもの，責任，昇進といった要因である。これらは従業員に対して満足を与える要因となりえるものであり，仮にこれらが満たされなかったとしても満足に負の影響は出ないと想定した。一方で衛生要因とは，経営方針，監督の技術，給与，職場の対人関係，作業の条件であり，これらが一定レベルまで満たされていないと，従業員は不満足を感じると想定した。これら2つの要因から，動機づけや職務満足を高める要素は動機づけ要因のみであり，衛生要因は，不満足を解消することができても，さらなる満足をもたらさないことを考えた。
　D.M.マクレガーが提案したX理論とY理論は，人間は怠惰で自己中心的かつ受け身的であるという考え方（X理論）と，成長の可能性や能力，積極性が人間の中にあるという考え方（Y理論）に基づく。X理論の立場の場合，リーダーは，部下が怠惰であると考え，厳しいルールや管理の下に置くであろう。一方で，Y理論の立場の場合，リーダーは，部下は自発的に物事を考えて行動すると思い，部下の自発性を引き出そうとするであろう。このことから，マクレガーはY理論に基づいた働きかけのほうが，仕事をする人々のやる気をより引き出すのではないかと考えた。
　外発的動機づけと内発的動機づけは，動機づけの源に注目した概念である。外発的動機づけは，個人の外部から発生するものであり，他者からの金銭の提供や賞賛の提供などが当てはまる。内発的動機づけは，個人の内部から発生するものであり，課題に取り組むことそのものによる楽しみや，好奇心や達成感などを指し，豊かな経験，概念理解の深さ，レベルの高い創造性，より良い問題解決を導くため，仕事においても重要な意味を持っている。しかし，この内発的動機づけは，外的要因（たとえば，報酬，競争，評価など）によって抑制されてしまうこ

とに注意が必要である。

■ [2] 過程理論

　過程理論とは，行動を引き起こす過程に注目した理論体系である。ここでは，期待理論，目標達成理論と自己効力感理論を紹介する。

　仕事が達成できる可能性などの期待に着目した理論が，V. H. ヴルームの期待理論である。これによると，仕事をする際に，仕事の達成可能性，仕事の達成によって報酬が得られる可能性，そして，報酬に対する好みという三要素を人は査定する。そしてそれら三要素の組み合わせによって，仕事に対するモチベーションが上下する。具体的には，仕事を達成できる可能性が高いと判断し，その達成によって報酬を得られる可能性が高いと判断し，さらにその報酬が自分の好みである場合，人は仕事に対するモチベーションを高めるわけである。

　E. A. ロックとG. P. レイサムが主張した目標達成理論は，あいまいな目標よりも，具体的な目標を設定するほうが望ましい成果を達成するというものである。さらに，ある程度の難易度が高い目標であること，目標を遂行する人が納得していることなども，望ましい成果を達成するための要素であることが指摘されている。しかしながら，達成できないほど目標の難易度が高いと，目標達成に対して人はあきらめを抱いてしまい，モチベーションが下がってしまう可能性がある。

　この目標達成理論の端緒となった理論に，A. バンデューラの自己効力感理論がある。バンデューラは，人は行動を成し遂げられるという信念（効力感期待）が強いほど，また，行動によって結果が得られるという信念（結果期待）があるほど，状況が困難であっても人はその行動を続けようと努力し，望ましい結果を残す傾向があることを指摘した。これらの期待からなる信念のことを自己効力感と言う。そして，この自己効力感は，過去の自分自身の成功体験，自分以外の他者が何かを達成したことを観察する代理経験，自分に能力があることを言語的に説明される言語的説得，飲酒や薬物などで気分が高揚する生理的状態によって形成されることが論じられている。

4 リーダーシップ

　皆さんが所属している組織や集団，たとえば部活動やサークル，もしくは何らかのグループには，どのようなリーダーがいるだろうか。もしくはリーダーと明確に言われなくても，グループを何となく仕切ってくれて皆を引っ張っていってくれる人はいないだろうか。組織の運営にあたって，リーダーが重要な役割を果たすことは，皆さんは経験的にも分かるかと思う。また，本屋のビジネス書コーナーに行くと，リーダーの要素であるリーダーシップに関わる本が大量にある。このように，リーダーシップは多くの人々が興味を持つことがらと言えるだろう。以降では，このリーダーシップについて解説していく。

■ [1] リーダーシップの定義とスタイル

　リーダーシップの定義には，様々なものが主張されているが，大別して以下の４つとなるであろう。①集団が目標に向かっておこなう活動の中で発揮される，集団メンバーのやる気を促したり，活動の方向づけをしたりするための影響力である。②個人の特定の能力や地位に依拠するような役割ではない。③集団メンバーの誰しもが発揮できるものである。④リーダーとメンバー（フォロワー）の関係の中で展開する相互影響過程である。これら４つがリーダーシップの定義と考えられる。

　また，様々なスタイルのリーダーシップがある。まず，１人のリーダーの下でメンバー（フ

ォロワーが）いるスタイルがある。次に，リーダーの他にサブリーダーが存在し，その下にメンバーがいる複数型リーダーシップスタイルがある。さらに，メンバーお互いがリーダーの役割を担うといった共存型のリーダーシップもあるだろう。

■ [2] リーダーシップ研究の歴史

1) 特性論的アプローチ

リーダーシップ研究の歴史をひもとくと，最初におこなわれた研究は，「優れたリーダーの条件を探る」ものであった。リーダーになる人は，そうでない人とは異なる特別な何か（パーソナリティやコミュニケーション能力）を持っているのではないか，また，その特別な何かにより，そうした「偉人」はどんな状況でもリーダーの地位につき，力を発揮するのではないかという前提に立ったものである。

まず，歴史的な指導者（例：ジュリアス・シーザー，ナポレオン・ボナパルト）たちに共通する特徴を見出す「偉人論」研究がおこなわれた。そして，1930年代にR. M. ストッグディルは，リーダーの特性についての研究を概観し，能力（思考力，判断力など），素養（学識，体力など），責任感，参加性（社交性やユーモア），地位（地位の高さや人気）などの点で他のメンバーよりもリーダーが優れていることを結論づけた。なお，このように，リーダーの特性を研究対象としたアプローチを特性論と言う。

特性論は1900年代から50年代あたりまで多くなされた。しかし，研究者おのおのがリーダーシップに必要な要素を提案し，混乱が起こった。さらに，研究の結果に一貫性がなく，限られた特定の特性のみがリーダー行動と関連するとは考えにくいこと，さらに，ある状況でリーダーである人は，ある状況ではリーダーになりえないかもしれない（状況依存的）という指摘もなされた。そして，特性論研究は下火になっていく。

2) 行動論的アプローチ

どんな人でも特定の行動をとることでリーダーシップを発揮できるという考え方がリーダーシップの行動論である。行動論的アプローチ研究の1つである，アイオワ実験と呼ばれるものでは，10歳ないし11歳の男子5名の集団に対してリーダーを配置し，研究者が様子を観察した。さらに，観察終了後，子どもたちにはリーダーを評価してもらった。さらに生産性も確認した。この実験で設定されたリーダーは3種類である。すべての意思決定を一方的に決める専制的リーダー，すべての意思決定をメンバーが話し合って決め，リーダーがそれをサポートする民主的リーダー，すべての意思決定をメンバーに丸投げする自由放任的リーダーである。

研究の結果，他のリーダーに比べ，民主的リーダー集団の子どもたちには「われわれ」意識があり，作業の途中にリーダーがいなくなっても，作業態度が一貫していた。さらに，集団全体が友好的であったことも分かった。一方で，専制的リーダーの集団においては，友達同士に競争心や敵対関係も見られ，さらに，作業の途中にリーダーがいなくなると，集団メンバーの作業態度が乱れていた。自由放任的は全体として集団のやる気が最も低いことが分かった。

研究によって多少の違いは見られるものの，行動論的アプローチにおいては，2つのリーダーシップ行動スタイルが指摘されている。1つ目は課題中心のスタイルで，目標達成への方向づけ，計画の策定，仕事の手順や分業の明確化，生産性の管理などの行動がある。2つ目は人間関係中心のスタイルで，集団内の人間関係に気を配り，集団の友好的な雰囲気を保つ行動が含まれる。多くの研究でこの2つの行動スタイルが共通して示されている。たとえば，日本で研究が進められたPM理論がある。PM理論では，リーダーシップの機能を課題達成（P）機能と集団維持（M）機能の2つに分けた。P機能とは「規則をやかましく言う」「命令指示を与える」「所定の時間までに完了するように要求する」など，集団メンバーの課題達成を促す機能

だ。M機能とは「個人的な問題に気を配る」「部下を信頼している」「すぐれた仕事をしたとき認めてくれる」など集団メンバーを信頼し、メンバーの立場を理解し、集団内の人間関係を維持させる機能である。そして、この2つの機能の高さの組み合わせでリーダーを分類する（**図13-2**）。組織の生産性やメンバーの満足感を確認すると、P機能もM機能も高いPM型のリーダーがいる集団では、生産性もメンバーの満足感も高く、事故率が低い一方、両機能が低いpm型のリーダーがいる集団では、生産性も満足感も低いことが明らかになった。また、PmとpMを比較すると、短期的な目標達成の時はPmが、長期的な目標達成のときはpMが有効であることも分かった。

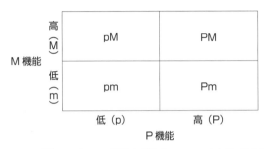

図13-2　PM理論におけるPM機能の分類 (三隅, 1966を参考に筆者作成)。

　しかし、行動論的アプローチでは、リーダーとメンバーの相互作用が考慮されていないこと、集団が置かれた状況の変化や時間経過等を考慮していないことが課題として残る。

3) 状況論・適合論的アプローチ

　ここまでのリーダーシップ論は、個人の特性と行動からリーダーシップを捉えるものであった。しかし、同じ特性や行動であっても集団を取り巻く状況によって、成果が異なるという観点から状況論・適合論的アプローチが検討され始めた。

　F. E. フィードラーは、リーダーの特性と集団の状況との関連に注目し、状況即応モデル（コンティンジェンシー）を提唱した。これは、リーダーが人を認知する際、どのように認知するかどうかが集団の業績に影響を与えるという前提に立つものである。

　このモデルでは、まずリーダーのLPC得点を算出する。LPC得点とは、リーダー本人に「一緒に仕事をするのが一番難しかった相手（つまり、苦手な人）の性格」を評価してもらい、算出した得点である。この得点が高い人ほど、苦手な人を好意的に評価できる傾向にある。一方で得点が低い人は、苦手な人を否定的に評価し、管理傾向が高く、指示を多く出す業務型の行動に従事する傾向にある。そして、このLPC得点をもとに、高LPC型（苦手な人を好意的に評価する、つまり人間関係に重きを置く関係維持志向）リーダーと低LPC型（成果を重視する課題達成志向）リーダーに分類する。

　そして、このLPC傾向の型が業績に対してどのように影響するかは、3つの状況要因の組み合わせに基づくリーダーの統制の程度によって決まる。1つ目の要因は、リーダーとメンバーとの関係の良さで、リーダーとメンバーの関係が良い場合、リーダーは影響を発揮しやすくなる。2つ目の要因は部下の仕事内容の構造化の程度（仕事内容の目標が明確かどうか、など）である。たとえば、仕事内容の目標が明確であれば、リーダーの指示によって結果を出しやすくなるため、リーダーの影響力は強いと言えるだろう。3つ目の要因は、リーダーの勢力である。勢力が強いほうが、部下に対して報酬や罰を与える権限があるため、リーダーの影響力は強いと言える。以上3つの状況要因の組み合わせによって、統制の程度が決まる。

　そして、集団の状況がリーダーにとって統制しやすい（**図13-3**中、高統制）、またはしにく

い（**図 13-3**中，低統制）状況では低 LPC 型，つまり課題達成志向型のリーダーが，統制のしやすさが中程度（**図 13-3**中，中統制）の状況では高 LPC 型，つまり人間関係志向のリーダーが集団業績に対して効果的であると考えられている。

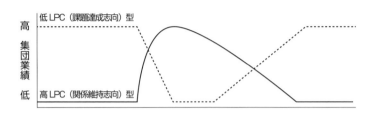

		リーダーの統制の程度							
		高統制				中統制			低統制
状況要因	リーダーとメンバーの関係の良さ	良い	良い	良い	良い	悪い	悪い	悪い	悪い
	部下の仕事内容の構造化の程度	高い	高い	低い	低い	高い	高い	低い	低い
	リーダーの勢力	強い	弱い	強い	弱い	強い	弱い	強い	弱い

図 13-3　状況即応モデルにおける状況要因，リーダーシップと集団業績の関連（Fiedler, 1976 を参考に筆者作成）。

　適合論的アプローチには，メンバーや集団の成熟度を考慮した，状況的（シチュエーショナル）リーダーシップ理論（SL 理論）もある。SL 理論では，リーダーシップ行動を指示的行動と協調的行動に分ける。前者は PM 理論で言う課題達成機能，後者は集団維持機能にあたる。また，メンバーや集団について，その能力と意欲の成熟度に基づく 4 つの段階を設定している。まず，メンバーが未熟な第 1 段階では，とりあえず仕事に慣れさせなければならないので，指示的行動の多い指示型リーダーシップが効果的で，次に，メンバーがやや成熟した第 2 段階では，指示的行動だけでなく，協調的行動もできる説得型リーダーシップが有効となる。そして，メンバーの成熟度が高まり，メンバー自身が自主的な行動をおこない始める第 3 段階では，協調的行動を重視し，指示的行動を減らした参加型リーダーシップが効果的だ。最後にメンバーの成熟度が高く，自律的になるとメンバーを見守る移譲的リーダーシップが効果的になる。

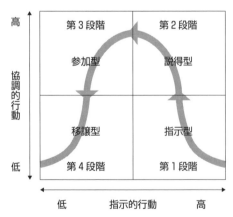

図 13-4　SL 理論におけるメンバーの成熟度とリーダー行動の関連（Hersey & Blanchard, 1977 を参考に筆者作成）。

4）リーダーメンバー交換理論的アプローチ

　リーダーメンバー交換（LMX）理論は，リーダーが部下一人ひとりと個別の関係を結び，リ

ーダーとフォロワーが交換・交流することに着目した理論である。リーダーの特性や行動よりも，その関係そのものがリーダーシップを発揮する基盤となる。LMX 以前の理論は，リーダーと集団全体の関係に焦点を当てている。そのため，リーダーとメンバーの個別の関係に注目していない。

　しかし，LMX は，このリーダーとメンバーの個別の関係を基礎としている。まず，リーダーの社交性や協調性，部下の能力や誠実さなどが土台となり関係が築かれる。そして，リーダーとメンバーが共通目的の達成に向けて種々の恩恵（たとえば，仕事の達成と肯定的な評価）を相互に交換し合う関係が成立したときに，有効なリーダーシップが発揮される。たとえば，リーダーの指示に従った結果，満足な報酬を獲得できたり，心理的に価値ある結果を得られたりする場合，フォロワーはリーダーに対して，次の機会にも従うようになる。さらには，フォロワーは指示に従うのみならず，自発的な行動もおこなうようになる。このような状態のことをLMX の質が高いと言う。先行研究の結果から，LMX の質が高い場合，メンバーの離職率が低いことが分かっている。

　さらに，この LMX における注目すべき概念として，内集団と外集団がある。リーダーとの関係を形式的な関係以上のものとメンバーが捉え，リーダーのために様々なことをおこなう場合，つまり，リーダーとメンバーは自分と強いつながりを持つ仲間である場合，このメンバーは内集団に所属すると言える。一方で，リーダーとの関係を単なる形式的な関係であるとメンバーが考える場合，つまり，リーダーとメンバーは強いつながりを持つ仲間ではないという場合，このメンバーは外集団に所属すると言える。この内集団と外集団の特徴を考えると，リーダーシップをうまく発揮するためには，内集団にメンバーを所属させることが大切になるということである。そのため，リーダーは，メンバーとの関係をうまく構築していくことが必要になる。

5）変革型リーダーシップ

　変革型リーダーシップとは，集団メンバーにこれまでになかった新たな視点を提供し，メンバー自体の変化を促すリーダーシップである。そもそも変革型リーダーシップ以前のリーダーシップ研究の大半は，集団の成果を上げることに焦点が当たっていた。一方で，変革型リーダーシップは企業組織の変革を対象としており，組織のトップに注目したリーダーシップであると言える。

　変革型リーダーシップ論の1つであるビジョナリー・リーダーシップでは，4つの戦略が検討されている。第1に，組織の過去，現在，未来を捉えて，人を引き付ける魅力的なビジョンを描くことである。第2に，そのビジョンに至らねばならない理由をメンバーに対してあらゆる方法で説明する。これによりメンバーの熱意や意欲を高める。第3に，ポジショニングである。これは，リーダーのビジョンを実現化するための一連の行動を指す。このポジショニングの肝は，ビジョンに合わせた行動をとる，いわゆる「言行一致」なのである。ビジョンを描いてから実現するまで，一貫した行動をとり続けることが重要だ。第4に，自己を活かすことである。肯定的な自己観をもち，他者に対しても肯定的なまなざしを持つこと，将来の見通しを肯定的に捉えることである。これら4つの戦略により，リーダーはメンバーのやる気を引き出し，組織を変革させる。

　もう1つの変革型リーダーシップ論として，カリスマ型リーダーシップが挙げられる。このリーダーシップについて調査をおこなった J. A. コンガーと R. N. カヌンゴは6つの行動の因子を指摘している。第1に，ビジョンの表明である。自分たちが向かうべきビジョンをメンバーに伝える。第2に環境の感受性で，これは，自分たちを取り巻いている環境を確認し，その変化を察知して様々なチャンス，リスクを捉えることである。さらには組織のメンバーの能力等

についても認識をすることが含まれる。第3に，メンバーのニーズに対する感受性である。メンバーがどういったニーズや感情を抱いているかというものだ。変化を試みるとしても，いきなりこれまでのやり方を否定することは困難である。そこで，リーダーはメンバーの心理的な変化に心を配る。第4に，リスクをいとわないこと。これまでと異なるやり方を試みるわけだから，予期していなかったことが起こり，損害を被るリスクは十分考えられる。そこで，そのリスクに対してリーダー個人が負担を背負う覚悟を見せることで，メンバーが感化されることを狙う。第5に，型にとらわれない行動だ。目標を達成するために，これまでの伝統によらない手段をとる。環境の変化によって，これまでの伝統がうまくいかない可能性があるわけで，そこで，あえてその伝統を打ち破ることによって，問題解決を試みるわけである。ただし，型にとらわれない行動は，行きあたりばったりではなく，情報を集め，整理した後におこなうことが重要と考えられる。6番目，現状の否定では，現状のやり方に絶えず疑問を持ち，伝統的なやり方の中で変えるべき点がないかを絶えず探り続けることである。

　こういった，変革型リーダーシップの影響力は，集団の変革のみにとどまらない。集団メンバーの組織市民行動（公の報酬制度に結びつかないにもかかわらず，同僚の仕事を自発的に助けるなどの行動）を自発的に引き起こす要因にも，変革型リーダーシップの存在が指摘されている。

■ [3] リーダーシップ論の新たな動き

　社会の多様化，複雑化にともない，これまでのリーダーシップ論に示すようなリーダーシップのありかただけではうまくいかなくなってきている。そこで新たなリーダーシップ論について，ここではいくつかを抜粋し説明したいと思う。

1）サーバント・リーダーシップ

　これは，R.K.グリーンリーフが提案したもので，「リーダーはメンバーを支え，奉仕し，そして相手を導く」という発想である。このサーバント・リーダーシップによって，メンバーはリーダーを信頼するようになり，その結果，職場全体の協力的な雰囲気を作り上げることが分かっている。サーバント・リーダーシップの考え方に基づくと，リーダーはメンバーの話に耳を傾け，共感し，時にサポートする。また，偏見などをもたずに物事に接し，組織のあるべき状態を大きな観点から捉える。そして，自己利益よりもメンバーの利益を優先し，さらに，メンバーの成長を見守りかかわる。なお，このリーダーシップ論は，1970年代に提唱されていたが，注目されたのは近年になってからである。

2）シェアド・リーダーシップ

　これは，公的な地位の有無にかかわらず，複数名，時にはグループのメンバー全員でリーダーシップを発揮することを前提としたリーダーシップ論である。たとえば，ある場面では，Aさんがリーダーシップを発揮し，他の人たちはそれに従う一方で，別のある場面では，Bさんがリーダーシップを発揮し，他の人たちはそれに従うといったような職場の状態が当てはまる。実際に，企業においてもそういったシェアド・リーダーシップは実践されていることが分かっている。たとえば，ソニーの井深大氏と盛田昭夫氏は，2人でリーダーシップを発揮していた。シェアド・リーダーシップは，このチームであれば，結果を出せるといったようなチーム効力感や，メンバーの信頼関係，またチームの成果に対して望ましい影響を与える可能性が指摘されている。

■ [4] リーダーシップを開発するには

　リーダーシップを発揮するためにはリーダーシップを開発し，鍛えていく必要がある。そのために，まず自分がどの程度のリーダーシップを持っているかを確認しなければならない。こういった確認をアセスメントと言う。リーダーシップのアセスメント方法には，360度フィードバックがある。360度フィードバックとは，リーダーシップのアセスメント対象となる人の仕事を知っている部下・同僚・上司などに，その人の日常の仕事の出来具合，コミュニケーション能力などを評価してもらう。そして，アセスメント対象の人にそれをフィードバックする。このように自分自身の評価と，他者からの評価の2つを知ることで，自分自身を総合的に知ることができる。

　リーダーシップの開発方法には大別して，3つあることが考えられている。1つ目は，研修における専門家からの指導に基づくトレーニングである。2つ目は，日ごろの仕事経験によってリーダーシップを開発する，開発活動である。3つ目は，自分から積極的にリーダーシップを開発する，たとえば書籍や動画から学習するといった自立した活動である。これらの活動をとおし，リーダーシップを開発していくことが可能になるのである。

コラム19　行動経済学

　行動経済学は，人の行動に着目した経済学と言える。経済学では，損得勘定のような合理性に基づいて，より損を少なくし，より得を多くすることを前提に，人が行動することを前提としている。さらに，個々人が集まった集団においては，人が多くの利益を得るために合理的な意思決定をすることを前提としている。しかし，現実社会において，人や集団のすべてが，多くの利益を得るために合理的な意思決定をすることはありえない。「やや高いけど，おしゃれなカフェでコーヒーを飲む」「後で絶対お腹痛くなるのに，ラーメン大盛りを食べる」といった人は，経済学が考える世界にはいないのである。しかし，行動経済学は上で書いたような，一見すると合理的ではない行動にも注目する。もう少し言えば，現実社会における人の行動の特徴に注目した経済学，つまり心理学と経済学のハイブリッドの学問が行動経済学と言えるであろう。

　さて，ここでは，その行動経済学の中からいくつかの知識を紹介する。とはいえ，これらの知識の多くは認知心理学や社会心理学から援用されたものだ。

　アンダーマイニング効果
　アンダーマイニング効果とは，内発的動機づけに基づく行為に対し，報酬を与えるといった外発的動機づけを行うことによって，内発的動機づけが弱まってしまう現象を指す。さらに言えば，内発的動機づけに基づく行為自体もやめてしまう場合もある。自室が散らかっているので，「これはいけない，片付けよう」と思い，子どもが一生懸命片付けていたとする。そこに，家族がやってきて，「お，片付けやっているのか，感心だ。お小遣いをあげよう」と，その子どもにお小遣いをあげる。すると，どうでしょう，さっきまで片付けを頑張っていた子どもは片付けるのをやめてしまったのである。このような現象がまさにアンダーマイニング効果なのである。以下で言葉の内容と合わせて説明する。

　まず動機づけとは，簡単に言えば，人を行動に駆り立てる源のことである。ここでは生理的動機づけに注目してみる。これは，私たちの生命を維持し，種の保存をさせるために生まれつき持っている動機である。具体的には，お腹がすくことや，眠くなることなどである。お腹がすくことで私たちは食べ物を食べるという行動をとる。眠くなることで私たちは眠るという行動をとる。

　次に，内発的動機づけとは，自分の興味，関心や好奇心によってもたらされる動機づけを指す。ゲームをするという行動を例にとれば，この行動の原因となる内発的動機づけは，「ゲームが楽しいから」になる。先の子どもの例でいえば，「これはいけない，片付けよう」と思ったことが内発的動機づけになる。

　外発的動機づけとは，賞罰などによってもたらされる動機づけを指す。テスト勉強を例に考えてみよう。テストで良い点を取ったら親からお小遣いをもらえるといったご褒美（賞），もしくは悪い点であったら叱責されるという罰，ないしはその予期が外発的な動機づけとなって，テスト勉強を行うわけだ。先の子どもの例でいえば，お小遣いをあげることが外発的動機づけとなる。

　さて，先述した例をあらためて見てみよう。「これはいけない，片付けよう」という内発的動機づけに基づいて片付けをしていた子どもは，外発的動機づけである金銭的な報酬が発生したことで，「お小遣

いのために片付けしているんだ」と認識してしまったのだ。そして，内発的な動機づけが弱まってしまったことになる。その結果，片付けるのもやめてしまう。

　アンダーマイニング効果はいつも起こるわけではないが，これまでの研究から，もともと内発的な動機づけの高い子どもには起こりにくい，②ご褒美を与える人と与えられる子どもとの関係が良好であれば生じにくい，③もともとご褒美を期待していなければ生じにくいことが分かっている。したがって，こういった点を考慮してご褒美をあげることで，アンダーマイニング効果を防ぐことができる。

フレーミング効果

　フレーミング効果とは，論理的にはまったく同じ内容であるにもかかわらず，その表現のしかたによって，内容の受け取り方が異なる効果を指す。たとえば，以下に示すエピソードを読んだ後，人がどのような行動をとるか見てみよう。

　まず，エピソード 1。「現在，あなたの住む街では，ある伝染病が流行っており，このままでは 600 人が亡くなってしまう見込みです。対策として，2 つのプログラムが提案されました。プログラム A は 200 人が助かります。一方，プログラム B は，600 人が助かる確率は 1/3 で，誰も助からない確率は 2/3 です。あなたはどちらのプログラムを選びますか？」。このエピソードを読んだ人の 72％はプログラム B を選び，28％がプログラム A を選んだ。

　次に，エピソード 2。「現在，あなたの住む街では，ある伝染病が流行っており，このままでは 600 人が亡くなってしまう見込みです。対策として，2 つのプログラムが提案されました。プログラム C は 400 人が亡くなるのですが，プログラム D は誰も亡くならない確率は 1/3 で，600 人が亡くなる確率は 2/3 です。あなたはどちらのプログラムを選びますか？」。すると，このエピソードを読んだ人の 78％はプログラム D を選び，22％がプログラム C を選んだ。

　実は，エピソード 1 と 2 の内容は同じである。エピソード 1 のプログラム A では，200 人が助かる一方，400 人が亡くなってしまう。一方で，エピソード 2 のプログラム C では，400 人が亡くなる一方，200 人が助かる。つまり，プログラム A と C は同じことを述べているのである。さらにエピソード 1 のプログラム B は，600 人が助かる確率は 1/3 で，誰も助からない確率は 2/3 である。一方でエピソード 2 のプログラム D は，誰も死なない（つまり，600 人が助かる）確率は 1/3 で，600 人が亡くなる（つまり，誰も助からない）確率は 2/3 である。つまりプログラム B と D も同じことを述べている。以上より，エピソード 1 と 2 の内容は同じであることが分かる。

　エピソード 1 と 2 の内容が同じであるにもかかわらず，回答傾向が異なった理由は，先に述べたフレーミング効果である。まず，エピソード 1 では「助かる」に焦点が当てられている。一方で，エピソード 2 は「亡くなる」に焦点が当てられている。「助かる」という枠組みの中で判断するのと，「亡くなる」という枠組みの中で判断するのでは結論が異なったわけである。そのため，私たちは物事を説明したり聞いたりする際に，このフレーミング効果に注意する必要がある。

読書案内

堀尾　志保・舘野　泰一（2020）．これからのリーダーシップ　基本・最新理論から実践事例まで　日本能率協会マネジメントセンター
　　　リーダーシップの基礎的な理論から最新の理論，リーダーシップ教育，教育事例が網羅されたテキストである。初学者でもわかりやすく解説されている。

加藤　容子・三宅　美樹（編著）（2020）．産業組織心理学：個人と組織の心理学的支援のために　ミネルヴァ書房
　　　公認心理師カリキュラム向けのテキストとして作られたものである。産業・組織臨床や産業精神保健，多様性に配慮した支援など，メンタルヘルスについての記載が充実している。

山口　裕幸（2020）．組織と職場の社会心理学　ちとせプレス
　　　組織や職場で経験する事柄を社会心理学の観点からまとめた本である。産業組織にかかわる事柄のみならず，行動観察についてしっかりとした記述がなされている。

山浦　一保（2021）．武器としての組織心理学　ダイヤモンド社
　　　「良好な人間関係を構築する方法」のアイデアについて，心理学の研究知見を巧みに取り入れ説明している。順を追って読まずに，気になる章から読んでいっても効果的なアイデアを得られるだろう。

矢澤　美香子・松野　航大（編）（2020）．役立つ！産業・組織心理学　ナカニシヤ出版
　　　将来仕事をする学生，また現在仕事をしている人にも有益な知見を提供してくれるテキストである。また，ダウンロード資料を使ってワークができる。公認心理師カリキュラムにも対応している。

第14章
心理学の歴史，領域，研究法
[SDGs: 4, 16／公認心理師: 4, 5, 6, 14]

大坊郁夫

　心理学は，長い過去と短い歴史をもつと言われる。それは，人や心への関心は人類の発生からあったであろうが，独自の学問として科学的な研究がおこなわれるようになってからは，150年に満たないからである。しかし，短い歴史の中で諸科学と連携して研究を広げ，現在では独自の科学として社会に貢献している。現代の心理学を築く源になったのは，行動主義，精神分析学，ゲシュタルト心理学である。そして，技術革新，生活スタイルの変化に応じて心理学は進化しつつある。心や行動を不足なく考えていくために，心理学が自らにふさわしいとして開発してきた研究方法，結果の収集や分析法について，十分な理解が必要である。そして，誰もが人を適切に理解したい，円滑な関係を結び，幸福な持続可能な社会であってほしいと願っている。そのためにあらゆる領域で心理学は重用されていることを理解したい。

1 心理学の生い立ち

■ [1] 哲学の時代

　心への関心は昔から誰もが持っている。心理学が独立した科学と認められる以前は，心については主に哲学の分野で考察されていた。心，人間の存在を全人的なこととして捉えられていた。その中でも，紀元前3世紀にアリストテレスは，物質に命を与えるものとして心（プシケー）の存在を仮定し，植物には栄養の機能を持った心があり，動物には感受性をもった心が，人間には理性的な心があるとしている。それぞれに共通するものと異なるものを比較することによって人間独自の心を考えようとしたと言えよう。さらに著書『霊魂論（デ・アニマ）』では，触覚・味覚・嗅覚・聴覚・視覚という5種類の感覚のあることを指摘している。

　16世紀に，『方法序説』で述べた「われ思う，故にわれあり」という有名な言葉を示したR. デカルトは，人は考えることができる，これは疑いのない人間の特質であるとした。考えることのできる心（意識）に注目し，さらに，『情念論』では，情念（感情）として，驚き，愛，憎しみ，欲望，喜び，悲しみを挙げている。さらに，身体は機械的な運動をおこなうものとし，心と身体はそれぞれ独立した働きをもつと考えた（心身二元論）。

　このような心へのアプローチは，その後も多くの哲学者が扱い，後の心理学の登場に影響を与えた。

■ [2] 哲学からの独立：心理学の登場

W. ヴント

　G. T. フェヒナーは，心理量は物理的な数量とは異なることを明らかにし，後の心理学的研究の端緒を開いたと言える（精神物理学の提唱）。彼は，たとえば，物理的な重さ（刺激）と人が感じる重さ（感覚）とは直線的ではなく，対数関係にあることを明らかにした（フェヒナーの法則）。

　ライプツィヒ大学の哲学教授を務めていたW. ヴント，は，感覚刺激を実験的に与え，それに対して経験したこと（意識）を自ら報告（内省，内観）

させる。報告された経験を分析することによって，心的要素を明らかにしようとした。この研究方法，明らかにしようとした目的から，意識心理学，内省心理学，要素主義，構成主義などと呼ばれる。

　1879年には，世界でも最も初期の実験心理学の研究室を運用したと言われており，この時をもって，〈新しい学問分野として心理学が成立〉したとされる（心理学の祖とされている）。

　なお，意識の重視への批判から，後に行動主義，精神分析学が生まれ，心的要素への批判からゲシュタルト心理学が登場したとも言える。

■ [3] 現代心理学の三大源流

1) 行動主義

J. B. ワトソン

　J. B. ワトソンは，心理学は実証科学にならなければならない。そのためには，曖昧さを排除して，客観的に誰もが観察できる「行動」を研究対象とし（客観主義），かつ，誰もが定義できる明解な客観的な方法（操作主義）によって研究すべきであるとした。そして，個人による違いはごく少なく，素質とか遺伝による違いはごく僅かであり，その他の特徴は，生後の学習によって形成される，後天的な環境によって左右される（環境主義）と考えた。彼の主張には折衷的な余地のない極端さがある。

　たとえば，彼は，「健康な1ダースの赤ん坊と私が自由に育てることのできる適切な環境さえあれば，才能，好み，適性，先祖の民族など遺伝的といわれるものとは関係なしに，医者，法律家，芸術家，大商人，こじきや泥棒まで育て上げることができる！」とさえ豪語したほどである。

　なお，彼は，1913年におこなった「行動主義者のみた心理学」という講演で，「心理学は，純粋に客観的で実験的な自然科学の一部門であり，その理論的な目標は，行動の予測とコントロールにある。内観は，心理学の方法の本質的な部分ではないし，また，心理学的データの科学的な価値は，それが意識を通じて解釈できるかどうかに依存するものではない。行動主義者は，動物の反応に関する統一的な理解の枠組みを求めているが，人間と動物の間には境界線のないことが分かってきている。人間の行動は確かに洗練されているし複雑さをもっているが，それは，行動主義者の全体的な研究枠組みの一部をなすにすぎない」と述べている。行動は刺激（S）→反応（R）の結合で理解されるとした。

　ただし，この考えでは，反応の主体である個体（の内部過程による）差を説明できないので，その点を修正した新行動主義がE. C. トールマン，C. L. ハル達によって発展した（S→個体O→R）。

2) 精神分析学：無意識の発見

S. フロイト

　S. フロイトは，ウィーンで神経症患者の治療をおこないながら，当人は気づいていない「何か」が心のどこかに保存されており，それが症状に大きく関わっているのではないかと考えるようになった。

　フロイトの最大の功績は，それ以前には，心は当人が意識している（気づいている）ものであるとされていたのに対して，心には気づいていない過程（無意識）があるとし，その気づいていない心の世界が私たちの行動に大きな影響を与えていると主張したことにある。人の合理性を重んじていた当時に，このような意識できない，不合理とも言えることを主張したことにオーストリアの学術界は嘲笑さえした。ウィーンに侵攻したナチスからは，彼がユダヤ人でもあり，世間を害する思想を広めたとの烙印を押され，彼の書籍は焚書され，彼は強制収容所に送られそうになった。ギリシャ大公妃のマリー・ボナパル

トがナチスに多額の献金を支払ったことにより、それを逃れ、娘アンナ・フロイトらとイギリスに亡命したほどである。なお、彼に同行できなかった4人の妹は、ガス室で命を絶たれた。

　彼は、人間には無意識の過程が存在し、人の行動は無意識によって左右されると仮説し、心のダイナミックな世界を扱った。人は意識することで不安、悩み、自分が不安定になるような不都合な原因となる観念や衝動を意識から追い出し、無意識の世界に閉じ込め（抑圧）、それが形を変えて不適応症状などの形で表出されやすいとした（抑圧されたしこりが心的複合、コンプレックス）。抑圧する力と抑圧されたコンプレックスとの葛藤が人間の生活を支配していると考えた。そのため、治療として無意識領域に抑圧された葛藤の内容を表面化させて、本人が意識できるようにすることで適応が回復されると考えた。初期の治療の方法としては、催眠、後には自由連想法[1]を用いた。

　心の動きは、必ず先行する心的事件や動機によって決定されており（心的決定論）、偶然の行動はない（動機の必在）と仮定している。

　フロイトは、意識、無意識と関連させて、心は、イド（エス）、自我、超自我の3つの異なる機能を持つ構造をなしていると考えた（第10章第3節参照）。イドは、本能的な快を求める生命的エネルギー（リビドー）の貯蔵庫である。不快を避け、快を求める快楽原則に支配されており、無意識的である。一次過程と呼ばれる非論理的で非現実的な思考や不道徳で衝動的に働く。

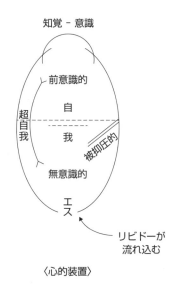

〈心的装置〉

図14-1　フロイトの精神図式（Freud, 1932）。

　自我は、イド、超自我、外界の要求から生じる葛藤を意識的に現実原則（現実に適応する）に従って調整する装置である。自我の強さが健全なパーソナリティの原点となる。

　超自我は、良心あるいは道徳的禁止機能を果たす。幼児期に両親との同一視やしつけなどを通して取り込まれた道徳律であって、快楽原則に従う本能的欲動を検閲し、抑圧する。意識的な場合もあるが、多くは無意識的で後悔や罪責感といった感情をもたらす。なお、前意識は、広義には無意識の領域になるが、思い出そうと注意を向ければ思い出せるもので、いつでも意識の中に入り込めるとした（心を空間的に位置づけたことを局所論と言う）。

　フロイトの弟子であるC. G. ユングは、無意識の役割を積極的に評価し、創造性の母体と考

---

1)　自由連想法：心の中に浮かんだことを言語化することを求める。一切の取捨選択をすることなく、頭の中に浮かんだことを自由に思いつくまま、いくつでも思いついた順に述べる。フロイトは、必ずコンプレックスに辿り着くと考えた。

えた。さらに，無意識を個人的無意識と集合的（普遍的）無意識とに区別した。前者は，その個人にのみ意味を持つ無意識でフロイトの概念とほぼ同じである。後者は，人類の歴史を通して受け継いだ，人類一般に普遍的な倫理観や宗教的なるものへの憧憬，根本的なモチーフを含む無意識である。根本的なモチーフを元型[2]と呼んだ。

　なお，フロイトの学説を基本的に認めながら，彼の生物学的本能論を批判し，環境や文化的条件の影響を重視した立場を新フロイト派（フロイト左派）と言う。H. S. サリヴァン，K. ホーナイ，E. フロムなどがいる。

3）ゲシュタルト心理学

M. ウェルトハイマー

　2倍の距離のところにいる人と手前にいる人は，網膜に映る像の大きさは明らかに異なるにもかかわらず，私たちは，どちらもほぼ同じ大きさの人と捉えている。このように，対象を部分（要素）的特徴に縛られることなく，経験を踏まえて全体としてのまとまりに基づいて判断している。全体から醸し出される構造的特性がゲシュタルトである。要素は全体の中でどのように位置づけられ，どのような役割を持つ部分となるかによって，その性質が変わってくる（全体的特性が部分を規定する）ということである。

　M. ウェルトハイマーは，人間の行動・心は，個人の要因，環境・社会の要因を経験に基づき，総合的に決まるとして，心は部分や要素に還元しきれないもので，全体が持つ構造（ゲシュタルト）を重視した。

　ウェルトハイマーと同じベルリン大学にいたK. レヴィンは，幾何学的な思考を取り入れ，力学的に心を取り扱おうとした。人と環境が互いに関係し，依存し合っていることに着目して人間同士，人間と環境という全体（場）に意識を向けた。すなわち，個々の行動が起こる原因を個人の中だけではなく，その行動を含む環境に求めた（模式的には，行動 = f〔個人，環境〕と表現した）。環境は，その人と独立に存在するのではなく，何らかの役割（行動を促す誘意性）を持つとして，集団における人々の力動的な関係，活動の過程に注目した（集団力学）。社会心理学の祖とも言われる。

■［4］現代心理学の動向
1）現代の心理学の特徴

　上に掲げた3つの代表的な理論は，相互に対立点を持つがゆえに理論の改良や新たな視点を加え，その後様々に発展，連携しつつ，さらに新たな理論を生み出している。

　現代の心理学の主な特徴としては，以下が挙げられる。

> ①学派間の融合　3大理論は各々特徴が明確であると同時に，心・行動を網羅的に説明し切れるものではない。時代が進むにしたがって，心を特定の角度から取り上げ，吟味しようとする傾向が増した。全体としての人間モデルを考えるのではなく，限定した領域での理論が多数提出されるよ

2）　元型（アーキタイプ）　集合的無意識は，人類が進化していく過程で重要な影響を与えた記憶やエネルギーで構成されている，人類に共通の抽象的な心的なシンボルがある。例としては，太母，アニマ・アニムス，影などがある。太母（グレート・マザー）とは，母の根源的なイメージであり，生を与える，温かくて優しいイメージ（善母）と同時に，包摂して呑み込む，死を与えるような恐ろしいイメージ（恐母）の母性のアンビバレントな二面性（無償の愛情を注ぎ，成長を促す母性もあれば，成長を妨げる過保護や養育放棄や虐待をおこなう母性もある）を持つ。生 − 育てる − 包容する − 過干渉・過保護 − 自立を妨げる − 死，のように示すことができる。善母は，マリア，観音菩薩，恐母は，山姥，鬼子母などに象徴される。

うになった。換言するならば，総合的な大理論は出現し難くなったと言える。

②学際領域の発展　　①にも関連するが，心は，多様な行動として表れる。たとえば，喜怒哀楽の感情は，顔の表情として表れると同時に動悸の亢進やアドレナリンの分泌などの生理的反応を伴う（コミュニケーション心理学，生理心理学）。うつ感情は，対人的な不適応とも関連する（健康心理学，臨床社会心理学）。通信手段の高度化は新たなコミュニケーション行動を促している（情報行動科学，インターネット心理学）。歴史の浅い心理学は独自の研究方法を持っていなかったので，関連する他の科学の方法や研究成果と緊密な関係を必要とする。

③応用・実践面の拡大・多様化　　心理学が独立した科学として登場した時代には，物理的な刺激への反応，感覚・知覚の現象の説明，学習行動の成立など基本的な行動を問題にしていた。その後，日常的な場面での課題の解決に飛躍的に適用されて，具体的，実践的な研究が進み拡大している（心身症，心理的障害－臨床；授業効果，学習－教育；労働適性・職場の対人感関係；産業・組織，反社会的行動；犯罪・非行など）。

④幸福な生き方の追究　　心の健康／適応への関心が増し，幸福，well-being を目指す度合いが強くなっている。不適応，葛藤の解決とともに，心のポジティブさの一層の向上を求める気運が高まっている（ポジティブ心理学など）。

⑤情報・工学技術による未来指向　　人は多様な情報伝達によって対人関係，社会を形成している。その技術革新の進化はめざましい。人対人，人対モノとの関係も高度化している。AI（人工知能），Society5.0（サイバー空間と現実空間の融合を目指す，超スマート社会），DX（デジタル技術による生活やビジネスの変革），ロボットは社会の在り方を変えつつある。ブレイン・マシン・インターフェースの開発や人間行動のシミュレーションの研究は現代・未来社会づくりに不可欠と言える。

2）ポジティブ心理学

M.E.P. セリグマン

　　私たちの人生や，所属する集団や社会が，誰もが願う価値のある，満足できるものであるようにするための要因を明らかにし，その程度を向上させる意図を持った実証的な心理学のことである。well-being の実現を目指す心理学。これは，1998 年に M.E.P. セリグマンにより提唱されたものであり，臨床心理学，社会心理学による研究が主であるが，そこに留まらず，諸領域へと拡がっている。意味ある生き方を考える心理学でもある（重要な概念として自己肯定感の向上，幸福感，楽観性，レジリエンス；心理的回復力などがある）。

3）ICT 時代の心理学

　1）でも触れたように，AI や ICT（情報通信科学）の技術革新はめざましい。さらに，人対人から IoT（人対モノ）の関係が次第に増加してきてる。後者の身近な例としてはスマート家電の普及などがある。私たちは，行動の基点である個人がいて，他者との関係を通じ，集団ひいては社会への拡がりを持つ。この観点から心にまつわる多くの規則性があることを多様な観点で明らかにしてきた。しかし，環境自体に人に反応するセンサーなどが組み込まれていることなどへの反応の機会も増加しつつあることから，人と人の間に介在するモノとの関係も無視できない。介護，医療目的のみならず，それ以外のロボットとの相互作用も増えている。人以外との相互作用機会が増えるにつれて，その相互作用を管理する，ケアすることに心理学の役割も重要となる。私たちの行動も変容しつつあることなどから，人を理解する発想を拡大させる時期に来ている。そのためには，多様な情報リテラシー，人対人と関連させながら人対モノの相互作用などを慎重に考えなければならないであろう。

コラム 20　研究倫理

　研究をおこなう際には，調査，実験等への参加を依頼することになる。その際には，研究計画を周到に立て，参加者には参加することによるリスク，コスト（所要時間，労力など）が最小限となるように工夫する。最も重要なことは，参加者の人権を守ることであり，参加の任意性を保障することである。

　なお，人を対象とする研究の倫理的な側面を統制する行動規範として，世界的に流布する先駆けになったものに，1964 年に世界医師会が制定した「ヘルシンキ宣言」がある。これは，人体実験に関する倫理的原則を表したもので，人権尊重，参加への自己決定権，研究者の義務を謳っている。人および人由来の試料を対象とした研究に関する礎石となっている。その後，人にかかわる諸科学での研究倫理遵守を促す基となっている。

　心理学における研究倫理の主要点を以下に挙げる。

　1）インフォームド・コンセント（参加者への説明と保障）　　これから実施する研究内容を参加者に説明し，個人の人権を守り，秘密保持を保障する。参加することは任意であり，いつでも参加を中断することができることを説明する。

　そして，得られたデータをどう用いるのかを説明し，研究目的のみでの使用であること，データ保存は標準で 10 年間。それが終えた後には，そのデータを消去すると伝える。そのうえで参加承諾を得る（承諾の記録を保存）。なお，参加者が成人でない場合には，同様の説明を保護者におこない，承諾を文書で得る。

　なお，研究目的を詳しく説明することが結果に影響を与える可能性がある場合には，目的については概略的な説明（広義にはデセプション）をおこなって研究を実施し，実施後に本来の研究意図を説明（デブリーフィング）して改めて承諾の意志を確認する必要がある。

　2）利益相反（COI）を避ける　　大学関係者の場合には，大学生を対象に研究をおこなうことが少なくない。その際に，えてして十分に説明しないまま授業時に調査等をおこなうことは研究者の立場を利用した行為とも言える場合がある。自由意志による参加を保障しなければならない。なお，研究実施に際して，企業等からの支援を受けた場合には研究成果を発表する際にはその旨を示す必要がある。

　3）研究材料・設備，環境要因の整備　　学生であれすべての研究する者は，研究目的に見合った研究設備や実施場所を確保しなければならない。たとえば，実験をおこなう部屋・設備に統制外の要因が混入することがあれば，その結果は信頼できない。調査表の文章に対象者の知り得ない用語があれば，調査の意図は十分に伝わらず，意図した目的は達成されない。対象者の理解力を確かめたうえでの適した語句を用いなければならない。

　4）研究の価値，研究成果の社会的意義　　心理的なことがらについては，心理学の知識を持ち合わせなくとも関心の対象となり，安易に調査などをしようとする場合がある。研究計画を十分に吟味することなく，研究をおこなうことは社会資源の浪費となる。研究の意義を明確にし，周到な準備を経ておこなわなければならない。

　5）研究成果の公表　　研究することは，社会的な行為であり，研究の規模を斟酌しながらも社会的に共有されなければならない。学生の卒業研究であっても，学科や学部で発表して他からの評価を要する。大学院生を含む研究者は，当該学会等での発表，学術成果物として公刊し，広くフィードバックを得てこそ，社会的に意義ある研究となる。ここまで含めた過程が研究には期待される。

公益社団法人日本心理学会 倫理規程第 3 版（2011）
〈https://psych.or.jp/wp-content/uploads/2017/09/rinri_kitei.pdf〉
同上倫理綱領（2012）
〈https://psych.or.jp/about/#rinri〉
日本学術会議 声明科学者の行動規範―改訂版―（2013）
〈https://www.scj.go.jp/ja/info/kohyo/pdf/kohyo-22-s168-1.pdf〉

2　心理学の研究の仕方

　科学的な研究は，一部の探索的な研究を除き，一定の仮説（当該の課題について既存の知見に基づいて立てる結果の暫定的な予測）を用意し，対象とする行動などを明確に捉えられる方

法をもっておこなわれる。得られた結果（データ）を分析する。データが数量で示される場合には，主に統計的な方法でおこなう。そして，実際に調べた結果が仮説に妥当であるか否かを確かめる（検証）。記述データ（文章など）については，統計分析とともに記述内容の意味を捉えようとする質的分析をおこなうこともある。

■ [1] 研 究 法

　曖昧に捉えられやすい心であるからこそ，実証科学としての心理学は，捉える対象を明確にし，客観的な方法で研究しなければならない。ここでは，人を対象とした研究を基本とする主な研究の方法を取り上げる。

1) 観　　察

　対象者（群）の行動を観察（研究）者が一定の基準を設定して動画映像，音声等を注意深く記録する。この場合，対象や観察場面に意図的な操作を加えずに観察する自然観察法と一定の操作を加えて特定の行動を観察する方法（実験的観察；実験）がある。客観性を高めるために第三者の立場で観察することが基本であるが，教師が生徒との関係を捉えるという例のように研究者自身がその場に参加するものを参与観察法と言う。いずれの場合も，観察記録が主観的にならないよう（観察者バイアス）[3]に，観察対象（項目）や観察する行動の単位の明確化，観察記録の仕方を統一し，記録の一貫性が必要である。そのためにも観察者の訓練は欠かせない。

2) 実　　験

　実験室内か外（現場，フィールド）を問わず，環境や対象に意図しない要因の影響を極力排除し，ある要因（独立変数）に一定の計画的な操作（実験配置）を加え，独立変数が特定の要因（従属変数）に及ぼす効果を厳密に把握しようとする方法である。
　たとえば，「不安の高い人は，騒音のある環境では作業に集中できない」（仮説）を確かめる。

　不安の高さは独立変数，作業への集中度合いは従属変数となる。そこで，不安の高い人だけが集中できないのかどうかを確かめるために不安の低い人の結果と比較する（高い人は実験群，低い人は統制〈対照〉群）。騒音のある環境（実験条件）と比較するために騒音のない環境（統制，対照条件）でも同じ実験をおこない，結果を比較する。このように立てた計画全体を実験計画と言う。
　実験室外では環境の要因を統制しても偶然に意図しない要因が実験に混入する（範囲外変数）可能性もあり，実施の難しさがあるので，特段の注意が必要である。なお，計画的な操作をおこなうことによって標的とする要因の効果を捉えられる一方で，必ずしも日常的ではない状況での結果である可能性を踏まえなければならない。得られる結果の再現性は高く，因果関係や法則性を明らかにしやすい。人為的に条件を設定することが多いこともあり，実験状況の安全を確保し，人権を保護し，倫理的な問題が起こらないように配慮するのは当然であるが，同時に参加者に入念な説明をおこない参加の同意を得なければならない。観察の場合と同様に，実験者が仮説に合致した結果を得たいとの期待が暗黙のうちに自身の行動に表れ，それに参加者が反応しがちになるといった実験者効果が働かないように注意しなければならない。一方，参加者も実験者がどのような行動を望んでいるのかを斟酌し，実験状況の手がかりが参加者の反応を実験者の期待に沿うように仕向けること（要求特性）もある。したがって，実験の仮説

---

　3)　観察者バイアス：観察者が仮説に合致することを期待している結果を強調し過ぎて，それ以外の行動に注意が向き難くなること。

を知らない者が実験者になることはこの歪みを避ける方法の1つでもある。

3) 調査（質問紙調査）

　一般には，あらかじめ用意した質問項目に回答を求める方法である。多くの場合は，回答者の感情や行動を振り返り，自分で回答する（自記式）。回答者を一箇所に集めて同時におこなう集合調査，調査票を個別に郵送し，後で結果を回収する郵送調査，郵送の代わりに電話で回答を求める電話調査などがある。集合調査などは同時に多量のデータが得られるので，簡便に採用されやすい。

　インターネットの普及に伴い，これを利用した調査法がポピュラーになってきている。質問項目をEメールに添付して送り，回答結果を同様にメール添付で返信してもらう。この場合，調査者のコストは低いので便利である。しかし，選ばれた回答者には添付して返送という手順の煩瑣さがある。また，ウェブ上のアプリケーションプログラムを用いて質問項目を設定し，選択肢をクリックするだけで，回答結果が調査者に送信されるという便利な方法もある。このような方法は，調査実施も容易であり，また，回答者にとっても記入や郵送の手間がかからないので都合がいい。しかし，インターネットにあまり親和性のない人にとっては敷居が高く，回答者の構成に偏りがある可能性が高い。

　なお，調査項目の作成は簡単に見えるかもしれないが，そうではなく十分な注意が必要である。質問文の配置や言葉づかい（ワーディング）の影響は大きく，回答に歪みをもたらしかねない。その例を挙げる。

　①**キャリーオーバー効果**　　質問文の配置順序によっては後続の回答がそれ以前の質問文によって影響されることがある。ある質問の直前に関連する内容の質問があると，それと関連させた回答を引き起こしかねない。これを解決するには，間に質問する関連項目とは無関係な緩衝質問を入れる，あるいは，影響しかねない質問文の順序の間を空けるなどがある。

　②**ダブルバーレル（二重）質問**　　1つの質問文に複数の質問を入れると，回答者は自分が注目したどちらかに反応する可能性がある。たとえば，「課外活動や趣味の時間を持つべきである」では，課外活動と趣味は同じ内容を示すとは限らないのでこれを分けて，単文的な表現とする。

4) 面　　接

　面接者と面接を受ける人（被面接者）とが原則は対面して，相互に話し合うかたちをとり，基本的には面接者が予定した質問への回答を求める。被面接者の回答に応じて適宜質問をおこなうことを含む。以下の種類がある。

　①**調査的面接**　　会話を通して，対象者の意見，感情などを聞き取る。質問紙調査や実験では得られがたい，対象者の非言語的な反応なども把握できる。なお，あらかじめ質問内容や評価基準などを決めておこなう構造化面接法がある。マニュアルどおりに進めていくため，誰が面接をおこなっても評価のバラつきを最小限にすることができる。

　②**臨床的面接**　　被面接者—クライエント—の適応上の困難や悩みを解決する目的でおこなう。カウンセリング，心理療法で用いられる。

　いずれも面接の手順の透明化をおこない，面接者の客観性，一貫した対応力などの聴取スキル向上の訓練が不可欠である。

5) 検　　査

　既に標準化された尺度を用いて，対象者の知能や発達の水準やパーソナリティ，適性，心理状態の特徴などを客観的に測定・評価する方法である。

　検査対象の点からは，主に知能，発達，パーソナリティ，心理状態を測る検査に分けられる。

　① **知能**　田中ビネー検査，ウェクスラー式知能検査など。

　既有の知識の運用，問題解決，論理思考，計画などの能力を含む，合理的に行動できる能力を指す。発達年齢の観点から対象者の年齢の平均的な能力からどの程度進んでいるか遅れているかを捉える方法（田中ビネー検査など，精神年齢 MA，知能指数 IQ が用いられる）。多次元の知能因子を具体的に把握する方法（ウェクスラー式検査，大きくは言語性，動作性に分かれる）がある。後者は，年齢段階ごとに複数の検査が開発されている（幼児用 WPPI，成人用 WAIS など）。同じ年齢集団の中での相対的な位置を示す偏差 IQ が用いられている。

　② **発達**　新版 K 式発達検査 2001，新版 S-M 社会生活能力検査など。

　子どもの認知，言語・社会性，運動などの心身の発達の程度を調べる検査であり，検査結果から得られる成績（発達年齢 DA）と健常児の発達程度に対する比を発達指数（DQ）として求める。

　③ **パーソナリティ**　ミネソタ多面的人格目録（MMPI），矢田部ギルフォード（Y-G）性格検査，東大式エゴグラム（TEG），ロールシャッハテスト，絵画統覚検査（TAT），文章完成テスト（SCT），家 - 樹木 - 人物テスト（HTP），バウム（樹木画）テストなど。

　対象者のパーソナリティ特徴を定性的，定量的に測定する。パーソナリティ理論を基にした多くの検査が開発されている。実施方法により，後述の⑥，⑦，⑧がある。

　用いる検査によって依拠する理論が異なるので，パーソナリティの異なる側面を測定していることに注意する必要がある。

　④ **心理状態**　顕現性不安尺度（MAS），精神健康調査票（GHQ）など。

　不安状態，うつ状態，ストレス状態，脅迫傾向などの感情，心理傾向を測定する。一部は③にも該当する。状態の簡易な把握法

　⑤ **適性検査**　職業興味テストなど。

　当該の職業，活動に適した個人特徴・スキルをどの程度持っているかを評価する。

　以上のごとくの検査に分けられる。

　検査の代表的な実施方法としては，主に質問項目への回答を求める質問紙法，投影法，作業検査法に分けられる。

　⑥ **質問紙法**　MMPI，Y-G，TEG，MAS，GHQ など。

　精神医学的，臨床心理学的な面接の簡便な代替法であり，標準的な施行ができる。同時に多数者を対象に実施できる。採点，データの処理・分析が客観的である。ただし，回答者が意図的に回答を操作すること，理解力によって影響されることがある。その改善の工夫がなされている検査もある。回答者の比較的浅い心理的特徴を測定する。

　⑦ **投影法**　ロールシャッハテスト，TAT，SCT，描画テスト（HTP，バウムテストなど）など。

　直接の質問では引き出しがたい心の深層にあるコンプレックス，欲求，トラウマなどを手段（材料）に投影させようとする。回答者にとっては，検査の目的を容易に知ることはできず，できるだけ拘束の少ない場面での回答行動を観察できる。実施や結果を解釈するには相応の習熟さを要する。

　⑧ **作業検査法**　内田クレペリン精神作業検査，ブルドン抹消検査など。

　非言語的な作業（心理的，動作的）に示される作業の仕方，成績から心理的特徴を測定する。言語能力を介さずに心理的特徴を把握するもの。文化比較が容易である。短時間で簡便に多数者の結果を得ることができる。回答者の作為的な歪みを排除しやすい。

6）事例研究

　1 つまたは少数の事例（個人，集団）を取り上げ，個々の事例の個別性を損なわないように配慮し，研究する質的研究の方法。テーマに関連する文書資料，ヒアリングをおこない，社会的環境等を関連させて研究する方法。少数の事例を扱うことの意味と限界を踏まえること，研究の前提として依拠する理論を十分に踏まえる必要がある。

■ [2] データを扱う

　研究で得られた結果（データ）は適切な方法によって分析しなければならない。回答として得られた数値データだからとは言え，同じ統計分析を施せるものではない。たとえば，ある質問に対して，下記の結果が得られた。

①	賛成	わからない	反対	計
A群	30	20	50	100人
B群	120	20	60	200人

②	5 賛成	4 やや賛成	3 中位	2 やや反対	1 反対	計
A群	10	20	20	30	20	100人
B群	80	40	20	40	20	200人

　この場合，①では，回答選択肢ごとの％を算出し，A，B 群間で回答の割合を比較することができる。②の場合，5 つの選択肢を 5 段階に重みづけして順序データとして中央値に関する分析，あるいは，数値間が等間隔と仮定できるならば A，B 群の平均値，標準偏差を算出して比較できる。このように，数値データはその性質によって適用できる統計分析法は異なるので，注意が必要である。**表 14-1** は，数値の持つ性質（尺度水準）の特徴，目的，例，可能な統計法を示したものである。

表 14-1　スティーヴンスの尺度水準

尺度水準	特　徴	目　的	例	統　計　法
名義（名目）尺度	対象に名前として数字を割り当てて用いている。同じ数字がついていればそれらは同じカテゴリーに属する。数値間の比較は等しいかどうかでしかおこなえない。大小関係はない。	対象の分類	学籍番号電話番号背番号など	該当する事例数，最頻値，度数分布，カイ 2 乗検定
順序（順位）尺度	対象の大小，順序関係を表す。大小や高低などの順位関係は明らかだが，その差は同等とは限らない。	大小，順序関係を決める	成績の順位コンテストの順位など	中央値，四分位偏差，順位相関係数，ノンパラメトリック検定
間隔（距離）尺度	順位の概念の他に，間隔の差が等しいという概念が加わる。大小の差や和にも意味がある。同一性・順序性・加法性を示す。	間隔または差の等価性を決める（等間隔な目盛づけ）	温度（摂氏，華氏）知能指数テストの標準得点など	算術平均，標準偏差，ピアソンの相関係数
比率（比例）尺度	原点（ゼロ）が決まっている。測定値間の倍数関係（比）が保証されている。同一性・順序性・加法性・等比性を示す。	比率の等価法を決める（絶対原点からの等間隔な目盛づけ）	長さ，重さ音の大きさ（sones）絶対温度など	幾何平均，変動係数，偏相関係数

3　心理学の領域

　第 1 章第 3 節で述べた「心理学の学びの拡がり」，**コラム 1** で述べた公認心理師が活躍する

職域にもあったように，心理学を活かす仕事は此処彼処にある。本書の第2章から第13章で述べた内容が主な心理学の基本的な領域でもある。

　心理学は，大別すると基礎心理学と応用心理学になる。

　基礎心理学は，心，行動の一般法則を見出すことに主眼がある。

　感覚知覚心理学（以下，心理学を省略），認知，学習，発達（乳幼児，児童，青年，高齢者），進化，パーソナリティ，社会，比較，深層，神経・生理，言語，計量，数理，生態，など。

　応用心理学は，基礎心理学を基盤としながら現実の生活での問題の解決や改善という実践に主眼がある。

　臨床心理学（以下，心理学を省略），カウンセリング，障害者，福祉，ポジティブ，教育，学校，音楽，宗教，コミュニティ，政治，産業，犯罪，司法，災害，家族，交通，観光，スポーツ，環境，経済，容装（化粧，服飾），恋愛などがある。

　ただし，いずれもその研究の目的によっては基礎か応用かを厳密に分類し切れないことがある。なお，日本心理学諸学会連合には56団体の学会が加盟している（2021年3月現在）。

　他に，心理学の学びをそれぞれの仕事でどのように活かしているのかを紹介した「シリーズ心理学と仕事」（20巻）は，有益な情報が多い（第1章の読書案内参照　p.9）。人がいるところでは，心理学が常に必要となる。

読書案内

服部 環（監修）（2011）．心理学の「現在」がわかるブックガイド　実務教育出版
　　本好きな心理学者たちがプロフェッショナルな視点でお薦め本を紹介したもの。古典的名著（フロイトの「精神分析入門」）から最新の研究テーマに切り込んだ本まで，幅広い領域から選りすぐった126冊の本を通して，多くの領域の心理学の魅力を伝える。平易な新書も，最近の専門書も含まれている。いずれも「分かりやすい」内容で，さらにキーワードや関連する他の書籍リストも付けて見開き1ページにまとめられている。最後にある，「エセ心理学本にだまされるな！」は特に大事。

引用・参考文献

第1章

子安 増生・丹野 義彦（編）（2018）．公認心理師エッセンシャルズ　有斐閣

日本公認心理師協会（2021）．厚生労働省令和2年度障害者総合福祉推進事業　公認心理師の活動状況等に関する調査

こころの科学編集部（2021）．公認心理師試験の問題と解説2021　日本評論社

島井 哲志（編）（2006）．ポジティブ心理学：21世紀の心理学の可能性　ナカニシヤ出版

大坊 郁夫（編）（2012）．幸福を目指す対人社会心理学：対人コミュニケーションと対人関係の科学　ナカニシヤ出版

上出 寛子・新井 健生・福田 敏男（編）（2019）．今日，僕の家にロボットが来た　北大路書房

小林 亮（監修）（2021）．世界でいちばん素敵なSDGsの教室　三才ブックス

Sachs, J. D., Kroll, C., Lafortune, G., Fuller, G., & Woelm, F.（2021）. *Development report 2021: The decade of action for the Sustainable Development Goals.* Cambridge, UK: Cambridge University Press.
〈https://dashboards.sdgindex.org/〉（2021年10月10日アクセス）

SDGs報告2021（国連広報センター）
〈https://www.unic.or.jp/activities/economic_social_development/sustainable_development/2030agenda/sdgs_report/〉（2021年10月10日アクセス）

平和教育アニメーションプロジェクト（2012）．アニメーション「みんながHAPPYになる方法」ビープロダクション
〈https://www.bepro-japan.com/happyhome〉（2022年2月22日アクセス）

第2章

堀 忠雄・尾崎 久記（監修）（2017）．生理心理学と精神生理学　第I巻　基礎　北大路書房

加藤 宏司・後藤 薫・藤井 聡・山崎 良彦（監訳）（2007）．ベアー コノーズ パラディーソ 神経科学：脳の探求　西村書店（Bear, M. F., Connors, B. W., & Paradiso, M. A.（2007）. *Neuroscience: Exploring the brain*（3rd ed.）. Philadelphia, PA: Lippincott Williams & Wilkins Publishers.）

宮田 洋（監修）（1998）．新生理心理学1　生理心理学の基礎　北大路書房

村上 郁也（編）（2010）．イラストレクチャー認知神経科学——心理学と脳科学が解くこころの仕組み　オーム社

森 寿・真鍋 俊也・渡辺 雅彦・岡野 栄之・宮川 剛（編）（2005）．改訂第2版　脳神経科学イラストレイテッド　羊土社

二木 宏明（2010）．脳と心理学——適応行動の生理心理学——普及版　朝倉書店

泰羅 雅登・中村 克樹（監訳）（2013）．カールソン神経科学テキスト：脳と行動　丸善出版（Carlson, N. R.（2013）. *Physiology of behavior*（11th ed.）. Boston, MA: Pearson.）

第3章

綾部 早穂・熊田 孝恒（編）（2014）．スタンダード感覚知覚心理学　サイエンス社

馬場 雄二・田中 康博（2004）．試してナットク！錯視図典——古典的名作から新発見まで全体験！——講談社

Dallenbach, K. M.（1951）. A puzzle-picture with a new principle of concealment. *The American Journal of Psychology, 64,* 431-433.

Gibson, E. J., & Walk, R. D.（1960）. The visual cliff. *Scientific American, 202,* 64-71.

グレゴリー，R. L.（1972）．金子 隆芳（訳）インテリジェント・アイ——見ることの科学——　みすず書房（Gregory, R. L.（1970）. *The intelligent eye.* New York: McGraw Hill.）

Levy, J., Trevarthen, C., & Sperry, R. W.（1972）. Perception of bilateral chimeric figures following hemispheric deconnexion. *Brain: A Journal of Neurology, 95,* 61-78.

道又 爾・北崎 充晃・大久保 街亜・今井 久登・山川 恵子・黒沢 学（2011）．認知心理学——知のアーキテクチャを探る——（新版）有斐閣

大島 尚（編）（1986）．認知科学　新曜社

鳥居 修晃・望月 登志子（2000）．先天盲開眼者の視覚世界　東京大学出版会

Wertheimer, M.（1932）. Untersuchungen zur Lehre von der Gestalt, II. *Psychologische Forschung, 4,*

301-350.

第4章

Arnold, M. B. (1945). Physiological differentiation of emotional states. *Psychological Review, 52*, 35-48.

Cannon, W. B. (1927). The James-Lange theory of emotions: A critical examination and an alternative theory. *American Journal of Psychology, 39*, 106-124.

Darwin, C. (1872). *The expression of the emotions in man and animals.* Chicago, IL: University of Chicago Press.

Ekman, P. (1972). Universals and cultural differences in facial expressions of emotion. In J. K. Cole (Ed.), *Nebraska Symposium on Motivation*, Vol. 19. Lincoln, NE: University of Nebraska Press.

James, W. (1884). What is an emotion? *Mind, 9*, 188-205.

Lazarus, R. S. (1984). On the primacy of cognition. *American Psychologist, 39*, 124-129.

LeDoux, J. E. (1996). *The emotional brain: The mysterious underpinnings of emotional life.* New York: Simon and Schuster.

Maslow, A. H. (1971). *The farther reaches of human nature.* New York: THE Viking Press.

Mesquita, B., & Frida, N. H. (1992). Cultural variations in emotions: A review. *Psychological Bulletin, 112*, 179-204.

Noah, T., Schul, Y., & Mayo, R. (2018). When both the original study and its failed replication are correct: Feeling observed eliminates the facial-feedback effect. *Journal of Personality and Social Psychology, 114*, 657-664.

Ortony, A., Clore, G. L., & Collins, A. (1988). *The cognitive structure of emotions.* Cambridge, UK: Cambridge University Press.

Russell, J. A. (1980). A circumplex model of affect. *Journal of Personality and Social Psychology, 39*, 1161-1178.

Schachter, S., & Singer, J. (1962). Cognitive, social, and psychological determinants of emotional state. *Psychological Review, 69*, 379-399.

Schlosberg, H. S. (1954). Three dimensions of emotion. *Psychological Review, 61*, 81-88.

Strack, F., Martin, L. L., & Stepper, S. (1988). Inhibiting and facilitating conditions of the human smile: A nonobtrusive test of the facial feedback hypothesis. *Journal of Personality and Social Psychology, 54*, 768-777.

戸田 正直 (1992). 感情——人を動かしている適応プログラム—— 東京大学出版会

Watson, D., & Tellegen, A. (1985). Toward a consensual structure of mood. *Psychological Bulletin, 98*, 219-235.

Zajonc, R. B. (1980). Feeling and thinking: Preferences need no inferences. *American Psychologist, 35*, 151-175.

第5章

Allport, G. W., & Odbert, H. S. (1936). Trait-names: A psycho-lexical study. *Psychological Monographs, 47*, 1-171.

秦 一士 (2001). P-F スタディ絵画欲求不満テスト 上里 一郎 (監修) 心理アセスメントハンドブック (第2版, 第15章, pp.160-172) 西村書店

小林 重雄 (2001). 知能のアセスメント 上里 一郎 (監修) 心理アセスメントハンドブック (第2版, 第2章, pp.11-13) 西村書店

厚生労働省 (2010). ひきこもりの評価・支援に関するガイドライン

クレッチメル, E. 相場 均 (訳) (1955). 体格と性格——体質の問題および気質の学説によせる研究 文光堂 (Kretschmer, E. (1921). *Körperbau und Charakter: Untersuchungen zum Konstitutionsproblem und zur Lehre von den Temperamenten.* Berlin: Springer.)

内閣府 (2010). 若者の生活に関する調査 (ひきこもりに関する実態調査;平成21年度) 内閣府政策統括官 (共生社会政策担当)

内閣府 (2016). 若者の生活に関する調査 (平成27年度) 内閣府政策統括官 (共生社会政策担当)

内閣府 (2019). 生活状況に関する調査 (平成30年度) 内閣府政策統括官 (共生社会政策担当)

中間 玲子 (編著) (2020). 感情・人格心理学:「その人らしさ」をかたちづくるもの 公認心理師の基本を学ぶテキスト⑨ (pp.69-106) ミネルヴァ書房

日本版 WAIS-IV 刊行委員会（訳編）(2018). 日本版 WAIS-IV 理論・解釈マニュアル　日本文化科学社

沼 初枝（2020）. 臨床心理アセスメントの基礎（第 2 版，pp. 70-73）　ナカニシヤ出版

小川 俊樹・松岡 正明・加藤 志ほ子・津川 律子（2001）. ロールシャッハ・テスト　上里 一郎（監修）心理アセスメントハンドブック（第 2 版，第 14 章，pp. 140-159）　西村書店

太田 信夫（（監修）浮谷 秀一（編）(2019). 知能・性格心理学　北大路書房

小塩 真司（2020）. 性格とは何か――より良く生きるための心理学（中公新書）　中央公論新社

生和 秀敏（2001）. 内田クレペリン検査　上里 一郎（監修）心理アセスメントハンドブック（第 2 版，第 18 章，pp. 198-208）　西村書店

下山 晴彦（監修）(2021). 公認心理師のための「心理査定」講義　北大路書房

村山 出（編）(2008) 広辞苑（第 6 版）岩波書店

鈴木 公啓（2012）. パーソナリティ心理学概論――性格理解への扉（pp. 15-22）　ナカニシヤ出版

鈴木 公啓・荒川 歩・太幡 直也・友野 隆成（2018）. パーソナリティ心理学入門――ストーリーとトピックで学ぶ心の個性　ナカニシヤ出版

高塚 雄介（編）(2021). ひきこもりの理解と支援――孤立する個人・家族をいかにサポートするか　遠見書房

瀧本 孝雄（2000）. 性格のタイプ――自己と他者を知るための 11 のタイプ論（pp. 83-125）　サイエンス社

高山 巌（2001）. 矢田部ギルフォード性格検査法　上里 一郎（監修）心理アセスメントハンドブック（第 2 版，第 12 章，pp. 111-122）　西村書店

田中 富士夫（2001）. MMPI　上里 一郎（監修）心理アセスメントハンドブック（第 2 版，第 11 章，pp. 97-110）　西村書店

上野 徳美・岡本 祐子・相川 充（編著）(2013). 人間関係を支える心理学――心の理解と援助（pp. 96-105）　北大路書房

和田 さゆり（1996）. 性格特性用語を用いた Big Five 尺度の作成　心理学研究, *67*, 61-67.

横田 正夫・津川 律子（編）(2020). ポテンシャル　パーソナリティ心理学　サイエンス社

第 6 章

Bandura, A. (1965). Influence of models' reinforcement contingencies on the acquisition of imitative responses. *Journal of Personality and Social Psychology, 1*, 589-595.

D'Odorico, L., Carubbi, S., Salerni, N., & Calvo, V. (2001). Vocabulary development in Italian children: A longitudinal evaluation of quantitative and qualitative aspects. *Journal of Child Language, 28*, 351-372.

藤永 保（監修）(2013). 最新心理学事典　平凡社

Garcia, J., Ervin, F. R., & Koelling, R. A. (1966). Learning with prolonged delay of reinforcement. *Psychonomic Science, 5*, 121-122.

グライス, P. 清塚 邦彦（訳）論理と会話　勁草書房（Grice, H. P. (1989). *Studies in the way of words*. Cambridge, MA: Harvard University Press.）

Hock, R. (2004). *Forty Studies that changed psychology: Explorations into the history of psychological research* (5th ed.). Upper Saddle River, NJ: Prentice-Hall.

Johnson, S. P., Welsh, T. M., Miller, L. K., & Altus, D. E. (1991). Participatory management: Maintaining staff performance in a university housing cooperative. *Journal of Applied Behavior Analysis, 24*, 119-127.

J. E. メイザー　磯 博行・坂上 貫之・川合 伸幸（訳）(2006). メイザーの学習と行動（第 3 版）　二弊社（Mazur, J. E. (2006). *Learning and behavior* (6th ed.). Boston, MA: Pearson.）

文部科学省（2019）. 教育の情報化に関する手引（令和元年 12 月）〈https://www.mext.go.jp/a_menu/shotou/zyouhou/detail/mext_00724.html〉（2021 年 10 月 10 日アクセス）

文部科学省（2012）. 通常の学級に在籍する発達障害の可能性のある特別な教育的支援を必要とする児童生徒に関する調査結果について〈https://www.mext.go.jp/a_menu/shotou/tokubetu/material/__icsFiles/afieldfile/2012/12/10/1328729_01.pdf〉（2021 年 10 月 10 日アクセス）

Poulson, C. L., Kymissis, E., Reeve, K. F., Andreatos, M., & Reeve, L. (1991). Generalized vocal imitation in infants. *Journal of Experimental Child Psychology, 51*, 267-279.

Snow, R. E. (1989). Aptitude-Treatment Interaction as a framework for research on individual differences in learning. In P. L. Ackerman, R. J. Sternberg, & R. Glaser (Eds.), *Learning and individual differences: Advances in theory and research*（pp. 13-59）．New York: W. H. Freeman.

Watson, J. B., & Rayner, R.（1920）．Conditioned emotional reactions.　*Journal of Experimental Psychology, 3,* 1-14.

第 7 章

阿部 彩（2008）．子どもの貧困：日本の不平等を考える　岩波新書　岩波書店

Ainsworth, M. D. S., Blehar, M. C., Waters, E., & Wall, S.（1978）．*Patterns of attachment: A psychological study of the strange situation.*　Hillsdale, NJ: Erlbaum.

Bowlby, J.（1969）．*Attachment and Loss: Vol. 1. Attachment.*　New York: Basic Books.

Bronfenbrenner, U.（1979）．*The ecology of human development: Experiments by nature and design.*　Cambridge, MA: Harvard University Press.（ブロンフェンブレンナー，U.　磯貝 芳郎・福富 護（訳）（1996）．人間発達の生態学——発達心理学への挑戦——　川島書店）

DeCarlo Santiago, C., Wadsworth, M. E., & Stump, J.（2011）．Socioeconomic status, neighborhood disadvantage, and poverty-related stress: Prospective effects on psychological syndromes among diverse low-income families. *Journal of Economic Psychology, 32,* 218-230.

Erikson, E. H.（1950）．*Childhood and society.*　New York: W. W. Norton.（エリクソン，E. H.　仁科 弥生（訳）（1977, 1980）．幼児期と社会 1，2　みすず書房）

Harlow, H. F.（1958）．The nature of love. *American Psychologist, 13,* 673-168.

Harlow, H. F., & Suomi, S. J.（1970）．Nature of love: Simplified. *American Psychologist, 25,* 161-168.

Horn, J. L., & Cattell, R. B.（1966）．Refinement and test of the theory of fluid and crystalized general intelligences. *Journal of Educational Psychology, 57,* 253-270.

春日 彩花・佐藤 眞一（2018）．知恵は発達するか——成人後期における知恵の機能的側面と構造的側面の検討——　心理学評論，*61,* 384-403.

加藤 弘通（2017）．発達　兵藤 宗吉・緑川 晶（編）心の科学（第 2 版）——理論から現実社会へ——　ナカニシヤ出版

加藤 弘通・岡田 智（2019）．子どもの発達が気になったらはじめに読む発達心理・発達相談の本　ナツメ社

川田 学（2021）．子どもの成長における保育所の重要性——発達心理学の知見を踏まえて——　近藤 幹夫・幸田 雅治・小林 美希（編）保育の質を考える　明石書店

厚生労働省（2019）．認知症施策推進大綱
〈https://www.mhlw.go.jp/content/000522832.pdf〉（2021 年 10 月 1 日アクセス）

厚生労働省（2020）．2019 年国民基礎調査
〈https://www.mhlw.go.jp/toukei/saikin/hw/k-tyosa/k-tyosa19/index.html〉（2021 年 10 月 1 日アクセス）

近藤 幹夫・幸田 雅治・小林 美希（2021）．保育の質を考える　明石書店

松本 伊知郎・湯澤 直美・平湯 真人・山野 良一・中嶋 哲彦（2016）．子どもの貧困ハンドブック　かもがわ出版

McArdle, J. J., Ferrer-Caja, E., Hamagami, F., & Woodcock, R. W.（2002）．Comparative longitudinal structural analyses of the growth and decline of multiple intellectual abilities over the life span. *Developmental Psychology, 38,* 115-142.

永野 重史（2001）．発達とはなにか　東京大学出版会

内閣府（2020）．令和 2 年度高齢社会白書
〈https://www8.cao.go.jp/kourei/whitepaper/w-2020/zenbun/pdf/1s1s_01.pdf〉（2021 年 10 月 1 日アクセス）

内閣府（2017）平成 29 年度高齢社会白書
〈https://www8.cao.go.jp/kourei/whitepaper/w-2017/zenbun/29pdf_index.html〉（2021 年 10 月 1 日アクセス）

Newacheck, P. W., Hung, Y. Y., Park, M. J., Brindis, C. D., & Irwin, C. E.（2003）．Disparities in adolescent health and health care: Does socioeconomic status matter? *Health Services Research, 38,* 1235-1252.

NICHD Early Child Care Research Network, Public Information & Communication Branch.（2001）．Child-care and family predictors of preschool attachment and stability from infancy. *Developmental Psychology, 37,* 847-862.

Piaget, J., & Inhelder, B. (1948). *La représentation de l'espace chez l'enfant*. Paris: Presses Universitaires de France.

Posada, G., Jacobs, A., Richmond, M. K., Carbonell, O. A., Alzate, G., Bustamante, M. R., & Quiceno, J. (2002). Maternal caregiving and infant security in two cultures. *Developmental psychology, 38*, 67-78.

Schaie, K. W. (1994). The course of adult intellectual development. *American Psychologist, 49*, 304-313.

Vélez-Agosto, N. M., Soto-Crespo, J. G., Vizcarrondo-Oppenheimer, M., Vega-Molina, S., & García Coll, C. (2017). Bronfenbrenner's bioecological theory revision: Moving culture from the macro into the micro. *Perspectives on Psychological Science, 12*, 900-910.

Waters, T. E. A., Magro, S. W., Alhajeri, J., Yang, R., Groh, A., Haltigan, J. D., Holland, A. A., Steele, R. D., Bost, K. K., Owen, M. T., Vaughn, B. E., Booth-LaForce, C., & Roisman, G. I. (2021). Early childcare experiences and attachment representations at age 18 years: Evidence from the NICHD study of Early Child Care and Youth *Development*. *Developmental Psychology, 57*, 548-556.

第8章

相川 充 (2009). セレクション社会心理学20 新版 人づきあいの技術 サイエンス社

Altman, I., & Taylor, D. A. (1973). *Social penetration: The development of interpersonal relationships*. New York: Holt, Rinehart & Winston.

Argyle, M. (1967). *The psychology of interpersonal behavior*. Harmondsworth, UK: Penguin Books. (アージル, M. 辻 正三・中村 陽吉 (訳) (1972). 対人行動の心理 誠信書房)

安藤 香織・柿本 敏克 (2012). 集団マップ 安藤 香織・杉浦 淳吉 (編) 暮らしの中の社会心理学 (p. 24) ナカニシヤ出版

Asch, S. E. (1946). Forming impressions of personality. *Journal of Abnormal and Social Psychology, 41*, 258-290.

Asch, S. E. (1956). Studies of independence and conformity: I A minority of one against a unanimous majority. *Psychological Monographs: General and applied, 70*, 1-70.

Byrne, D., & Nelson, D. (1965). Attraction as a linear function of proportion of positive reinforcements. *Journal of personality and Social Psychology, 1*, 659-663.

大坊 郁夫 (1998). セレクション社会心理学14 しぐさのコミュニケーション──人は親しみをどう伝えあうか── サイエンス社

大坊 郁夫 (1990). 対人関係における親密さの表現──コミュニケーションにみる発展と崩壊── 心理学評論, *33*, 322-352.

大坊 郁夫 (2006). 社会的スキル・トレーニングに生かされる言語・非言語コミュニケーションの働き 電子情報通信学会技術研究報告, *106*, 31-36.

Festinger, L. (1957). *A theory of cognitive dissonance*. Evanston, IL: Row, Peterson. (フェスティンガー, L. 末永 俊郎 (監訳) (1965). 認知的不協和の理論──社会心理学序説── 誠信書房)

Festinger, L., Schachter, S., & Back, K. (1950). *Social pressures in informal groups; A study of human factors in housing*. New York: Harper & Brothers.

深田 博己 (1998). インターパーソナル・コミュニケーション 対人コミュニケーションの心理学 北大路書房

布柴 靖枝 (2018). 家族の人間関係 竹村 和久 (編) 社会・集団・家族心理学 (pp. 141-157) 遠見書房

原田 曜平 (2010). 近頃の若者はなぜダメなのか──携帯世代と「新村社会」── 光文社

Heider, F. (1958). *The psychology of interpersonal relations*. New York: Wiley. (ハイダー, F. 大橋 正夫 (訳) (1978). 対人関係の心理学 誠信書房)

広瀬 幸雄 (編) (2011). 仮想世界ゲームから社会心理学を学ぶ ナカニシヤ出版

石黒 広昭 (2012). 文化──多様な実践を生きる── 茂呂 雄二・有元 典文・青山 征彦・伊藤 崇・香川 秀太・岡部 大介 (編) 状況と活動の心理学──コンセプト・方法・実践── (pp. 11-18) 新曜社

岩波 明 (2018). 児童虐待加害者の6割超は実母，では「虐待の連鎖」は本当なのか？ その医学的根拠に迫る WEZZY Retrieved from 〈https://wezz-y.com/archives/61705〉(2021年10月31日取得)

菊池 章夫 (1994). 何が社会的スキルか──100のスキルとその背景── 菊池 章夫・堀毛 一也 (編著) 社会的スキルの心理学──100のリストとその理論── (pp. 23-165) 川島書店

釘原 直樹 (2011). グループ・ダイナミックス——集団と群衆の心理学—— 有斐閣

Levinger, G. (1980). Toward the analysis of close relationships. *Journal of Experimental Social Psychology*, *16*, 510-544.

Milgram, S. (1974). *Obedience to authority: An experimental view.* New York: Harpercollins. / Milgram, S. (2004). *Obedience to authority: An experimental view.* New York: Harper Perennial Modern Classics. (ミルグラム, S. 山形 浩生 (訳) (2008). 服従の心理 河出書房新社)

Murstein, B. I. (1972). Physical attractiveness and martial choice. *Journal of Personality and Social Psychology*, *22*, 8-12.

野口 洋一 (2017). 子ども虐待と被虐待児 (者) の心理 小田切 紀子・野口 康彦・青木 聡 (編) 家族の心理——変わる家族の新しいかたち—— (pp. 161-172) 金剛出版

小田切 紀子・野口 康彦・青木 聡 (編) (2017). 家族の心理——変わる家族の新しいかたち—— (pp. 3-10) 金剛出版

岡部 朗一 (1996). コミュニケーションの基礎概念 古田 暁 (監修) 石井 敏・岡部 朗一・久米 昭元 異文化コミュニケーション——新・国際人への条件——改定版 (pp. 15-38) 有斐閣

Patterson, M. L. (1983). *Nonverbal behavior: A functional perspective.* New York: Springer-Verlag. (パターソン, M. L. 工藤 力 (監訳) (1995). 非言語コミュニケーションの基礎理論 誠信書房)

Petty, R. E., & Cacioppo, J. T. (1986). The elaboration likelihood model of persuasion. In L. Berkowitz (Ed.), *Advances in experimental social psychology* (Vol. 19, pp. 123-205) Orlando, FL: Academic Press.

Reicher, S., & Haslam, S. A. (2012). Obedience: Revisiting Milgram's shock experiments. In J. R. Smith & S. A. Haslam (Eds.), *Social psychology: Revisiting the classic studies* (pp. 106-125). Los Angeles, CA: Sage. (レイチャー, S.・ハスラム, S. A. 三浦 麻子 (訳) (2017). 服従——ミルグラムの衝撃的な実験・再入門—— J. R. スミス・S. A. ハスラム (編) 樋口 匡貴・藤島 喜嗣 (監訳) 社会心理学・再入門——ブレークスルーを生んだ 12 の研究—— (pp. 135-160) 新曜社)

笹原 和俊 (2018). フェイクニュースを科学する——拡散するデマ, 陰謀論, プロパガンダのしくみ—— 化学同人

白岩 祐子 (2018). 社会的影響 竹村 和久 (編) 社会・集団・家族心理学 (pp. 91-100) 遠見書房

杉万 俊夫 (2013). グループ・ダイナミックス入門——組織と地域を変える実践学—— 世界思想社

土田 昭司 (1989). 説得における「精緻化見込みモデル」 大坊 郁夫・安藤 清志・池田 謙一 (編) 社会心理学パースペクティブ 1 ——個人から社会へ—— (pp. 236-250) 誠信書房

Walster, E., Aronson, V., Abrahams, D., & Rottman, L. (1966). Importance of physical attractiveness in dating behavior. *Journal of Personality and Social Psychology*, *4*, 508-516.

山中 一英 (1994). 対人関係の親密化過程における関係性の初期分化現象に関する検討 実験社会心理学研究, *34*, 105-115.

Zajonc, R. B. (1968). Attitudinal effects of mere exposure. *Journal of Personality and Social Psychology*, *9*, 1-27.

第9章

Friedman, M., & Rosenman, R. H. (1974). *Type A behavior and your heart.* New York: Knopf.

Hobfoll, S. E. et al. (2007). Five essential elements of immediate and mid-term mass trauma intervention: Empirical evidence. *Psychiatry*, *70*, 83-315.

Holmes, T. H., & Rahe, R. (1967). The social readjustment rating scale. *Journal of Psychosomatic Research*, *11*, 213-218.

日向野 智子 (2011). 社会的適応 齊藤 勇 (編) 社会心理学概説 (第 5 章第 2 節, pp. 220-231) 誠信書房

石川 俊男・星 明孝 (2013). 心身症の診断 新しい診断と治療の ABC, *78* (別冊), 44-56.

厚生労働省 (2020). 新型コロナウイルス感染症に係るメンタルヘルスに関する調査の結果概要 〈https://www.mhlw.go.jp/stf/newpage_15766.html〉 (2021 年 12 月 12 日アクセス)

Lazarus, R. S., & Folkman, S. (1984). Stress, appraisal, and coping. New York: Springer. (ラザルス, R. S.・フォルクマン, S. 本明 寛・春木 豊・織田 正美 (監訳) (1991). ストレスの心理学——認知的評価と対処の研究—— 実務教育出版)

文部科学省 (2021). 令和 2 年 児童生徒の自殺者数に関する基礎資料集 〈https://www.mext.go.jp/content/20200329-mext_jidou01-000013730_006.pdf〉 (2021 年 11 月 1 日アクセス)

文部科学省・厚生労働省（2017）．公認心理師法第 7 条第 1 号及び第 2 号に規定する公認心理師になるために必要な科目の確認について

森光 玲雄（2021）．災害時の心のケアをとサイコロジカル・ファーストエイド　金沢 吉展（編著）公認心理師ベーシック講座　健康・医療心理学（pp. 230-235）　講談社

中野 敬子（2016）．ストレス・マネジメント入門　自己診断と対処法を学ぶ　金剛出版

National Child Traumatic Stress Network & National Center for PTSD（2006）．*Psychological first aid; Field operation guide*（2nd ed.）．Los Angeles, CA（アメリカ国立子どもトラウマティックストレス・ネットワーク・アメリカ国立 PTSD センター　兵庫県こころのケアセンター（訳）（2011）．災害時のこころのケア　サイコロジカル・ファーストエイド実施の手引き　医学書院）

日本財団（2021）．18 歳意識調査「第 35 回―コロナ禍とストレス―詳細版」〈https://www.nippon-foundation.or.jp/app/uploads/2021/03/new_pr_20210325_2.pdf〉（2021 年 12 月 12 日アクセス）

日本心身医学会教育研修委員会（編）（1991）．心身医学の新しい診療方針，*31*(7)，537-573.（2021 年 12 月 12 日アクセス）

坂野 雄二（1995）．認知行動療法　日本評論社

第 10 章

Albee, G. W.（1982）．Preventing psychopathology and promoting human potential.　*American Psychologist, 37*, 10434-10457.

Bandura, A.（1977）．*Social learning theory.* Englewood Cliffs, NJ: Prentice-Hall.（バンデューラ，A. 原野 広太郎・福島 脩美（訳）（1974）．人間行動の形成と自己制御　金子書房）

Engel, G. H.（1977）．The need for new medical model: A challenge for biomedicine. *Science, 196*, 129-136.

Eysenck, H. J.（Ed.）.（1960）．*Behaviour therapy and the neuroses.* Oxford, UK: Pergamon.（アイゼンク，H. J.　異常行動研究会（訳）（1965）．行動療法と神経症：神経症の新しい治療理論　誠信書房）

Holmes, T. H., & Rahe, R. H.（1967）．The social readjustment training scale. *Journal of Psychosomatic Research, 11*, 213-218.

石津 憲一郎（2006）．過剰適応尺度作成の試み　日本カウンセリング学会第 39 回大会発表論文集，137.

北村 晴朗（1965）．適応の心理　誠信書房

Lazarus, R. S., & Folkman, S.（1984）．*Stress, appraisal, and coping.* New York: Springer.（ラザルス，R. S.・フォルクマン，S. 本明 寛・春木 豊・織田 正美（監訳）（1991）．ストレスの心理学――認知的評価と対処の研究　実務教育出版）

Lazarus, R. S.（1990）.（ラザルス，R. S. 林 峻一郎（編訳）（1990）．R. S. ラザルス講演　ストレスとコーピング――ラザルス理論への招待　星和書店）

益子 洋人（2013）．大学生における統合的葛藤解決スキルと過剰適応との関連――過剰適応を「関係維持・対立回避的行動」と「本来感」から捉えて――　教育心理学研究，*61*，133-145.

岡田 有司（2006）．中学一年生における学校適応過程についての縦断的研究　心理科学，*26*，67-78.

岡田 有司（2008）．学校生活の下位領域に対する意識と中学校への心理的適応――順応することと享受することの違い　パーソナリティ研究，*16*，388-395.

Rogers, C. R.（1951）．*Client-centered therapy: Its current practice, implications and theory.* London: Constable.

Selye, H.（1936）．A syndrome produced by diverse nocuous agents. *Nature, 138*, 32.

第 11 章

阿部 彩（2012）．「豊かさ」と「貧しさ」：相対的貧困と子ども　発達心理学研究，*23*，362-374

ベネッセ次世代育成研究所（2007）．妊娠期・育児期の QOL　第 1 回妊娠出産子育て基本調査（横断調査）報告書，126-135.

ベネッセ次世代育成研究所（2013）．地域のかかわり　第 2 回妊娠出産子育て基本調査（横断調査）報告書，72-86.

原田 正文（2004）．変わる親子，変わる子育て――"大阪レポート"から 23 年後の子育て実態調査より――　臨床心理学，*4*，586-590.

平木 典子（2009）．心理教育（サイコエデュケーション）とは何か　児童心理，*63*，2-10.

石川 慶和（2017）．児童福祉と福祉心理学　福祉心理学（p. 45）　北大路書房

岩波　明（2017）．発達障害（p.90）　文春新書　文藝春秋

厚生労働省（2019）．平成30年度「障害者虐待の防止，障害者の養護者に対する支援等に関する法律」に基づく対応状況等に関する調査結果報告書
　〈https://www.mhlw.go.jp/content/12203000/000578662.pdf〉（2021年9月1日アクセス）

厚生労働省（2019）．認知症施策推進大綱
　〈https://www.mhlw.go.jp/content/000522832.pdf〉（2021年9月1日アクセス）

厚生労働省（2020）．令和2年版厚生労働白書――令和時代の社会保障と働き方を考える――　p.34.

厚生労働省　児童虐待の定義と現状
　〈https://www.mhlw.go.jp/stf/seisakunitsuite/bunya/kodomo/kodomo_kosodate/dv/about.html〉
　（2021年9月1日アクセス）

厚生労働省　児童虐待相談対応件数の動向
　〈https://www.mhlw.go.jp/stf/seisakunitsuite/bunya/kodomo/kodomo_kosodate/dv/index.html〉
　（2021年9月1日アクセス）

厚生労働省　地域包括ケアシステムの実現に向けて　地域包括ケアシステム
　〈https://www.mhlw.go.jp/stf/seisakunitsuite/bunya/hukushi_kaigo/kaigo_koureisha/chiiki-houkatsu/〉（2021年9月1日アクセス）

厚生労働省（資料1）令和元年度「高齢者虐待の防止，高齢者の養護者に対する支援等に関する法律」に基づく対応状況等に関する調査結果
　〈https://www.mhlw.go.jp/content/12304250/000708459.pdf〉（2021年9月1日アクセス）

窪田　由紀（2005）．緊急支援とは　学校コミュニティへの緊急支援の手引き（pp.45-76）　金剛出版

内閣府（2017）．高齢者の健康・福祉　平成29年版高齢社会白書，19-30.

内閣府（2019）．高齢期の生活に関する意識　令和元年版高齢社会白書，66-69.

内閣府　令和2年度少子化社会に関する国際意識調査報告書
　〈https://www8.cao.go.jp/shoushi/shoushika/research/r02/kokusai/pdf/zentai/s2_4.pdf〉（2021年9月1日アクセス）

日本精神神経学会（2014）．DSM-5精神疾患の分類と診断の手引き　医学書院

大迫　秀樹（2018）．社会福祉の展開と心理支援　福祉心理学（pp.11-22）　遠見書房

総務省統計局（2020）．高齢者の人口
　〈https://www.stat.go.jp/data/topics/topi1261.html〉（2021年9月1日アクセス）

杉山　登志郎（2007）．発達障害の子どもたち　講談社現代新書　講談社

吉住　隆弘（2017）．子どもの貧困　福祉心理学（p.177）ミネルヴァ書房

第12章

藤岡　淳子（2017）．非行・犯罪の心理臨床　こころの科学叢書　日本評論社

萩野谷　俊平・倉石　宏樹・花山　愛子・小林　正和・細川　豊治・杉本　貴史（2017）．地理的プロファイリングの精度比較　心理学研究，88，123-131.

原田　隆之（2015）．心理職のためのエビデンス・ベイスト・プラクティス入門――エビデンスを「まなぶ」「つくる」「つかう」　金剛出版

法務省（2020）．令和2年版犯罪白書.
　〈https://www.moj.go.jp/housouken/housouken03_00027.html〉（2021年10月10日アクセス）

法務省（2021）．日本でかつて行われた陪審制度
　〈https://www.moj.go.jp/keiji1/saibanin_koho_gallery02.html〉（2021年10月10日アクセス）

法務省（2021）．少年法が変わります！〈https://www.moj.go.jp/keiji1/keiji14_00015.html〉（2022年1月20日アクセス）

伊原　直子・島田　貴仁（2015）．特殊詐欺の被害過程について　日本犯罪心理学会第53回大会発表論文集，53，164-165.

岩見　広一・財津　亘（2020）．犯人は誰だ？　犯罪者プロファイリング，そしてテキストマイニングの応用　心理学ミュージアム
　〈https://psychmuseum.jp/show_room/profiling/〉（2021年10月10日アクセス）

倉石　宏樹・楠見　孝（2021）．犯罪捜査実務における地理的プロファイリングの精度評価　犯罪心理学研究，59，1-14.

国家公安委員会・警察庁（2021）．令和3年版警察白書　日経印刷.

近藤　日出夫（2016）．付録1-2　統計にみる非行の動向　日本犯罪心理学会（編）　犯罪心理学事典

　　（pp. 750-753）　丸善出版

森　丈弓・岡本　英夫（印刷中）．Covid-19 が犯罪発生に与えた影響——時系列解析による関西地方の分析
　　——　犯罪心理学研究, *59*.

中谷内　一也（2021）．科学的評価の光と影　日本法科学技術学会第 27 回学術集会講演要旨集, *26*, 10-11.

織田　信夫（2020）．裁判員制度は本当に必要ですか？——司法の「国民」参加がもたらしたもの　花伝社.

大城　聡・坂上　暢幸・福田　隆行（2019）．裁判員ネットライブラリー　あなたが変える裁判員制度——市
　　民からみた司法参加の現在　同時代社.

龍島　秀広（2021）．少年非行の劇的な減少
　　〈https://www.jacpsy.jp/column/column-441/〉（2021 年 10 月 10 日アクセス）

最高裁判所（2017）裁判員候補者の辞退率上昇・出席率低下の原因分析業務報告書.〈https://www.
　　saibanin.courts.go.jp/topics/detail/17_05_22_bunsekigyoumu.html〉（2021 年 10 月 10 日アクセス）

最高裁判所（2021）．裁判員の経験者の声をお知らせします！
　　〈https://www.saibanin.courts.go.jp/topics/detail/h29_jissi_matome.html〉（2021 年 10 月 10 日アクセ
　　ス）

司法制度改革審議会（2001）．司法制度改革審議会意見書——21 世紀の日本を支える司法制度——
　　〈https://www.kantei.go.jp/jp/sihouseido/report/ikensyo/pdf-dex.html〉（2021 年 10 月 10 日アクセ
　　ス）

島田　貴仁（2019）．特殊詐欺の阻止機会：被害過程から考える　警察学論集, *72*, 96-107.

ストレス・災害時こころの情報支援センター　災害時地域精神保健医療活動のガイドライン〈https://
　　saigai-kokoro.ncnp.go.jp/document/medical_personnel05_5.html〉（2021 年 10 月 10 日アクセス）

第 13 章

Bandura, A. (1977). *Social learning theory*. Englewood Cliffs, NJ: Prentice-Hall.（バンデューラ，A.
　　原野　広太郎（監訳）（2012）．社会的学習理論——人間理解と教育の基礎——　金子書房）

Conger, J. A., & Kanungo, R. N. (1987). Toward a behavioral theory of charismatic leadership in
　　organizational settings. *The Academy of Management Review, 12*, 637-647.

Fiedler, F. E. (1976). *Theory of leadership effectiveness*. New York: McGraw-Hill.（フィードラー，
　　F. E.　山田　雄一（監訳）（1970）．新しい管理者像の探求　産業能率短期大学出版部）

Greenleaf, R. K. (2002). *Servant leadership: A journey into the nature of legitimate power and greatness*
　　(25th anniversary ed). L. C. Spears (Ed.). New York: Paulist Press.

Hersey, P., & Blanchard, K. H. (1977). *The management of organizational behavior: Utilizing human
　　resources*. Englewood Cliffs, NJ: Prentice-Hall.

Herzberg, F. I. (1966). *Work and the nature of man*. Cleveland, OH: World Publishing.

金井　寿宏・高橋　潔（2004）．組織行動の考え方——ひとを活かし組織力を高める 9 つのキーコンセプト
　　（一橋ビジネスレビューブックス）　東洋経済新報社

Locke, E. A., & Latham, G. P. (1984). Goal Setting: A motivational technique that works! Englewood
　　Cliffs, NJ: Prentice-Hall.（ロック，E. A.・ラザム，G. P.　松井　賚夫・角山　剛（訳）（1984）．目標が
　　人を動かす：効果的な意欲づけの技法　ダイヤモンド社）

McClelland, D. C. (1961). The Achieving Society. New York: Van Nostrand.

McGregor, D. M. (1960). The human side of enterprise. New York: McGraw-Hill.（マグレガー，D. M.
　　髙橋　達男（訳）（1970）．新版 企業の人間的側面：統合と自己統制による経営　産業能率大学出版
　　部）

Michaelson, C., Pratt, M. G., Grant, A. M., & Dunn, C. P. (2014). Meaningful work: Connecting business
　　ethics and organization studies. *Journal of Business Ethics, 121*, 77-90.

三隅二不二（1966）．新しいリーダーシップ　集団指導の行動科学　ダイヤモンド社

本橋　潤子（2019）．経営倫理と「働きがい」——目的的人間観の文脈で考える——　日本経営倫理学会誌,
　　26, 53-68.

Pinder, C. C. (2008). *Work motivation in organizational behavior* (2nd ed.). New York: Psychology
　　Press.

Stogdill, R. M. (1948). Personal factors associated with leadership: A survey of literature. *Journal of
　　Psychology, 25*, 35-71.

浦上　昌則（2008）．「働きがい」と「あきらめ」人間関係研究, *7*, 69-88.

Vroom, V. H. (1964). *Work and motivation*. New York: Wiley.

第 14 章

Freud, S.（1932）. *Neue Folge der Vorlesungen zur Einfürhung in die Psychoanalyse*. Leipzig, Vienna, und Züurich: Internationaler Psychoanalytischer Verlag.（フロイト，S.　古澤 平作（訳）（1953）. 精神分析入門　フロイド選集 3　日本教文社）

小泉 潤一・志水 宏吉（編）（2007）. 実践的研究のすすめ　有斐閣

村井 潤一郎（編）（2021）. Progress & Application　心理学研究法　第 2 版　サイエンス社

Seligman, M. E. P.（2011）. *Flourish: A visionary new understanding of happiness and well-being*. New York: Free Press.（セリグマン，M. P. E.　宇野 カオリ（監訳）（2014）. ポジティブ心理学の挑戦 "幸福" から "持続的幸福" へ　ディスカヴァー・トゥエンティワン）

吉田 寿夫（編）（2006）. 心理学研究法の新しいかたち　誠信書房

吉田 寿夫（1998）. 本当にわかりやすい　すごく大切なことが書いてあるごく初歩の統計の本　北大路書房（同書の補足Ⅰ，Ⅱが 2018 年に発行されている）

索　引

事項索引

［　］は当該語がどの文脈に載っているかを示す。⇒は当該語と対になって語られる語を示す。

人名・団体名索引

編者紹介

大坊郁夫（だいぼう いくお）

1973 年　北海道大学大学院文学研究科博士課程退学

札幌医科大学，山形大学，北星学園大学，大阪大学大学院人間科学研究科，東京未来大学を経て，

2018 年から北星学園大学および北星学園大学短期大学部 学長

主要著作に

社会的スキル向上を目指す対人コミュニケーション（編著）ナカニシヤ出版 2005

幸福を目指す対人社会心理学—対人コミュニケーションと対人関係の科学—（編著）ナカニシヤ出版 2012

対人社会心理学の研究レシピ：実験実習の基礎から研究作法まで（監修著）北大路書房 2016

社会心理学（編著）北大路書房 2017　などがある。

執筆者一覧

第 1 章　大坊 郁夫　［編者 北星学園大学／同短期大学部学長］

第 2 章　中田 龍三郎　［北星学園大学社会福祉学部 専任講師］

第 3 章　浅村 亮彦　［北海学園大学経営学部 教授］

第 4 章　藤原 健　［國立中正大學心理學系 助理教授］

第 5 章　渡邉 舞　［豊岡短期大学通信教育部 専任講師］

第 6 章　舛田 弘子　［札幌学院大学人文学部 教授］

第 7 章　大谷 和大　［北海道大学大学院教育学研究院 講師］

第 8 章　横山 ひとみ　［岡山理科大学経営学部経営学科 准教授］

第 8 章　仲嶺 真　［東京未来大学モチベーション行動科学部 特任講師］

第 9 章　日向野 智子　［東京未来大学こども心理学部 准教授］

第 10 章　西山 薫　［北星学園大学社会福祉学部 教授］

第 11 章　柿原 久仁佳　［北星学園大学文学部 准教授］

第 12 章　岩見 広一　［北海道警察本部刑事部科学捜査研究所主任研究官］

第 13 章　古谷 嘉一郎　［北海学園大学経営学部 准教授］

第 14 章　大坊 郁夫　［編者 北星学園大学／同短期大学部学長］

心理学概論：Well-Being な生き方を学ぶ心理学

2022 年 4 月 10 日　　初版第 1 刷発行　　　　定価はカヴァーに
　　　　　　　　　　　　　　　　　　　　　　表示してあります

　　　　　　編 者　大坊 郁夫
　　　　　　発行者　中西　良
　　　　　　発行所　株式会社ナカニシヤ出版
　　　　　　〒606-8161　京都市左京区一乗寺木ノ本町 15 番地
　　　　　　　　　　　　Telephone 075-723-0111
　　　　　　　　　　　　Facsimile 075-723-0095
　　　　　　Website http://www.nakanishiya.co.jp/
　　　　　　Email iihon-ippai@nakanishiya.co.jp
　　　　　　　　　　　　郵便振替　01030-0-13128

装幀＝白沢　正／印刷・製本＝創栄図書印刷株式会社

Copyright © 2022 by Ikuo DAIBO

Printed in Japan

ISBN978-4-7795-1621-4 C3011